权威·前沿·原创

皮书系列为
"十二五""十三五""十四五"时期国家重点出版物出版专项规划项目

B

BLUE BOOK

智库成果出版与传播平台

传媒蓝皮书

BLUE BOOK OF MEDIA

中国传媒产业
发展报告·江苏篇
（2024）

REPORT ON DEVELOPMENT OF
CHINA'S MEDIA INDUSTRY—JIANGSU PROVINCE
(2024)

主　编／双传学　崔保国

社会科学文献出版社
SOCIAL SCIENCES ACADEMIC PRESS（CHINA）

图书在版编目（CIP）数据

中国传媒产业发展报告．江苏篇：2024／双传学，崔保国主编 ．--北京：社会科学文献出版社，2024. 12.--（传媒蓝皮书）．--ISBN 978-7-5228-4472-5

Ⅰ.G219. 2

中国国家版本馆 CIP 数据核字第 2024ZC1687 号

传媒蓝皮书

中国传媒产业发展报告·江苏篇（2024）

主　　编／双传学　崔保国

出 版 人／冀祥德
责任编辑／韩莹莹
文稿编辑／张萌萌
责任印制／王京美

出　　版／社会科学文献出版社·人文分社（010）59367215
　　　　　地址：北京市北三环中路甲 29 号院华龙大厦　邮编：100029
　　　　　网址：www. ssap. com. cn
发　　行／社会科学文献出版社（010）59367028
印　　装／三河市东方印刷有限公司

规　　格／开　本：787mm×1092mm　1/16
　　　　　印　张：19.5　字　数：323 千字
版　　次／2024 年 12 月第 1 版　2024 年 12 月第 1 次印刷
书　　号／ISBN 978-7-5228-4472-5
定　　价／168.00 元

读者服务电话：4008918866

编写单位简介

江苏传媒发展研究院，成立于 2023 年 12 月 9 日，由江苏省新华报业传媒集团主管主办。新华日报社党委书记、社长，新华报业传媒集团董事长双传学兼任研究院院长。

"满眼生机转化钧，天工人巧日争新。"当前，媒体深度融合发展、自主知识体系建设临近奇点，创新转型只争朝夕。江苏传媒发展研究院的成立，是新华报业传媒集团探索理论舆论同频共振，实现传媒智库化、智库传媒化的一大创举。江苏是全国传媒产业大省，也是新闻传播学教学和研究重镇。新华报业传媒集团成立江苏传媒发展研究院，旨在进一步探索"产、学、研、用"协同创新机制，推动"新闻苏军"人才队伍建设，以江苏传媒产业的高质量发展助推中国式现代化江苏新实践。

江苏传媒发展研究院目前下设六个研究中心：新闻理论与实践研究中心、党的创新理论研究与传播中心、传媒与社会治理研究中心、智媒与应用创新研究中心、新华日报报史研究中心、传媒卓越人才研培中心。研究院依托集团、深耕江苏、辐射全国，以当下传媒产业发展面临的关键问题为导向，以"把脉转型走向、问诊融合症结、探索治理新路"为目标，聚焦国家重大发展战略，研究省内外媒体转型发展的样本案例，创新新闻人才的培养路径，推动新闻传播领域的业学互动，强化理论与实践的融合共进，为推动媒体唯实惟先、社会善治善为提供新华智慧、贡献新华力量。

主要编撰者简介

双传学 教授、博士研究生导师。新华日报社党委书记、社长，新华报业传媒集团董事长。第十四届全国政协委员，第十四届江苏省委委员，第十三届江苏省纪委委员，江苏省十三届人大代表。先后入选全国杰出专业技术人才、全国文化名家暨"四个一批"人才、江苏社科名家、江苏省"333高层次人才培养工程"第一层次培养人才，享受国务院政府特殊津贴。主要从事马克思主义中国化问题研究、马克思主义新闻观研究，先后主持国家社科基金重大招标项目、中央马克思主义理论研究和建设工程重大项目等10多项项目，出版著作（含专著、合著）23部，发表论文220多篇。

崔保国 清华大学新闻与传播学院教授、博士研究生导师，清华大学文化创意发展研究院副院长，清华大学传媒经济与管理研究中心主任，中国科技新闻学会副理事长，中国新闻史学会传媒经济与管理研究委员会副会长。从2004年开始担任"传媒蓝皮书"主编。主要从事传播学理论、传媒经济与管理、互联网治理等方面的研究。

序 言
勇担新的文化使命，发展壮大主流思想舆论

双传学

　　思想文化是一个国家、一个民族的灵魂。2023年10月召开的全国宣传思想文化工作会议正式提出和系统阐述习近平文化思想，这在党的宣传思想文化事业发展史上具有里程碑意义。习近平文化思想内涵十分丰富、论述极为深刻，是新时代党领导文化建设实践经验的理论总结，其中多个领域与新闻舆论工作密切相关，成为做好新时代党的新闻舆论工作的思想武器、根本遵循和行动指南。2024年1月，全国宣传部长会议围绕学习贯彻习近平文化思想，明确提出"发展壮大主流价值、主流舆论、主流文化"，这是推动中国式现代化不断迈上新台阶的现实需要，也是新征程上新闻舆论工作勇担新的文化使命的内在要求与实现路径。

　　人类历史表明，一个民族的复兴需要强大的物质力量，也需要强大的精神力量。精神力量的形成，在于主流价值、主流舆论、主流文化的引领与滋养。作为社会意识形态的不同表现形式，主流价值是骨架，主流舆论是表征，主流文化是肌理，三者相互贯通、彼此成就，共同巩固全党全国各族人民团结奋斗的思想基础。主流思想文化只有发展才有生命力，只有传播才有影响力。当前，社会思想观念和价值取向日趋多元，社会思潮纷纭激荡，如何发展壮大主流价值、主流舆论、主流文化，用社会主流思想价值和道德文化滋养人心、滋润社会，迫切需要党的新闻舆论工作更好发挥宣传引领作用。面向新时代宣传思想文化工作的任务要求，面向新媒体技术的结构性改造与颠覆性变革，新闻舆论工作亟待转型升级，持续推进自身理论创新、范式创新与方法创新。

构建自主知识体系，筑牢主流思想舆论理论基底。新闻传播学是对哲学社会科学具有支撑作用的学科之一，巨变的新闻实践对新闻理论发展提出急迫需求，加快构建中国特色新闻传播学的知识体系成为新闻学界、业界的共同使命。从理论面向看，马克思主义新闻观是构建新闻传播学自主知识体系的思想基石与逻辑起点。要以马克思主义新闻观重构新闻传播学研究的内在逻辑和知识生产，将其贯穿于学科的知识图谱与发展脉络中，将其置于中国式现代化新闻舆论工作的具体实践中，回应、解释、解决当前传媒产业面临的一系列转型难题，防止马克思主义新闻观"悬浮化""空心化"。从实践指向看，百年未有之大变局对新闻传播学自主知识体系提出全新命题。当今世界，新一轮科技革命方兴未艾，新一轮国际关系调整风云变幻，这是一个大变动、大变革的时代，也是一个大突破、大作为的时代。传播技术不断迭代，舆论环境不断演变，新闻业态不断调整，无不需要我们及时总结出有启示性的新实践、提炼出有学理性的新理论，不断巩固壮大主流思想舆论，更好推进中国式现代化进程。

推进媒体深度融合，重塑主流思想舆论传播格局。在全国宣传思想文化工作会议上，习近平总书记对宣传思想文化工作做出重要指示，提出"七个着力"的要求，其中一个重要内容就是"着力提升新闻舆论传播力引导力影响力公信力"。提升"四力"，推进媒体深度融合发展是必由之路。随着第四次工业革命的纵深发展，5G、AI、ChatGPT、Sora等新技术新应用不断涌现，新闻生产、传播格局以及舆论生态正在发生深刻变化。近年来，中国主流媒体在媒体融合上迈出坚实步伐，有力破除传播力影响力备受挑战的发展困境。江苏作为全国传媒产业大省，多项指标、成果位居全国前列，新华报业传媒集团集中优势力量打造新型传播平台，充分运用新技术新应用创新媒体传播方式，为新型主流媒体建设积累了丰富经验。面向新征程，要以强信心为重点加强正面宣传，以增效能为核心提升舆论引导能力，以融合发展为关键打造全媒体传播体系，始终守牢主阵地、把握主动权，努力扩大主流思想舆论影响力版图，在塑造主流舆论格局上探索新经验、展现新作为。

赋能文化强省建设，贡献主流思想舆论江苏力量。发展壮大主流思想舆论，最终是为了人民，是为了更好满足人民群众的思想文化需求。党的十八大以来，习近平总书记四次亲临江苏视察，多次做出重要指示，为江苏发展精准把脉、擘画蓝图。其中，在建设文化强国上探索新经验，是总书记赋予江苏的光荣使命，成为全省宣传思想文化工作最重要的任务。主流媒体作为公共文化传播的主力军、主战场、主平台，需要发挥自身优势，准确把握文化发展的规律，自觉担负起推动主流文化创新创造的重要职责。一方面，要坚持正确舆论导向，自觉传播主流文化，在思想激荡中高举旗帜、在众声喧哗中确立主流，不断加强对意识形态工作的掌控力。同时，加强国际传播能力建设，精心讲好发生在江苏大地的中国故事，丰富中华文化基因的当代表达，更好助力中华文化"走出去"。另一方面，新闻传媒是文化产业的重要组成部分，要不断推进传媒产业自身的高质量发展，充分利用新兴技术带来的机会与发展空间，深入探索"新闻+政务服务商务"发展新路径，赋能文化各领域各行业的创新发展，以文化自信凝聚现代化建设精神力量。

做好新时代新征程宣传思想文化工作，责任重大、使命光荣。此次由江苏传媒发展研究院和清华大学新闻与传播学院联合推出的《中国传媒产业发展报告（2024）·江苏篇》，运用马克思主义新闻观的相关理论与方法，聚焦江苏传媒产业的新实践、新业态、新趋势，集聚江苏新闻领域学界、业界共同智慧，是一次将理论与实践相结合的努力尝试，为推进江苏传媒产业高质量发展、巩固壮大主流思想舆论提供了经验素材与理论反思。"却顾所来径，苍苍横翠微。"面向未来，我们要深入学习贯彻习近平文化思想，牢记"国之大者"、提高政治站位、强化责任担当，以一往无前的奋斗姿态更好担负起新的文化使命，为中国式现代化江苏新实践提供坚强思想保证、强大精神力量、有利文化条件。

摘　要

《中国传媒产业发展报告》（"传媒蓝皮书"）已连续出版 20 年，为传媒学界、业界提供了丰富的行业资料和权威的数据支撑，是洞察研究中国传媒产业发展的重要参考。《中国传媒产业发展报告（2024）·江苏篇》是由江苏传媒发展研究院出品，在多年"传媒蓝皮书"的基础上，首次针对江苏传媒产业进行系统、深入分析的年度报告。2023 年是习近平总书记做出"加快传统媒体和新兴媒体融合发展"重要指示 10 周年，也是"一带一路"倡议提出 10 周年。这一年，习近平同志在江苏参选并全票当选第十四届全国人大代表，并两次来到江苏考察，要求江苏在推进中国式现代化中走在前做示范，这为江苏传媒产业探索媒体深度融合、讲好江苏故事奠定了坚实基础。在这个值得总结的时间节点，评估 2023 年江苏传媒产业在全国乃至全球范围内的地位，梳理其发展现状、特色与优势，以及面临的机遇与挑战，无疑具有特殊的重要意义。

为确保权威性和深度，本书汇集江苏省内众多领域的专业力量，与高等院校、行业协会、领先企业以及相关管理职能部门紧密合作，充分运用宏观视角观察、政策和法规分析、数据分析、案例研究、比较研究、深度访谈、问卷调查等研究方法，综合考量了江苏传媒产业发展中的政策支持、技术创新、市场表现等多方面因素。

2023 年，江苏传媒产业在推动社会主流思想价值和道德文化滋养人心、滋润社会方面发挥了重要作用，为建设文化强国贡献了江苏力量。江苏新闻业在媒体融合的大背景下，展现出积极的发展态势和多方面的创新实践，各级媒体在推进媒体深度融合、拓展自身新闻业务上锐意进取，取得稳健增长；江苏广播电视与网络视听产业在内容创作、技术创新、智慧服务、产业升级、文化传承、国际传播等方面均取得积极进展，在激发产业活力、提升节目质量、推动媒体融合发展、深化全面改革等方面实现重大突破；江苏出版业新兴业态不断涌现，园区建设加快推进，市场主体迅速成长，产品供给日益丰富，活动享誉全国，在主题出版、全民阅读推广、精品出版等方面取得显著成就；江苏广告产业保持强劲的发展势头，广告经营额稳步增长，数字化转型步伐加快，广告产业园区建设也取得显著成效，区域广告产业的整体竞争力提升；江苏动画、游戏、微短剧产业能级均位于行业前列，相关创作数量与质量齐头并进，围绕新技术、新场景拓界发展，走出了具有江苏特色的发展道路。

整体而言，江苏传媒产业以其区域优势、历史积淀和数字化转型的先发地位，在全国乃至全球传媒产业中占据重要位置。江苏省人民政府的积极支持政策、江苏丰富的文化资源和教育资源，为传媒产业提供了坚实的发展基础。2023年，江苏传媒产业取得显著成就，在规模、结构和创新能力等方面展现出强劲发展势头，特别是在数字化转型发展方面走在全国前列。大数据、人工智能等新技术的应用，推动内容生成、传播方式和用户体验的革命性进步。未来，江苏还需在市场化程度、国际化水平以及技术创新等方面进行自我超越，实现结构性的优化和提升。

关键词： 传媒产业　主流舆论　媒体融合　数字文化　智能技术
智慧创新　高质量发展　江苏省

目　录

Ⅰ　总报告

B.1　2023年江苏传媒产业发展报告 ……… 赵允芳　颜云霞　江潞潞 / 001

Ⅱ　分报告

B.2　2023年江苏新闻业发展报告 ………… 陆嘉蕙　陈惠娟　丁和根 / 014

B.3　2023年江苏广播电视与网络视听产业发展报告
　　　………………………………………… 刘永昶　金　霄 / 039

B.4　2023年江苏出版业发展报告 ………………… 张志强　谌　磊 / 069

B.5　2023年江苏广告产业发展报告
　　　………………… 姜照君　吴志斌　许敬一　周婷婷 / 099

B.6　2023年江苏动画产业发展报告 ……………… 薛　峰　师妹华 / 119

B.7　2023年江苏游戏产业发展报告 ……………………… 王贤波 / 144

B.8　2023年江苏微短剧产业发展报告 …………… 魏　佳　谭沁洁 / 162

Ⅲ　专题报告

B.9　江苏媒体融合十年考：演进历程与创新实践
　　　……………………………… 丁和根　左雯榕　岳启祯 / 176

B.10 信息枢纽与新质融合：江苏地区县级融媒体中心的路径探索

　　……………………………………………………………… 高山冰 / 206

B.11 科技赋能，精准互动：2023年江苏智能新闻实践探析

　　…………………………………… 冯麒薇　申　琦　戴志宇 / 225

B.12 中国式现代化背景下江苏省数字文化产业高质量发展路径

　　………………………………………………………………… 郭新茹 / 242

Ⅳ 案例篇

B.13 守正创新，深融发展：新华报业传媒集团以融合转型

推动事业发展的创新路径 ……………………………… 双传学 / 264

Abstract ………………………………………………………………… / 281

Contents ………………………………………………………………… / 283

皮书数据库阅读**使用指南**

总 报 告

B.1

2023年江苏传媒产业发展报告

赵允芳 颜云霞 江潞潞*

摘 要： 江苏传媒产业以其区域优势、历史积淀和数字化转型的先发地位，在全国乃至全球传媒产业中占据重要位置。江苏省人民政府的积极政策支持，江苏丰富的文化资源和教育资源，为传媒产业提供了坚实的发展基础。2023年，江苏传媒产业在新闻业、广播电视与网络视听产业、出版业、广告产业、动画产业、游戏产业、微短剧产业等多个细分领域均取得显著成就，在规模、结构和创新能力上均展现出强劲的发展势头，特别是在数字化转型方面走在全国前列。大数据、人工智能等新技术的应用，推动内容生成、传播方式和用户体验的革新。同时，江苏传媒产业在产业融合与品牌建设方面不断取得新的突破，品牌的国际竞争力不断提升。江苏传媒产业未来将聚焦于开放创新和高质量发展，通过培育具有国际影响力的传媒品牌，加强与国际市场的融合，提升全球竞争力，为建设文化强国贡献江苏力量。同时，江苏也需在市

---

* 赵允芳，博士，《传媒观察》主编，江苏传媒发展研究院秘书长，高级编辑，主要研究方向为新闻传播学、历史文化、现当代文学研究；颜云霞，《传媒观察》主编助理，江苏传媒发展研究院研究员，主任记者，主要研究方向为新闻评论、新华日报报史研究、媒介化治理；江潞潞，《传媒观察》编辑，江苏传媒发展研究院研究员，主要研究方向为数字新闻业、数字媒介与社会。

场化程度、国际化水平以及技术创新等方面进行自我超越,实现结构性的优化和提升。

关键词: 传媒产业 媒体融合 智慧创新 智能应用

一 特色与优势:江苏传媒产业概述

江苏是中国东部沿海的经济与文化重镇,其传媒产业凭借得天独厚的区域优势、深厚的历史积淀以及数字化转型的先发地位,在全国乃至全球传媒产业中占据举足轻重的地位,并展现出强大的竞争力和发展潜力。

(一)区域优势

江苏地处长江三角洲地区,是中国东部沿海的经济大省,拥有便捷的交通网络和丰富的人力资源。江苏高度重视传媒产业的发展,积极的传媒政策为传媒产业提供了坚实的发展基础和广阔的发展空间。同时,江苏风物清嘉、人文荟萃,文化资源璀璨丰厚。多样的文化资源和雄厚的教育资源,绘就了江苏鲜活的文化图景,在中国特色社会主义文化建设过程中不断构建和赋新江苏地域文化生态系统,是江苏传媒产业高质量发展的源头活水。

在新媒体时代,江苏积极推动产学研一体化发展,鼓励企业与高校、科研机构紧密合作,共同推动传统媒体与新兴媒体的融合发展、传媒产业的技术创新与模式创新。如今,江苏是全国媒体融合、数字出版、网络视听、数字广告等新兴产业的前沿阵地,江苏传媒产业在数字化转型方面走在了全国前列,为传媒产业的转型升级树立了典范。

(二)历史脉络

江苏传媒产业的发展有着深厚的历史积淀,为中国特色社会主义文化建设与国家软实力提升做出重要贡献。从早期的报纸、广播到电视媒体,江苏传媒产业始终与中国传媒事业的发展同步,展现出鲜明的时代特色。新中国成立初期，江苏传媒产业的主流媒体以党报党刊和广播电台为主。作为中国共产党早期活动的重要地区，江苏拥有众多的红色文化资源，江苏传媒产业深入挖掘红色历史，传承红色基因，承担起宣传政策、引导舆论的重要职责。随着经济的发展，特别是改革开放以来，江苏传媒产业步入快速发展期。这一时期，江苏的主流媒体集团如新华报业传媒集团、江苏省广播电视总台、凤凰出版传媒集团等，不仅在内容上进行了大胆创新，而且在经营模式上进行了有益探索，为传媒产业的多元化发展奠定了基础。

进入 21 世纪，随着互联网技术的兴起和普及，江苏传媒产业迎来了数字化转型的关键时期。江苏积极拥抱新媒体，打造覆盖广播、电视、互联网等多个平台的全媒体传播矩阵，推动传统媒体与新兴媒体的融合发展。同时，江苏一直高度重视文化工作，在顶层设计上目标长远，强化规划和指导。"十四五"时期，江苏传媒产业继续深化内部改革，激发创新活力，同时积极响应国家文化数字化战略，不断增强国际影响力，为建设文化强省贡献力量。

总体看来，江苏传媒产业的历史沿革体现了"在继承中创新、在变革中发展"的鲜明特点。在发展过程中，江苏传媒产业既注重对传统文化的传承，又不断创新，形成了独特的传媒文化。

（三）产业规模

江苏传媒产业规模与江苏经济总量齐头并进。江苏经济发展水平总体较高，一直保持在全国前列，为传媒产业提供了广阔的发展空间。2023 年，江苏地区生产总值达 128222.16 亿元，位居全国第二，仅次于广东，且江苏 13 个设区市中有 5 个市地区生产总值超万亿元，江苏也成为首个拥有 5 座万亿城市的省份。[①]

近年来，江苏传媒产业整体呈现持续稳定发展的良好态势，规模不断扩大。江苏传媒产业涵盖了报纸、杂志、电视、广播、网络媒体、移动媒体等多个领域，形成了多元化的产业结构。这种多元化结构不仅提高了传媒产业的抗风险能力，也为其创新和发展提供了广阔的空间。南京、苏州、无锡、常州等

---

① 《2023 年江苏 13 市 GDP 出炉：5 座万亿之城，连云港增速第一》，http：//www.jiangsu.gov.cn/art/2024/2/7/art_90083_11148185.html。

城市的传媒企业集中度高，形成了若干传媒产业集群，这些集群通过资源共享、合作共赢，推动了区域传媒产业的整体发展。江苏传媒产业基础坚实、产业链完善、市场网络广泛，拥有一批具有国际影响力的传媒品牌。江苏传媒产业的总体规模较大，在媒体融合、新闻业创新、县级融媒体中心建设、智能新闻发展等方面均取得显著成就，产业规模显示出强劲的增长势头。

近年来，江苏省文化产业发展迅速，拥有大量文化及相关产业法人单位，其中规模以上文化服务企业数量和从业人员数量均居全国前列。"十三五"期间，江苏积极推动文化与科技深度融合，培育新型文化业态，实施了多项省级文化科技项目，吸引了众多社会投资。此外，建立了多个国家级和省级文化科技融合示范基地及产业园，孵化了众多文化科技企业，为文化领域创业团队和初创企业提供了有力支持。文化与科技融合形成的数字文化产业，正在成为推动江苏文化产业高质量发展的核心动能。"十四五"期间，文化产业已成为江苏国民经济的支柱产业，正在向主导产业加速迈进。

二 融合与拓界：2023年江苏传媒产业发展

2023 年，习近平同志在江苏参选并全票当选第十四届全国人大代表，并两次来到江苏考察，要求江苏在推进中国式现代化中走在前、做示范;[①] 这一年，江苏经济运行率先整体好转，高质量发展迈出坚实步伐；这一年，是"一带一路"倡议提出 10 周年，是将媒体融合发展作为国家战略推进的第 10 年。上述重要事件和时间节点为江苏传媒产业探索媒体深度融合、讲好江苏故事奠定了坚实基础。以下是江苏传媒产业细分行业发展情况。

（一）新闻业

2023 年，江苏新闻业在媒体融合的大背景下，展现出积极的发展态势和多方面的创新实践。在新闻生产层面，江苏新闻业呈现主题向"精"、形式向"融"、治理向"实"、协同向"深"的总体特征，围绕重大主题事件精心策划

---

① 《"把中国式现代化的美好图景一步步变为现实"——习近平总书记考察江苏纪实》，《人民日报》2023 年 7 月 9 日，第 1 版。

报道，强化主题宣传，同时通过融媒体技术提升内容生产与分发效率。在技术运用层面，新华报业传媒集团、江苏省广播电视总台等行业领军机构通过加强自主研发，推动新闻产品的多媒体制作和全媒体传播，呈现业务智能化、开发自主化、服务人性化的发展趋势。在业务发展层面，江苏各级专业媒体拓展内容生产范围、充分挖掘用户需求，积极嵌入本地行政体系与社会生活，承担起一定的公共服务职能，做出许多前瞻性探索。新华报业传媒集团抓住重大主题精品生产机遇，精品迭出，2018～2023年共有40件作品获中国新闻奖；在经营方面成果尤其突出，2023年实际利润总额是2018年初净资产的1.05倍。

在将媒体融合发展作为国家战略推进的10年里，江苏新闻业积极融入媒体融合大潮，各级媒体在推进媒体深度融合、拓展自身新闻业务上锐意进取，取得突出成绩。虽然各级媒体内部融合进程快慢不一，在围绕平台、技术、信息、人才等媒介资源获取与分配方面也各有侧重，但已构建起报（台）、网、端、微、屏多位一体的融合传播矩阵，在制度改革、产品创新、经营拓展等方面的成绩斐然。随着智能技术的飞速发展和媒体融合的深入推进，2023年，在国家和江苏省政策的双重支持下，江苏智能新闻实践呈现前所未有的活跃态势，在素材检索、内容生成等方面积极探索，为全国智能新闻实践的发展提供了有益启示。同时，江苏县级融媒体中心积极发展新兴媒体，将融合意识贯穿高质量发展的始终，通过平台创优、阵地固本、技术驱动及服务提升，有效增强了传播力、引导力、影响力、公信力。

当然，江苏传统媒体与新兴媒体"两张皮"现象仍不同程度存在，深度融合的内生性机制有待进一步完善，业界面临传统业务收入缩减、人员流动性增大、多元行动者入场等诸多挑战，新型主流媒体的构建及其影响力提升任重而道远。

（二）广播电视与网络视听产业

2023年，江苏广电系统在激发产业活力、提升节目质量、推动媒体融合发展、深化全面改革等方面均实现了重大突破，在内容创作、技术创新、智慧服务、产业升级、文化传承、国际传播等方面均取得积极进展，为推动社会主义文化繁荣兴盛贡献了重要力量。

在广电剧集方面，全年共有 7 部苏产电视剧在中央电视台、各省级卫视和头部网络视听平台播出；11 部苏产电视剧取得发行许可，数量占全国的 7.05%，创历史新高；3 部重点剧目入选 2024 年中央广播电视总台"龙年大剧看总台"电视剧片单；① 1 部网络情景喜剧在全国 16 个省（区、市）IPTV 平台播出，居电视剧类指数榜单第 6 位；数部系列短剧在第 10 届亚洲微电影艺术节上获得多个奖项。② 江苏广电系统坚持主旋律精品创作，推出多部反映时代精神和社会风貌的优质电视剧和网络视听作品，如《今日宜加油》《曾少年》等，这些作品在中央电视台、一线卫视和网络平台播出，取得较高的收视率和良好的社会反响。全年获中宣部、国家广电总局表扬 36 次，11 件作品获中国新闻奖、中国广播电视大奖。③

在纪录片方面，苏产纪录片在产量与质量上实现了双重快速增长，多部纪录片获得国家广电总局的表彰，如《伟大的胜利：抗美援朝启示录》等，展现了江苏在纪录片领域的创新和探索。全年有 5 部精品佳作获选国家广电总局 2023 年度优秀国产纪录片，2 部被收录至"2023 年优秀国产纪录片选集"，22 部登上中央电视台。

在智慧广电方面，江苏广电深入推进媒体融合，建设了一批广电媒体融合平台和品牌，推动了全媒体传播体系的构建，如"荔枝新闻"全面改版升级，提供了个性化的用户体验。江苏广电凭借长期积累的技术力量，实现了 5G 应急广播专网的正式商用，加强了智慧广电建设，推动了行业的数字化、信息化、智能化转型升级。全年有 3 个项目入选"全国智慧广电网络新服务"评选案例。同时，网络视听成为人民群众获取信息和休闲娱乐的主要渠道，江苏各广播电视媒体推进媒介深度融合，制作了大量优质的融媒体产品，如《盛世中华 大美中国——山河锦绣应如愿》等，给用户带来全新的视听体验。

---

① 《规划、服务、扶持全发力，苏产剧迎来播出大年》，https：//news. qq. com/rain/a/2024 0415A02UIG00。

② 《荧屏声频伴万家 大屏小屏传精彩——总台 2023 年节目内容制作播出述评》，http：// jsbc. com/news/1708682855277. shtml。

③ 《荧屏声频伴万家 大屏小屏传精彩——总台 2023 年节目内容制作播出述评》，http：// jsbc. com/news/1708682855277. shtml。

在文化传承与创新方面，江苏广电不断做出努力。如，通过《非遗有新人》等作品，展现了非遗文化的传承与发展，推动了文化产业的创新；通过《在人生的尽头摆渡》等作品，强化了媒体的社会责任，引导公众增强生命意识、感悟生命价值。

在国际传播方面，江苏广电积极参与国际传播，通过国际合拍等方式，提升了中国故事的国际影响力，如《沿着运河看中国》等纪录片在海外多个国家和地区播出。

（三）出版业

江苏出版业积极拥抱变革，推动数字融合出版，强化技术创新驱动，提升内容生产与分发能力，在主题出版、全民阅读、精品出版等方面取得显著成就，展现出蓬勃的发展活力和强大的内生动力。在高质量发展路线的指导下，江苏围绕做强主题出版、优化出版供给、深化全民阅读、推动产业提质、加强版权保护、守好出版阵地、推进依法治理等方面，持续推进出版业高质量发展。[①] 江苏出版业坚持以人民为中心的创作导向，推出一大批有深度、有温度的时代精品力作。2021~2023 年，全省有 24 种选题入选中宣部主题出版重点出版物选题，获得多个国家级奖项，如中国出版政府奖、中华优秀出版物奖、"中国好书"、"最美的书"、"世界最美的书"等。江苏出版战线积极推动全民阅读，建立了一系列常态化机制，如"书香江苏"建设，显著提升了居民综合阅读率。同时，加强阅读阵地建设，如公共图书馆、农家书屋等，扩大了公共阅读服务覆盖面。

江苏还充分发挥多重国家战略叠加优势，积极融入国际文化市场，以"精彩江苏"文化交流品牌为抓手，着力培育具有国际影响力的数字文化企业，不断向全球文化价值链高端攀升，数字文化产业国际化趋势日益明显。加大对数字文化出口项目的扶持力度，多个项目入选国家文化出口重点项目，数字文化产业专业化、国际化水平不断提高。

[①] 《求新务实谋篇高质量发展——访江苏省委宣传部常务副部长、省新闻出版局（省版权局）局长梁勇》，https：//www.jssxwcbj.gov.cn/art/2023/2/22/art_35_75257.html。

（四）广告产业

2023 年，江苏广告产业继续保持强劲的发展势头，广告经营额稳步增长，数字化转型步伐加快。在数字经济的推动下，江苏广告产业经营额突破千亿元大关，广告经营单位数量持续增长，从业人员规模庞大。数字化广告发展迅猛，领军企业示范效应凸显，人工智能、大数据、云计算、AR、VR 等新技术的应用范围不断扩大，数字化广告产业体系逐步形成，虚拟化、互动化、个性化的产品形态正在重构广告生产方式，推动广告产业高质量发展。

江苏广告产业园区建设和数字化转型也取得显著成效，区域广告产业的整体竞争力不断提升。南京、无锡、常州等地的国家级广告产业园区依托当地资源，形成了具有核心竞争力的特色定位，产业集聚和空间溢出效应显著。同时，江苏省人民政府出台一系列政策文件，如《江苏省广告业"组合式"支持政策指引》和《江苏省信用服务机构监督管理办法》，为广告产业的良性发展提供了有力支持。

此外，江苏在公益广告领域也取得显著成就，通过"紫金奖"等赛事活动，引领社会风尚，提升了品牌影响力。江苏省在中国国际广告节黄河奖和长城奖等国家级奖项中屡获佳绩，显示了广告制作专业化水平的不断提升。智慧监管的加强和广告诚信体系的完善，进一步促进了广告产业的规范化和健康有序发展。

（五）动画、游戏、微短剧产业

2023 年，江苏动画产业发展稳中有进，高质量发展、复苏态势明显，生产数量与 2022 年持平，备案数量总体呈上升趋势。江苏动画产业由"增量"向"提质"转变，整体动画制作水平有所提高，产出《大脚丫恐龙家族》第一季、《槑好时光·城南忆事》等一批口碑良好的国产电视动画片。2023 年，12 部苏产动画片在中央电视台播出，多部作品位居索福瑞电视动画片收视排名榜 Top30。在 2023 年中央电视台和地方卫视动画片收视率 Top30 中，江苏有 3 部作品上榜，实现中国视听年报"从无到有"的突破。江苏坚持价值引领、精品化创作，注重提升品牌影响力，侧重挖掘本土资源，在动画创作生产与运营模式上实现新突破，"优质原创 IP"价值将进一步凸显。

2023 年，江苏游戏产业企业数量居全国第二。江苏依托文旅资源，推动游戏与影视、动漫、电竞产业融合，打造元宇宙应用，为游戏产业发展提供了新的思路。"企查查"等第三方统计平台数据显示，截至 2023 年 12 月，江苏省注册资金在 10 万元以上、经营范围涉及游戏类业务的企业共计 22028 家，其中南京 7323 家、苏州 4472 家、徐州 2308 家、无锡 1854 家，位列前四；江苏涉及游戏类业务登记企业占全国的 6.2%，企业总数仅次于广东的 93391 家。但江苏游戏产业在全国的影响力与其目前经济地位还不匹配，存在游戏类企业"多而不强、全而不精"的问题。江苏游戏产业发展格局呈现五个特点：一是缺乏头部企业，中小企业占据主体；二是产业布局以南京、苏州、无锡、常州等苏南地区为主，优势企业集聚度高；三是游戏产业以代工型和平台型企业为主体，原创游戏产品较少；四是地方政府对游戏产业关注度高，政策引导性强；五是高校资源密集，产业人才基础好。因此，江苏应围绕新技术、新场景推动游戏产业与现有优势产业融合发展，走出具有江苏特色的游戏产业发展道路。

2023 年，江苏微短剧产业呈现创作数量与质量齐头并进、题材丰富度提升、年轻女性观众占主导、元宇宙助力技术赋能的发展态势，微短剧规划备案及上线备案数量同比分别增长约 40% 和 33%。[①] 微短剧多聚焦"都市"和"传奇"等题材，随着"脱贫攻坚""古典文化""科幻""反诈"等题材的加入，题材丰富度明显提升。年轻女性是微短剧的核心受众。此外，由于内容"接地气"，其用户集中为 35~55 岁的群体。江苏微短剧产业规模虽与头部省（区、市）相比仍有一定差距，但逐年增长的良好势头显示出其发展后劲十足。在元宇宙浪潮影响下，微短剧的场景和人物创作将获得更大的自由度，进一步丰富微短剧的内容。

三　特征与效应：江苏传媒产业的崛起

江苏传媒产业规模庞大、结构多元、市场竞争力强、品牌影响力大，展现出鲜明的规模特点和强大的发展潜力。江苏传媒产业在数字化转型和媒体融合的大背景下呈现以下特征，其效应辐射全国乃至全球。

---

① 数据来源：重点网络影视剧信息备案系统。

（一）规划引领与政策支持

江苏是国内新闻业创新的前沿阵地，中共江苏省委宣传部、江苏省广播电视局、江苏省文化和旅游厅、江苏省科技厅等部门积极响应国家政策，立足江苏的具体情况，围绕规划引领、重点扶持和智慧建设等方面出台了一系列政策文件，包括《江苏省广播电视媒体深度融合发展三年行动计划》《江苏省"十四五"数字经济发展规划》等，这些政策不仅规范了市场秩序，还加大了对传媒产业的扶持力度，推动江苏传媒产业规范和健康有序发展。江苏传媒产业积极响应政策支持，坚持以人民为中心的导向，推出反映时代精神的精品力作，强化内容的市场竞争力。

（二）技术引领与数字化转型

技术引领是江苏传媒产业发展的重要特点，推动江苏传媒产业实现数字化转型。江苏的文化类高新技术企业、文化类众创空间和科技企业孵化器为传媒产业提供了强大的技术支撑和创新动力。江苏传媒产业深度融合大数据、人工智能等先进技术，助力技术成果转化和优势产品输出，革新了内容创作方式、传播手段和用户体验，促进了政府与公众、媒体与受众之间的互动，为全国传媒产业提供了经验参考。当前，数字经济核心产业已成为驱动地区生产总值增长的关键动力，这一进步展现了江苏传媒产业在创新引领和未来布局上的领先地位。

（三）产业融合与品牌建设

江苏传媒产业在产业融合与品牌建设方面不断取得新的突破。通过推动传统媒体与新兴媒体的深度融合，江苏传媒产业在内容生产、技术创新、智慧服务等方面实现了跨越式发展，积极与当前省内优势产业融合，推动新型文化业态的快速成长。同时，江苏还鼓励本地传媒机构加强与国际媒体的合作，通过参与或主办国际性的新闻活动等方式，提高江苏传媒产业的国际知名度，如《新华日报》、江苏卫视等与国际媒体推出了一系列深受大家喜爱的品牌栏目和活动。通过参与国际传播和文化交流，助力江苏传媒产业提高品牌的全球认知度，为文化强国战略贡献江苏力量。

四　可持续发展：江苏传媒产业的未来

在全球化和数字化浪潮的推动下，江苏通过一系列战略性布局，着力推动传媒产业的高质量发展和国际竞争力的增强。面对新一轮的产业发展机遇与挑战，江苏传媒产业还需要围绕新技术、新场景加快与现有优势产业的融合，走出具有江苏特色的产业发展道路，为全国传媒产业贡献独特的"江苏经验"和"江苏智慧"。

（一）培育良好生态环境，激发产业发展活力

江苏传媒产业需构建一个有利于开放、创新、协同发展的生态环境，从而激发产业活力并提升竞争力。一是完善数字文化产业高质量发展政策体系，落实重大政策、任务、问题和工作安排，指导、协调和督促相关部门做好规划任务的部署实施。二是健全数字文化产业投融资体系，加大税收优惠与财政扶持力度，并在项目审批、资质受理上"简政放权"。三是聚焦数字化转型和创新驱动，成立文化"新基建"工作小组，推动数字化生产线、示范基地和智慧广电工程建设，利用数字技术改造传统文化资源；鼓励龙头或骨干文化企业通过加大研发投入、创建创新实验室、搭建资源合作平台等方式，建设数字化生产线，促进文化产品和服务的迭代升级。四是加强对数字文化企业的分类管理，开展数字文化企业认定和梯度培育工作，壮大数字文化企业集群，引导产业集约化发展，开展传统文化企业"上云用数"行动，提供低成本、轻量化、模块化的数字化改造服务。五是健全版权保护体系，加大版权保护力度，运用区块链、大数据等技术提升版权保护水平，为确权、侵权监测、维权治理等提供有效的技术保障。

（二）完善人才引进政策，优化人才培养体系

为适应新传播形势，江苏需要着力引进数字文化领域复合型人才，构建数字文化人才培养体系，确保优秀的数字文化产业人才"引得来、留得住、用得好"。首先，重视年轻骨干的培养，通过组织座谈会、开设精品课程、开展

业务练兵活动和建立选拔培养机制，激发青年员工的潜力。其次，制订专门的人才引进计划，加大本地人才的挖掘力度，建立民间通讯员队伍；重点引进高层次人才，提供优厚待遇和发展空间。再次，优化人才培养和激励机制，创新绩效考核指标，引入市场化规则，改变传统事业单位的管理模式。最后，主管部门需加强与高校的合作，建立实习实践基地，促进融媒体实践与新闻传播教育的融合，培养具有前沿思维和技术能力突出的全媒体传播人才，以适应新媒体格局和传播形态需求。

（三）坚持创新科技驱动，提高技术开放程度

智能化正为社会生产开辟全新的应用场景，江苏传媒产业需坚持创新驱动，提高技术开放程度和媒体竞争力。首先，积极拥抱大数据、云计算、人工智能等新兴技术，运用机器人写稿、智能推荐系统、语音识别和视频感应器等手段，提升新闻生产和信息传播的效率及质量。其次，利用云计算技术提高软件服务的灵活性，运月大数据技术挖掘用户喜好，优化内容创作方式和营销策略。再次，提高技术开放程度，采取积极的技术合作策略，补齐自身的技术短板，推动资源共享和技术互补。最后，建立用户数据管理系统，收集和分析一手数据，实现功能与用户的精准对接，更好地满足用户需求。这种以数据为核心的技术创新和合作模式，能够为江苏传媒产业的转型升级提供强有力的支撑。

（四）拓展传媒海外市场，助力产业外部循环

为推动中华文化走向世界，江苏传媒产业需通过一系列战略性措施拓展海外市场，以助力产业外部循环。首先，建立数字文化出口重点企业数据库，培育具有国际竞争力的瞪羚企业、独角兽企业、"隐形冠军"企业，扶持其成为全球数字文化产业链的重要参与者。其次，发挥自贸试验区的制度创新优势，鼓励企业创新交易模式，并与国际品牌企业通过海外并购、联合经营等多元模式进行合作，引导更多企业参与全球价值链分工。最后，建立数字文化贸易促进中心和文化贸易跨境电商云端服务平台，为对外文化贸易提供全流程在线服务，拓展国际市场。

结　语

2023 年，江苏传媒产业的细分领域都展现出前所未有的活力与潜力。未来，江苏传媒产业也将积极应对数字化转型中的挑战，不断探索新的发展模式和路径，继续坚持以改革创新为动力、以开放合作为路径，进一步优化政策环境，完善人才培养体系，加强技术创新，提升国际竞争力，培育具有国际影响力的传媒品牌，为建设文化强国贡献江苏力量。

分 报 告

B.2
2023年江苏新闻业发展报告

陆嘉蕙　陈惠娟　丁和根 *

摘　要：　基于 2023 年江苏新闻业的重大事件、代表性案例和行业数据，本报告系统梳理江苏新闻业的年度发展情况，并从新闻生产、技术采纳、业态变迁、业务发展 4 个维度分析 2023 年江苏新闻业的实践特点。在新闻生产层面，江苏新闻业呈现主题向"精"、形式向"融"、治理向"实"、协同向"深"的总体特征；在技术采纳层面，江苏新闻业表现出业务智能化、开发自主化、服务人性化的发展趋势；在业态变迁层面，江苏新闻业呈现开放、互动的特征，专业媒体、政务媒体、自媒体和平台媒体等行动者构成了各美其美的局面；在业务发展层面，江苏各级专业媒体拓展内容生产范围、充分挖掘用户需求，积极融入本地行政体系与社会生活，承担公共服务职能，做出许多前瞻性探索。

关键词：　新闻业　主流媒体　媒体融合　江苏省

* 陆嘉蕙，南京大学新闻传播学院硕士研究生，主要研究方向为传播符号学、媒介经济与管理；陈惠娟，南京大学新闻传播学院硕士研究生，主要研究方向为新闻传播理论、媒介经济与管理；丁和根，博士，南京大学新闻传播学院教授、博士生导师，南京大学媒介经济与管理研究所所长，江苏紫金传媒智库高级研究员，主要研究方向为新闻传播理论、媒介经济与管理、传播符号学。

在数字新闻业发展过程中，平台社会的崛起和生成式人工智能的影响促使江苏新闻业因势而动，专业媒体、政务媒体和自媒体纷纷展开创新探索，涌现出许多值得关注的议题。本报告基于 2023 年江苏新闻业的重大事件、代表性案例和行业数据，系统梳理江苏新闻业的年度发展情况，并从新闻生产、技术采纳、业态变迁、业务发展 4 个维度分析 2023 年江苏新闻业的实践特点。

一　江苏专业媒体新闻生产的总体图景

（一）主题向"精"：精准选题，精心策划

2023 年，围绕党的二十大、习近平总书记江苏行等重大事件，江苏专业媒体精心提炼选题、精深解读信息、精致策划报道，在全国大盘中凸显江苏特色。

1. 聚焦党的二十大精神宣传，凝聚奋进力量

新华报业传媒集团（以下简称"新华报业"）报、网、端"三位一体"同步开设"盛会关注""党代表热议""心向二十大""二十大时光"等专栏，[①] 针对党的二十大报告中的重要思想、重要观点、重大战略、重大举措，从江苏实际出发，串联会场内外，发起"牢记使命高水平展现中国式现代化江苏图景"等话题，共话江苏走在前列、争当典型的奋进精神。其中，中国江苏网"紫金 e 评"专栏精设选题，多篇评论紧扣"第一动力"、共同富裕、科技创新等关键词，获中央网信办全网推送；"交汇点新闻"策划"当'20+'遇上二十大"短视频创作活动，将镜头对准新时代的中国青年，系列短视频全平台累计点击量近 2 亿次；"交汇点新闻"还策划互动活动"我有一段话 捎给二十大"，召集分布在全国各地的江苏人讲述他们眼中家乡十年来的变化，来自天南海北超过 20 万名网友参与其中。江苏省广播电视总台（以下简称"江苏广电"）策划开展"奋进现代化 江苏新实践——贯彻落实党的二十大精神环省行"全媒体新闻行动；各级广电媒体持续推进"新时代 新征程 新伟业"等专栏，综合权威访问、一线采风、百姓心声等丰富形式，全景展现各

---

① 赵霞：《创新赋能，让二十大主题报道更精更巧更美》，《传媒观察》2023 年第 S1 期。

地各部门贯彻落实党的二十大精神、推进中国式现代化江苏新实践的奋斗足迹。围绕学习贯彻习近平新时代中国特色社会主义思想主题教育，各地广泛开设"学思想 强党性 重实践 建新功"专栏，南京台"主题教育'群众评'系列报道"、苏州台"千村万企、千家万户"走访、无锡台"以学促干在一线"、常州台"解难题 办实事"等专题专栏运用头条新闻、典型报道、系列评论等多种形式，推动党的二十大精神宣传走深走实。①

2. 聚焦习近平总书记"江苏足迹"，唱响时代强音

以学习宣传贯彻习近平总书记对江苏工作重要讲话重要指示为主线，新华报业立足外国侨民的独特观察视角，制作"Home Story in Jiangsu——外国人眼里的'江苏这十年'"系列视频报道，该系列视频报道中英文版本在国内外各网络平台总播放量近 10 亿次，②入选中国记协"党的二十大报道融创精品十大案例"，并获第 33 届中国新闻奖一等奖。江苏省广播电视和网络视听媒体形成大规模宣传声势，在重点新闻栏目头条和视听新媒体首页开设"牢记嘱托 感恩奋进 走在前列"等专栏，采制大篇幅系列报道，引起强烈反响。江苏广电策划习近平总书记"下团组"系列报道，展现习近平总书记的领袖风范和人民情怀。南京台"我们向总书记'交作业'"聚焦习近平总书记在江苏南京的考察调研，回顾 9 年前习近平总书记的嘱托，以"交作业"的形式宣传科技工作成就，获评国家广播电视总局季度优秀广播电视新闻作品。苏州台推出 6 集系列报道"双面'绣'姑苏"、盐城台复播 6 集文献纪录片《铁军——新四军的故事》，分别围绕习近平总书记的最新指示要求，展现各界牢记殷殷嘱托、推进民族复兴伟业的决心和行动。

3. 聚焦重要时间节点，实现"破圈"传播

在抗美援朝战争胜利 70 周年之际，新华日报社与江苏省退役军人关爱基金会、中共泰州市委退役军人事务工作领导小组联合发起"70年·70人"志愿军英烈专题寻亲行动，其"政府+媒体+社会组织"模式在全省推广。江苏广电、南京台分别推出大型融媒报道《寻找最可爱的人》、系列短视频故事

---

① 《精品节目荟萃 精彩荧屏声频——2023 年全省广播电视节目述评》，https：//mp. weixin. qq. com/s/vnyglYuz0Dzhi0DRRqZcRQ。

② 《Home Story in Jiangsu！新华日报社年度融媒精品亮相 2023 中国新媒体大会》，https：// jres2023. xhby. net/index/202307/t20230712_8007840. shtml。

《爷爷的传家宝》，以青春视角致敬英雄，在青年观众中取得良好传播效果，分别获评国家广播电视总局2023年第三季度优秀广播电视新闻作品、广播电视创新创优节目。围绕第10个南京大屠杀死难者国家公祭日，江苏广电推出《国之祭·2023——南京大屠杀死难者国家公祭日特别节目》，采访报道史实传播和历史传承的最新成果，点击量超600万次。① 围绕改革开放45周年，"交汇点新闻"客户端推出的H5产品《春满上塘》，聚焦江苏农村改革第一村——泗洪县上塘镇垫湖村，"一镜到底"展示其45年间不断书写创新篇章、激荡改革浪潮的生动故事。江苏广电设置专栏，突出展现江苏为人民创造高品质生活、生态文明和经济发展相得益彰、高质量发展走在前列等生动实践。围绕"一带一路"倡议提出10周年，《新华日报》以极具江苏特色的"双面绣"为意象，特别策划推出竖通八连版长卷特刊《十年双面绣——一带繁花一路歌》，图文并茂地展呈共建"一带一路"高质量发展的江苏探索和成就。

（二）形式向"融"：内容定制，多元分发

融媒体时代以开放共享、交流互动为特质，推动传统媒体与新兴媒体从简单相加到深度相融，"深度融合"的目标对专业媒体做好重大主题报道提出更高的要求。江苏专业媒体充分运用融合传播手段，让主题报道深入人心，让江苏故事声名远播。比如，《扬子晚报》新媒体平台"紫牛新闻"推出有声手绘交互融媒产品《幸福来敲门》，运用叠层画幅营造沉浸式的故事场景。中国江苏网特别策划"非凡十年·只此青绿在人间"系列H5作品，运用大量融媒技术，系统梳理习近平总书记重要论述和生态考察的"绿色足迹"，给网友带来质感上乘的收看体验。南京报业传媒集团"声动初心之路 宁听百年党史"大型融媒体报道跳出常规模式，打包推出"一节流动党课+一次红色沉浸式体验+一系列融媒产品"，转播量高达1亿多次，成为宣传党史学习的现象级爆款产品。② 江苏广电推出专栏"数读两会"和系列短视频《AI带你读报告，绘出2023新图景》，采用AI作画、数字图表、音视频等方式，生动解读政府

---

① 《精品节目荟萃 精彩荧屏声频——2023年全省广播电视节目述评》，https：//mp. weixin. qq. com/s/vnyglYuz0Dzhi0DRRqZcRQ。

② 《南京：塑造主流舆论新格局 唱响新时代主旋律》，http：//njdaily. cn/news/2023/0421/ 5565500845150913396. html。

工作报告，让报告重点一目了然；专栏"两会学习日记"、海报《金句来了!》《春风习习·跟着总书记下团组》等，以短视频、互动海报等融媒产品形态生动解读两会关键词。

（三）治理向"实"：政媒联动，共建共治

习近平总书记历来高度重视基层治理，在 2023 年全国两会期间参加江苏代表团审议时提出，江苏要"在强化基层治理和民生保障上走在前"，7 月考察江苏时又赋予江苏"在推进社会治理现代化上实现新提升"的任务。① 在江苏推进社会治理现代化进程中，专业媒体的治理效力向深向实，在政媒合作、舆论监督、舆情监测等方面持续用力。

1. 推动政媒合作，助力数字政府建设

2023 年 5 月，江苏省人民政府办公厅颁发了《江苏省数字政府建设 2023 年工作要点》，旨在深入推进数字政府建设，集中精力完善一体化政务大数据系统，全面推进各领域的数字化转型。在此背景下，不少地市级媒体、县级媒体全面推进数字政府建设，紧密合作地方政府提供政务定制服务入口、开通政务互动服务渠道。苏州广电传媒集团负责苏州城市生活服务总入口"苏周到"客户端的平台承建、融媒运营和技术开发运维工作，在内容聚合的基础上聚焦本地生活，为苏州人民提供全面、便捷服务。截至 2023 年 11 月，"苏周到"客户端用户数量已突破 2300 万人，单日最高活跃用户数超 550 万人。② 县级媒体同样不断拓展参与治理的广度和深度。如，淮安率先实施市级政务服务平台与县级融媒体中心 App 对接一体化工程，应接尽接所有市级服务事项。张家港融媒体中心在"今日张家港"App 上线"市民诉求中心"服务平台，实现媒体单位与社会治理现代化指挥中心的无缝衔接，截至 2023 年 2 月 14 日已受理诉求 4 万余件，办结率达 99.5%。③ 溧阳融媒体中心以"自在溧阳"App 为龙头，重点打造"溧阳发布"官方微博，"中国溧阳"、"融溧阳"微信公众号

① 谢晓军：《努力推进基层治理现代化走在前做示范》，《新华日报》2023 年 9 月 5 日，第 10 版。
② 《【案例】"一体两面三端"服务跃级，"苏周到"构筑平台新生态》，https：//mp. weixin. qq. com/s/GAse29kzscjVM9whcrpecw。
③ 《江苏省县级融媒体中心建设优秀案例正式揭晓 今日张家港 APP"市民诉求中心"上榜》，https：//www. zjg. gov. cn/zjg/gcyw/202302/984c0d19284c45e0b07435b906a6ed3c. shtml。

等新媒体矩阵，积极服务数字政府建设。

2.加强舆论监督，塑造主流舆论格局

推进社会治理现代化，做好舆论监督和舆论引导十分重要。江苏新闻媒体主动回应、深入调查、解疑释惑、传达民情，成为塑造主流舆论新格局的重要行动者。新华报业推出的"江苏舆情观察"微信公众号，立足江苏省内舆情，打通与新华传媒智库其他舆情平台的信息通道，实时呈现舆情、履行媒体监督责任、量身定制舆情分析、提供舆情处置参考，助力塑造主流舆论新格局。无锡台和无锡信访局合作开设"一访定心"栏目，将媒体监督与信访制度有机结合，为专业媒体建设性舆论监督提供示范。[①] "一访定心"借助大数据、多屏联动等新技术形态全面展示监督过程，基于百姓诉求分布情况生成"热力图"，量化社会风险与社会情绪的发展态势，实时提示舆情风险。2023年，"一访定心"荣获第33届中国新闻奖。苏州台建设性新闻栏目"曝光台"与苏州市委、市政府督查室，苏州市信访局，苏州市便民服务中心，苏州市纪委监委等部门多方联动，形成了信源分享、联动推进的一整套工作机制。自创办以来，"曝光台"栏目深入苏州各区域、各部门明察暗访，共播出深度调查118期、追踪报道126期，问题解决率超过93%。[②]

（四）协同向"深"：三级协同，优势互补

1.省级媒体：发挥"头雁"效应，一呼百应

新华报业始终胸怀"国之大者"，持续以精品战略提升主流媒体首位度，更好服务改革发展大局。自新华报业将2017年确立为"精品生产年"以来，内容生产取得丰硕成果。2023年，新华报业8件作品获中国新闻奖，其中一等奖2件、二等奖3件；2018~2023年，先后获40个中国新闻奖，其中一等奖10件，二等奖17件。[③] 新华报业牢固树立跨界共生发展理念，不断提升服务水平，强化"合纵连横"，放大品牌效应，持续优化经营结构，核心财务数据逆势上扬。与多家重点企业达成战略合作，其中，与江苏交通控股有限公司

---

① 《一访定心》，http://www.zgjx.cn/2023-10/27/c_1310747454_2.htm。

② 徐蕾、陈敏：《"曝光台"：城市台建设性新闻的新实践》，《中国记者》2023年第2期。

③ 《新华日报社社长双传学：我们冲奖但不唯奖，要奖项更要流量，全力以赴锻造精品》，http://www.zgjx.cn/2024-03/25/c_1310768802.htm。

共建江苏交通文化传媒公司，成为全国首个"传媒+交通"的融合案例。推动传媒智库化，新华传媒智库成为全省首家由主流媒体创办的高端智库。"红色李巷"、新媒体创新中心等各类多元项目进展顺利。①

江苏广电作为省级广电媒体机构，横向主打"全媒体+组合式+矩阵化"的传播优势，纵向与市、县级媒体单位一呼百应，"一朵云""一张网"的协同作用显著提升。② 江苏7家新媒体平台入选首批100家"全国广电新媒体联盟"，入选数量位居全国前列；108家广电新媒体平台和账号加入全省广电新媒体重大宣传协同机制，共同组成"广电联合舰队"。③ 获得2022年度江苏省好新闻（媒体融合）一等奖的大型融媒体新闻作品《潮起东方 寻找百强"共富"密码》由江苏广电旗下的我苏网总牵头，联合全国百强县级融媒体中心共同推出。省县媒体协同作战的"1+N"模式，不仅带来了更多来自一线的鲜活报道，全景展现县域特色共富之路，还形成了跨省联动协同、省市县纵向贯通、全国范围覆盖的立体化宣传推广格局。此举迅速在全网以及全国基层一线产生广泛影响，全网总阅读量超过1.1亿次。④

2. 地市级媒体：壮大腰部力量，承上启下

地市级媒体是媒体融合四级布局的腰部力量，起到承上启下的作用。此前，央级、省级媒体凭借其资源、人才、技术等头部优势率先改革，县级媒体也在政策红利的驱动下，根据自身特色探索出基层媒体的建设路径，而地市级媒体一度处于"空心化"的尴尬境地。根据《关于推进地市级媒体加快深度融合发展实施方案》的安排部署，2023年2月中宣部和国家广电总局组织编制《市级融媒体中心总体技术规范》等5项技术标准规范，地市级媒体由此进入了规范发展阶段，在数据、内容、接口、网络安全、技术系统、多元服务等方面均具有了可参考的模式。⑤ 无锡台改变原本"无锡博报"与"智慧无

① 双传学：《建设现代新型主流媒体的思与行》，《青年记者》2023年第7期。
② 缪志红、张卫军、陈宝成：《江苏数字广电建设研究》，《中国广播电视学刊》2023年第6期。
③ 《江苏局：推进广电媒体深融合 塑造主流舆论新格局》，https://jsgd.jiangsu.gov.cn/art/2023/12/6/art_69985_11091192.html。
④ 《省县协同 欣欣向"融" 江苏县融汇聚起立体传播的澎湃动力》，https://news.jstv.com/a/20230422/1682241373420.shtml。
⑤ 《市级融媒体中心系列技术标准规范发布实施》，https://www.nrta.gov.cn/art/2023/2/1/art_113_63326.html。

锡"双平台格局，全面整合相关内容、技术和人力资源，集聚全台之力，构建由"无锡博报"客户端领衔的矩阵体系。① 盐阜大众报报业集团以打造新型主流媒体为契机，构建"众媒云"平台，打破以报纸为核心的媒体架构，创新推出"政务服务123"全媒体全案传播模式。② 南通广电传媒集团与中国日报社签署合作协议，共同建设"南通国际传播中心"，此举作为江苏首家地市级国际传播中心探索央级媒体与地方媒体、纸媒与广电深度融合的新合作模式，开创江苏地市级媒体国际传播新局面。③

3. 县级媒体：挖掘本地特色，精准触达

2018年8月，习近平总书记首次在全国宣传思想工作会议上强调"要扎实抓好县级融媒体中心建设"。④ 五年来，江苏县级融媒体中心建设已全面覆盖，并出现一批典型案例，经历了从"建起来"到"用起来"再到"强起来"的发展历程。⑤ 其中，苏州昆山、常州溧阳、徐州邳州、南通如皋4个县级市是江苏县级媒体融合的先行者。昆山、如皋被中宣部列为全国县级融媒体中心建设试点，邳州市融媒体中心发展经验被总结为"邳州模式"，在全国广电系统中宣传推广。2023年，昆山市融媒体中心独立申报的本土新闻专题《一线调研：信心从何来?》获第33届中国新闻奖三等奖，联合申报的融合报道《潮起东方 寻找百强"共富"密码》获第33届中国新闻奖二等奖。在已经公示的国家级和省市级新闻奖项中，昆山市融媒体中心共获得超过100个奖项。⑥ 如皋市融媒体中心（传媒集团）与江苏广电联合采制的《"中国共产党江苏如皋县委印"被认定为一级文物》获第32届中国新闻奖，策划推出的

---

① 《【年度观察】地市级媒体融合新进展》，https：//jsgd. jiangsu. gov. cn/art/2023/2/24/art_69985_10766897. html。

② 陈和洲：《塑造融合品牌 探索全案服务——盐阜大众报"政务服务123"全媒体全案传播模式探析》，《传媒观察》2023年第S2期。

③ 《"南通国际传播中心"成立，开创国际传播新局面》，https：//jsnews. jschina. com. cn/nt/a/202312/t20231215_3334391. shtml。

④ 《习近平：举旗帜聚民心育新人兴文化展形象 更好完成新形势下宣传思想工作使命任务 王沪宁主持》，《人民日报》2018年8月23日，第1版。

⑤ 丁柏铨：《坚持全面创新、遵循客观规律、优化内容生产——关于县级融媒体中心建设与发展的调研报告》，《新闻爱好者》2022年第7期。

⑥ 《圆梦中国新闻奖! 昆山媒体绽放融合力量!》，https：//www. ks. gov. cn/kss/ttxw/202311/b3612c9f561247c89cb8033f1dcd25ed. shtml。

"非凡十年·飞越新如皋"大型融媒体新闻行动，获评江苏省委宣传部评选表彰的县级融媒体中心"重大主题精品生产"优秀案例，① 堪称深耕本土特色文化的典范。

二 技术创新赋能江苏新闻业

（一）业务智能化：建强省级技术平台

长远来看，打造自主可控的技术平台是传统主流新闻媒体进军舆论主阵地的必由之路。基于现实需要，江苏在省级广电率先开展平台化建设，坚持自主研发"荔枝云"平台，其具备内容汇聚、智能分析、策划组织、融合生产、多元发布、拓展合作六大基本功能。在云架构下，江苏省内众多信息系统集中整合，内容的制、播、管、存、发全流程在云端运转，智能化水平大大提高。依托"荔枝云"平台，江苏整合全省新闻资源，达成新闻内容多来源汇聚、新闻生产多媒体制作、新闻产品全媒体发布，实现资源高度共享、流程动态可调、功能多样便捷，对内形成融合传播"一盘棋"，对外支持全省三级联动"一张网"。②

1. 资源高度共享：新闻内容多来源汇聚

新华报业积极把握数字技术浪潮，以数智化建设为引擎，深入推进媒体融合转型，加快锻造新质生产力，赋能文化产业高质量发展。在中国新闻传媒业界最高级别科技奖项"王选新闻科学技术奖"的评选中，新华报业共有9个项目获奖，其中一等奖3个、二等奖4个、三等奖2个。新华报业一批自主创新项目全面开花，"新"系列智能生产运营平台投入使用，"交汇云"融合中台扩展升级，智媒应用实验室和数据中台启动开发，多功能融媒体演播厅加快建设，《新华日报》经济大数据及指数服务平台研发推进，《新华日报》ESG评级数据分析系统上线运营，新华报业内外部资源得到有效整合。"荔枝云"平台采取"公有云+私有云"的混合云模式，汇聚海量互联网平台资源，收录

---

① 《【优秀案例】如皋融媒：坚持一体策划一线采集一体生产 开展"非凡十年·飞越新如皋"全媒体新闻行动》，https://www.ourjiangsu.com/a/20230215/1676544478847.shtml。
② 卜宇：《运用信息革命成果 以先进技术助力全媒体传播》，《新闻战线》2022年第12期。

全国各级电视台内容，快速汇集各类新闻线索，将省市县的内容资源整合到一个平台上，并通过权限和内容管理实现共享和交互。公开数据显示，"荔枝云"平台每日采集网站、客户端等来源超过2000个，日均提供的新闻数据超过5万条，为新闻采编工作提供了强大的内容支持。[①]

2. 流程动态可调：新闻生产多媒体制作

新华报业投入近亿元打造模块化、智能化的全媒体指挥中心，形成"策、采、编、发、传、控、馈"完整管控闭环的"最强大脑"，再获"王选新闻科学技术奖"一等奖。按照相互借势、相互赋能原则，新华报业整合提升旗下近200个报、刊、网、端、库、屏、微端口，构建起党报求"深"、客户端求"快"、网站求"全"、全媒体求"融"的现代传播体系。江苏3项融合类中国新闻奖一等奖均花落新华报业。[②] 江苏广电打造的系列多媒体新闻演播室是"荔枝云"平台的组成部分，运用了4K高清视频制播、虚拟包装渲染、360度显示、智能化控制、云计算等创新技术。这些技术的运用凸显了全景化、全高清、全媒体的融合新闻制播效果，极大增强了新闻产品的时效性、互动性、参与性，让新闻以用户欢迎的形式呈现。"荔枝云"平台还配备了90余个新媒体应用工具，并且定期迭代更新，极大提升了新闻产出效率。

3. 功能多样便捷：新闻产品全媒体传播

全媒体传播体系不应被片面地理解为"为传播而传播"，它更强调在传播中服务，在服务中传播。新华报业在融合生产中提升党报首位度，由党报牵头进行重大主题报道，统一调度，既确保了正确方向，又丰富了产品形态，充分发挥整体优势；整合各单位的地方资源，建成全省13个设区市分社；全新组建财经传媒中心、健康传媒中心和江苏Now国际传播中心，整合同类资源、深耕垂直领域；倡导单位自主发展，发挥各媒体单位的积极性、创造性，形成各具特色的融合发展"小系统"。《扬子晚报》等子媒全力打造新媒体、构建融合生态圈，中国江苏网、"交汇点新闻"统筹网、端、微各端口，实现一体运作、集约发展。[③] 基于"荔枝云"平台，江苏广电顺应媒体格局发展趋势，

---

① 《云网融合，江苏的智慧全媒体之路》，https：//baijiahao.baidu.com/s？id＝176305147586
8040040&wfr＝spider&for＝pc。
② 双传学：《坚定精品战略不动摇 提升主流媒体首位度》，《中国记者》2024年第3期。
③ 双传学：《建设现代新型主流媒体的思与行》，《青年记者》2023年第7期。

改版"荔枝新闻",强调视听化,提高多元化、规模化、体系化、智能化的视频生产能力、直播互动能力;加强服务化,构建城市"媒体+"超级入口,提供生活、服务、社交等综合服务;提高智能化水平,开设智能推荐和订阅功能,提供个性化体验;垂类化发展,细分 17 个垂类频道,匹配用户多样化的兴趣和需求。

(二)开发自主化:注重技术原创开发

当前,自主研发融媒技术成为媒体技术突围的手段之一。综观全国,江苏的自主开发积极性高;综观江苏省内,省市级媒体研发能力较强。2023 年 10 月,中国新闻技术工作者联合会正式公布 2023 年"王选新闻科学技术奖"项目奖获奖结果,全国共评出 293 项,江苏获得 29 项,包括一等奖 3 项,二等奖 15 项,三等奖 11 项,总数位居全国前列。[①] 融媒技术产品开发,让江苏新闻生产效率不断提高、新闻视听效果不断升级、媒资管理壁垒实现新突破。

1. 开发云架构,提高新闻生产效率

《扬子晚报》与《封面传媒》联合开发的紫外线智媒体平台通过引入智能检校、智能写作、智能考评等 AIGC 功能,显著解放生产力,日发稿数提升 35%,流转效率提升一倍以上,实现数据资源汇聚、业务流程整合以及服务端口统一管理,全面提高新闻生产质量和效率,成为《扬子晚报》全媒体运营的重要基底。[②] 江苏广电开发的基于"中心+边缘"云架构的智能化融媒体内容管理系统是县级融媒体中心技术平台的扩展,采用多种先进技术,可实现关键字提取、新闻文本分类、字幕识别等。通过统一接口,该系统可以按需选择业务应用,快速输出不同的智能化功能和服务,更好满足当前媒体行业高速生产的需求。

2. 开发云演播,升级新闻视听效果

南京广电集团"融媒 4K 云演播室"利用 5G、云计算等技术,构成线上线下全立体、全交互的全新内容生产直播体系,定位于"高清兼顾 4K、融媒

---

① 《奖励决定:2023 年"王选新闻科学技术奖"项目奖》,https://www.capt.cn/xhkjj/2647.html。

② 《做新闻也要拼技术!"紫外线智媒体平台"获"王选新闻科学技术奖"》,https://new.qq.com/rain/a/20231110A03KDF00。

互动制播、电视录播、网络直播"，同时具备"松耦合云播平台、人体识别智能跟踪拍摄、AR真三维虚实结合、超大背景屏渲染包装、基本集控自动化操作"等技术亮点。借助此项技术产品，多个特色栏目如"防疫在线""我的大学""标点""龙蟠锵锵锵"等实现全天候大时段播出。无锡广电推出江苏省广电系统首个3D超写实虚拟主播IP"甜熙"。该虚拟主播三维模型制作超过100万面，贴图精度达到4K，发型上使用了XGen技术，并采用最新的全局光照和渲染技术呈现高清写实效果，绑定采用BS面部表情工艺。[①] 在"太湖购物节"启动、无锡慈善晚会等大型活动中，"甜熙"以其形式新奇、科技感十足的视觉效果，拉近了与观众的心理距离。

3. 开发云储存，突破媒资管理壁垒

随着媒体融合向深向实，专业媒体在媒资管理上遇到许多困扰与瓶颈：一是媒资数量急速增长，如近年来"交汇点新闻"客户端发布了14000多条视频节目，积累了百余TB的节目素材；二是新媒体应用场景复杂，相比于传统媒体时代，新媒体发稿准备时间大幅缩短、内容形态复杂，导致视频资源管理难度增大，对网络的传输要求也显著提升；三是资源分散制约了有效再利用，各媒体团队资源保存分散、标准不一，往往导致重复题材多次制作等资源浪费现象出现。

针对现实痛点，新华报业建设5G超高清暨智能媒资管理平台，旨在解决媒体资源保存分散、格式杂乱、管理无序、再利用困难等问题。该平台整合了超高清视频处理、5G传输、云储存等技术，扩展基础存储平台、融合中台两大底座，搭建5G超高清平台、智能媒资库两大平台，全面提升媒体视频化、数字化、智能化水平，实现媒资元素高清化、视频制作智能化、直播报道虚拟化、生产流程一体化。

（三）服务人性化：智慧平台优化用户体验

1. 基于用户算法，精准供给新闻

中国江苏网与南京路特软件有限公司联合开发新时代文明实践智慧云平

[①] 王晓：《数字虚拟主播：城市广电进军元宇宙的钥匙——以无锡广电集团为例》，《视听界》2023年第4期。

台，构建以数字化、网络化、智能化为特征的文明实践新生态，实现文明实践工作的全覆盖和全程化管理。该平台全面提升了文明实践活动的管理效率，实现了对志愿者和参与者的动态管理和资源调度，规范和优化了活动的执行和监督过程，同时为全民参与文明建设提供更多、更方便的途径。"荔枝新闻"最新升级版重点在"泛资讯"和"视频化"两个领域集聚资源，显著提升内容生产数量、技术应用能力、资源协同效率。①

2. 打造智慧广电，拓展在线收听服务

新媒体技术的快速发展不断突破音视频的边界，探索与新技术融合发展是广电发展的必由之路。新华振业与昆山市融媒体中心联合开发昆山智慧媒体数据中台，以实现昆山市融媒体中心媒体数据管理跨越式发展为出发点，充分利用对象存储技术、云计算技术、人工智能技术，打造具备数据调用、内容管理、数据分发、智能化分析能力的媒体数据平台。该平台整合内部、外部媒体数据，科学高效归集，再造新媒体业务流程，赋能智慧广电发展。"大蓝鲸"App 是江苏广电音频客户端，旨在打造可听、可视、可交互、可转化的"新广播"。目前江苏广播各大频道将"大蓝鲸 live"作为广播互动的常态方式，日均互动浏览量达 50 多万次。"大蓝鲸"App 在打造自身功能特色的同时，借助江苏广电的技术开发能力，突出强调客户端的兼容性，在平台对接、内容合作、营销推广等领域，实现快速对接、为我所用、放大声量、扩展用户的效果。②

三 江苏新闻业态变迁中的多元行动者

近年来，随着互联网平台的崛起，中国新闻业的行动者类型和业态结构发生重大改变：曾经由专业媒体主导的新闻业态已经演进为专业媒体、政务媒体、自媒体和平台媒体等多元行动者共同构成的新新闻生态系统，形成多种类型媒体共同参与、多元新闻实践形态并存的新生态格局。③ 其中，专业媒体拥

---

① 王智勇、李晋文：《融媒十年背景下的新型主流媒体平台建设探索——以荔枝新闻融合发展为例》，《视听界》2023 年第 6 期。

② 《【融媒新品牌】江苏广电大蓝鲸 App：以创新之姿，开拓广播新价值、构建视听新业态》，https：//mp.weixin.qq.com/s/QYVZ3_bFKR3Ouii5ltPSow。

③ 张志安、汤敏：《新新闻生态系统：中国新闻业的新行动者与结构重塑》，《新闻与写作》2018 年第 3 期。

有官方认可的新闻采编资质，包含党媒、市场化媒体及其延伸的新媒体；政务媒体指党委、政府部门等创办的新媒体，聚焦特定行业发布官方资讯；自媒体由民间个体或团体运营，通常分享见闻、资讯和评论；平台媒体则为上述三种媒体类型提供了信息传播和交流的平台，是新闻场域中重要的新行动者。2023年，江苏新闻业呈现开放、互动的特征，专业媒体、政务媒体、自媒体和平台媒体等行动者组成了各美其美的局面。

（一）专业媒体：开放协同，以内容为媒整合关系资源

在中国社会的平台化历程中，专业媒体与互联网平台之间存在既合作又竞争的关系：一方面，通过开通账号入驻互联网平台拓展传播渠道；另一方面，通过建强用好自主可控平台与互联网相抗衡。2023年，江苏专业媒体在内容生产、渠道拓展、流程管理等方面持续发力，利用内容服务整合关系资源，将内容作为中介连接自身与用户，涌现出一批引起全国关注的代表性案例。

1. 壮大媒介载体，用好优质新闻资源

随着媒体融合向纵深发展，专业媒体纷纷将移动端作为内容分发的主战场，做大做强自有网站和客户端，整合优质新闻资源。

为适应全媒体时代的复合型传播需求，新华报业锤炼数字新闻生产的思维方式，做到移动优先、一体发展。2023年，新华报业在构建报、刊、网、端、微、屏多位一体融媒体传播矩阵的基础上，大力实施移动化战略。截至2023年4月，"交汇点新闻""紫牛新闻""新江苏"客户端下载量分别超过3500万、2500万、1400万次，日活率稳步提升，"学习强国"江苏平台各项指标位居全国前列。[①]

对于广播电视媒体而言，发挥高质量视听内容产品优势、打造综合性网络平台是推进媒体深度融合的重要基石。江苏广电在2023年提出两个"举全台之力"：一是举全台之力打造江苏卫视，2023年11月8日起，"江苏公共·新闻频道"更名为"江苏新闻频道"，做到"24小时新闻不打烊"；[②] 二是举全台之力打造"荔枝新闻"，2023年8月18日，"荔枝新闻"客户端全新改版，以"泛资

---

① 双传学：《建设现代新型主流媒体的思与行》，《青年记者》2023年第7期。

② 《江苏广电总台新闻矩阵龙腾虎跃再出发！》，https://mp.weixin.qq.com/s/eRiC4QZerBR8uHaUekMwXQ。

讯+视频化"为定位,在架构、内容、功能、运营等方面全面升级。① 此外,江苏广电还将整合资源做强以我苏网为主体的新闻主平台、以"大蓝鲸"App 为主体的音频主平台和以"荔枝云集"App 为主体的电商主平台。②

2. 做强新闻评论,把握社会舆论焦点

当信息生产门槛逐渐降低,专业媒体更加重视对新闻内容的深加工,通过深度报道、新闻评论等专业性较强的新闻形态引导舆论。在人人皆可发声的互联网平台上,新闻评论作为说服性文本的意义越来越凸显,③ 它既有日常言论表达很少具备的公共价值和严密逻辑,又有 AIGC 难以匹敌的思辨能力,是专业媒体引导舆论、凝聚共识的重要形式。

《新华日报》的品牌栏目《新华时论》已开设 17 年,获得 10 个中国新闻奖,每年见报一两百篇,④ 在全国新闻界产生热烈反响。2023 年 12 月,《新华时论》发表评论《"指尖减负"把技术红利变发展机遇》,针对基层干部面临的繁重"指尖负担",强调数字政务应该作为辅助治理、方便办事的工具,而非展示政绩、摊派任务的"玩具",引发许多基层干部共鸣。该评论专栏紧扣改革工作重点和社会热点,秉持清晰的问题导向和建设性的思考,客观发表评论。

江阴市融媒体中心的官方抖音号"最江阴评论部"秉持"以家国为己任,为网民说喜悲"的宗旨,主要发布网络热点快评。"最江阴评论部"突破地方媒体的地域限制,放眼全国网友关心的热点事件,还曾涉及缅甸诈骗集团、巴以冲突等海外题材,扩大江阴融媒的传播半径。该账号有朱强和程前两位出镜评论员,其中朱强有近 20 年舆论监督节目从业经历,形象成熟稳重,主要关注民生新闻;程前是一位"95 后"评论员,评论风格更加贴近年轻用户的喜好。鲜明的人设和独到的观点让"最江阴评论部"在同类账号中脱颖而出,截至 2023 年底,该账号粉丝量突破 990 万人,在抖音评论赛道中排名第二,

---

① 《【动向】荔枝新闻全新改版,探索融合发展转型升级新路》,https://mp.weixin.qq.com/s/OE9V1zgyYDNRfaf2VFj7zg。
② 葛莱:《新的文化使命:主流媒体担当的实践与思考》,《传媒》2023 年第 18 期。
③ 颜云霞:《"人人皆可发声":新闻评论文体边界的泛化与重塑》,《传媒观察》2023 年第 S2 期。
④ 《〈新华时论〉序 | 双传学:好的评论总是传达着情感、传递着思想、传承着价值》,https://mp.weixin.qq.com/s/G2wD2KDQ3Mb1KaN6EexOpQ。

在全国县融官方抖音号中位列第一。①

3. 利用 UGC 通道,激发用户参与热情

UGC 是 Web 2.0 时代出现的一种网络资源创作模式,主要是指普通用户在互联网上制作和发布的内容。② 目前,许多互联网平台的 UGC 模式日渐完善,但大多数专业媒体客户端和报纸版面的内容创作仍以采编人员为主力。根据现实需求,越来越多的专业媒体开始将 UGC 运用于新闻实践和内容生产,以优化内容生态格局、增加用户黏性和改变互动方式。在此过程中,专业媒体既是任务分配者,也是内容把关者。

2020 年,中国江苏网的"新江苏"客户端推出 UGC 栏目"E 起拍",充分发挥拍客力量服务生产实践。拍客是通过图片与视频记录身边的人和事,并经常将拍摄作品分享到网络空间的人群。"新江苏"客户端通过设定线上话题、组织线下活动,引导拍客根据标签话题或采风主题自主创造内容,将重大主题报道和党务政务需求转化成垂直领域的用户内容生产。常设话题"定格美丽 行摄江苏"目前开设 57 个子话题,总计收到拍客来稿 4 万多幅,作品全网点击量超过 1 亿次。截至 2023 年 10 月,"新江苏"客户端核心拍客达 900 余人。③

作为纸媒的重要组成部分,文学副刊承载着报纸的文化追求,是对新闻版面的有益补充,却在媒体融合道路上时常被忽视。为避免文学副刊成为少数作者自娱自乐的小圈子,《泰州晚报》自 2019 年 10 月将文学副刊更名为泰州地标"坡子街",以"非虚构、接地气、抒真情"的用稿标准广泛吸纳读者投稿,将其打造为人民书写自我的平台。目前,"坡子街"版面由每周 1 版增加至每周 12 版,累计发表近 5000 篇文章,已有 4500 多名普通读者向其投稿。④ 2023 年,"'坡子街'大众读写实践"入选第三届中国报业深度融合发展创新案例。⑤

① 《〈江阴融媒新闻微信视频号〉入选全省网络视听新媒体"十佳"栏目》,https://mp.weixin.qq.com/s/sCM-mVMosNWVzcvvPrvWbQ。

② Alfred Hermida, Neil Thurman, "A Clash of Cultures," *Journalism Practice* 3(2008).

③ 戴军农、孙秦旺、宫燕敏:《以 UGC 生产构建内容生态新格局——新江苏拍客的创新实践研究》,《传媒观察》2023 年第 S2 期。

④ 翟明:《打造人民自我书写的平台——〈泰州晚报〉副刊"坡子街"的转型路径》,《传媒观察》2023 年第 S2 期。

⑤ 《江苏 4 个案例入选!第三届中国报业深度融合发展创新案例公布》,https://mp.weixin.qq.com/s/LfYEB4as0Qivy9JBYRTwZg。

（二）政务媒体：强化主流价值引领，提升传播影响力

自 2018 年 12 月国务院办公厅印发《关于推进政务新媒体健康有序发展的意见》以来，县级以上地方各级人民政府开始利用微博、微信和客户端等新媒体平台推进政务公开、加强政民互动。[①] 2019 年 6 月，江苏省人民政府办公厅明确了政务新媒体检查指标和监管工作指标，统筹推进全省政务新媒体制度化规范化建设。[②] 截至 2023 年 12 月，江苏政府系统共开设政务新媒体 3049 个，影响力不断增强。[③] 越来越多政府部门开辟了自己的新媒体传播渠道，直接向公众传播，具备一定媒体属性。

1. 定期抽查通报，评估传播成效

为持续提升全省政务新媒体建设管理水平，江苏省人民政府办公厅每个季度都会检查抽查全省政务新媒体运行情况，并在江苏省人民政府网站的"政府信息公开"栏目通报检查抽查情况。每次通报会按照开设主体和平台类型更新全省政务新媒体最新数据，从内容质量、传播数据、运维管理水平、各地各部门的监管保障机制等多个维度总结主要做法和成效，从互动实现情况、内容更新频率、功能使用情况、内容发布准确性等维度指出存在问题，由此提出下一步工作要求。按季度通报检查抽查情况能够引导各地各部门加强日常规范管理，扎实做好政务新媒体各项工作。

2023 年 8 月，江苏省委网信办联合人民网舆情数据中心联合推出"2023年上半年江苏省政务和重点新闻媒体微博微信排行榜"，[④] 分别对政务发布、政务服务和重点新闻媒体的微博、微信账号进行排名，并公布排行榜。政务发布、政务服务微博账号主要量化考察其传播力、服务力、互动力和认同力，政务发布、政务服务微信账号则根据阅读指数、在看指数和点赞指数来量化考察

① 《国务院办公厅关于推进政务新媒体健康有序发展的意见》，https://www.gov.cn/zhengce/content/2018-12/27/content_5352666.htm。
② 《省政府办公厅关于推进政务新媒体健康有序发展的实施意见》，https://www.js.gov.cn/art/2019/6/13/art_84417_10236048.html。
③ 《省政府办公厅关于 2023 年第四季度全省政务新媒体检查抽查情况的通报》，https://www.jiangsu.gov.cn/art/2023/12/29/art_84418_11113642.html。
④ 《2023 年上半年江苏省政务和重点新闻媒体微博微信排行榜发布》，https://mp.weixin.qq.com/s/m1RUDbJor_nlywEtu44T9g。

其影响力。其中，@南京发布获得政务发布微博排行榜冠军，"南京发布"获得政务发布微信排行榜冠军，@江苏消防获得政务服务微博排行榜冠军，"江苏共青团"获得政务服务微信排行榜冠军。

2. 集结自媒体联盟，扩大传播声量

除了深耕自身内容质量和传播效果之外，还有一些江苏政务媒体注重向外拓展，通过组建自媒体联盟打造高效精准的推介平台，形成更大传播合力。

江苏省文化和旅游厅于 2020 年 9 月发起成立江苏文化和旅游自媒体联盟，截至 2023 年联盟成员单位已超过 150 家。该自媒体联盟搭建成员合作通道、联动全媒体平台整合推广、每月对全省自媒体账号进行考察评比，取得一系列亮眼的成绩：全网涉及江苏地区文旅话题信息共计 23.1 万条，抖音浏览量达到 7.1 亿次，江苏文化和旅游厅官方账号"水韵江苏"全媒体平台关注量增长近 50 万人。[①] 对于哈尔滨带来的各地文旅部门"内卷"热潮，江苏省文化和旅游厅提出"跟进不跟风，出彩不出丑，有感不反感，整体不散装"的宣传口号，激励成员单位保持定力、不断进步。

还有一些政务媒体通过邀约影响力"大 V"开展走访活动的方式挖掘城市网络宣传特色，相关案例均入选"2023 年度创新应用与传播优秀微博"。南京市委网信办两次举办"发现南京"新媒体行活动，邀请科技、经济领域的网络名人到南京调研，共同探索南京网络宣传方案；[②] 无锡市委网信办启动"来无锡一起 CityWalk"城市"大 V"行，来自美食、人文、历史等领域的微博"大 V"相约无锡，深度体验城市人文景观，相关话题累计阅读量突破 1 亿次。[③]

（三）自媒体：深耕垂直领域，行为边界更加明确

自媒体的网络内容生产方式不同于专业媒体和政务媒体，主要以个体经验

---

① 《江苏文旅头条｜文旅自媒体矩阵吹响"集结号"，"一轮明月"映照"满天繁星"》，https：//mp. weixin. qq. com/s/il39nlE5AxDhC_sR9UfTUg。

② 《发现南京，说走就走》，https：//mp. weixin. qq. com/s/-LLXZblY5fifJZ19MYGBVA。

③ 《想你的风吹遍江南！微博大 V 与亿万网友相约"来无锡一起 CityWalk"》，https：//mp. weixin. qq. com/s/yq8rth98zJZNaDpBBYQyhg。

为导向加工多方面的信息。① 清博数据平台显示，2023 年第四季度，属地在江苏的自媒体公众号有 70 余个、抖音自媒体账号 50 余个，传播指数超过 1000，内容以文化、生活类为主。自媒体在一些热点事件的传播中发挥着议程设置作用，但同时存在缺乏专业伦理、观点偏激片面等问题。2023 年 3 月，江苏省委网信办启动了全省"清朗·从严整治'自媒体'乱象"专项行动，依法加强自媒体管理，从严整治造谣传谣、假冒仿冒、违规营利等突出问题。② 截至 4 月，全省已处置属地违规账号 3 万余个，清理处置涉网络谣言、恶意炒作等信息内容 5 万余条，③ 网络空间更加清朗。另外，也有一批表现出众的自媒体受到媒体报道或表彰。

1. 警务类"大 V"走好网上群众路线

警务类微博"大 V""江宁婆婆"的真实身份为江苏省南京市公安局江宁分局民警王海丁，在微博平台有粉丝 500 多万人。2011 年 3 月，王海丁开始运营其所在单位政务微博账号@江宁公安在线，凭借幽默的博文内容多次"出圈"，因为总是苦口婆心地讲道理而被网友亲切地称为"江宁婆婆"，而后开设个人账号@江宁婆婆。2023 年，随着反诈主题电影《孤注一掷》热映，@江宁婆婆多次发微博总结电信诈骗典型案例，并接受新华网专访，揭秘电诈骗局的常见形式及应对方法，受到群众广泛关注。

2. 科普类博主推动健康知识传播

短视频的兴起给知识科普带来更多可能，越来越多的科学工作者从幕后走到台前，开通自媒体账号普及科学知识、讨论公共议题。微信公众号"超级丁医生"于 2015 年由南通市第六人民医院主任医师丁祎创办，是江苏省第一个医生主办的微信公众号，擅长使用通俗易懂的图文形式向大众普及医学知识，总阅读量超过 150 万次；④ 微信视频号"神经内科宋璞医生"由徐州市中

① 陈鹏：《公众新闻生产如何改变新闻业：基于新闻规范、观念与文化的分析》，《现代传播》（中国传媒大学学报）2020 年第 12 期。

② 《江苏部署开展"清朗·从严整治'自媒体'乱象"专项行动》，https：//mp. weixin. qq. com/s/q_GgEqGh118jAFstTe73QQ。

③ 《聚焦问题乱象 重拳打击治理 江苏扎实开展"清朗·从严整治'自媒体'乱象"专项行动》，https：//mp. weixin. qq. com/s/IIjYcpgmEke5fCPTZ8zUSw。

④ 《"超级丁医生"微信公众号获评"典赞·2023 科普江苏"年度十大科普自媒体》，https：//mp. weixin. qq. com/s/VCRV6-MUoPor-YI EA3ZRA。

心医院神经内科主治医师宋璞创办，科普头痛、头晕、脑血管疾病等常见疾病和健康生活习惯知识，获评江苏省科学技术协会主办的"典赞·2023科普江苏"年度十大科普自媒体。[①]

（四）合作与博弈：多元行动者之间的有机互动

尽管数字媒介动摇了专业媒体对内容生产和分发渠道的掌控地位，但当下江苏专业媒体仍然是省内新闻生产的主力军，也收获了较高的关注度。为改变渠道失灵、用户流失和影响力衰退的窘境，江苏专业媒体通过采用"一图看懂"等融合形式深入解读政策文件、提供账号代运维服务等寻求和政务媒体的合作，通过探索迎合网民的数字化消费习惯、开通 UGC 渠道等方式努力重建与用户之间的连接。但不可忽视的是，在网络化新闻业中，专业媒体影响其他类型新闻行动者的能力依然有限。[②] 一种常见的情况是专业媒体的原创新闻为其他行动者提供了原始素材，却难以避免被后者"任意阐释"，江苏专业媒体在舆论场的声量仍然有待提高。

江苏政务媒体得益于先天的资源优势，发布内容权威、迅速，在政务相关传播活动中具有绝对的主导地位。部分政务媒体还有专业媒体助力运营，使其成为新闻业后来居上的重要行动者。江苏分管宣传工作的政府部门除了定期检查省内政务媒体之外，还会对属地专业媒体、自媒体账号展开引导。基于党管媒体的根本原则，专业媒体承担着将党和政府的路线、方针、政策传递给社会公众的重要职责，而自媒体的内容发布相对随性，既是相关宣传部门希望合作的第三方力量，又是其重点整治的对象。

相较于前两类媒体，江苏自媒体的新闻参与程度较低，主要立足垂直领域发布泛资讯，是外围的新闻行动者。大部分自媒体作为"自力更生"的行动主体，通常会采取迎合用户偏好的商业化策略，在垂直内容领域具有较强的号召力与影响力。自媒体生产的资讯具有轻松活泼的互联网特色，具有较强的用户黏性，成为专业媒体和政务媒体希望合作的对象。不过，近年来相关部门对

---

① 《"典赞·2023科普江苏"评选结果揭晓》，https：//mp.weixin.qq.com/s/PEscitRbm-NWAwH_17_4IQ。

② 新闻创新实验室研究团队、王辰瑶：《2023年全球新闻创新报告》，《新闻记者》2024年第1期。

自媒体的管制措施日趋严格，无论是江苏省网信部门实施的自媒体整治行动，还是各大平台提出的实名制要求，都终结了自媒体无序发展的阶段。

作为立足全国的大型互联网企业，平台媒体很少推行专门针对地区的举措，但平台媒体俨然成为江苏新闻业不得不依赖的外部生态。在能够查阅到的有限资料中可以发现，平台媒体非常重视与地方政府部门的关系维护，例如为相关单位政务媒体从业者讲授内容运营课程、给予专业媒体、政务媒体、自媒体流量扶持等。① 然而，平台媒体与专业媒体的合作仅限于内容生产层面，例如江苏广电与抖音达成精品微短剧合作意向。② 平台媒体成为互联网内容的超级"把关人"，依托平台发布内容的专业媒体、政务媒体和自媒体账号都是其管理对象，平台媒体已经充当起三类行动者与用户之间的中介，让江苏新闻业的关系结构更加复杂。

四 践行"新闻+"：江苏媒体新闻经营发展的思考

进入数字时代，媒体既是生产和传播信息的载体，也是支撑人们日常生活和社会运转的基础设施，"新闻+"成为媒体融合发展过程中探索深度媒介化实践的核心话语与实践形态。③ 2020 年发布的《关于加快推进媒体深度融合发展的意见》指出，要"探索建立'新闻+政务服务商务'运营模式，创新媒体投融资政策，增强自我造血机能"。近年来，江苏各级专业媒体拓展内容生产范围、充分挖掘用户需求，积极融入本地行政体系与社会生活，承担公共服务职能，做出许多前瞻性探索。

（一）江苏媒体新闻经营发展现状

1. 新闻+政务服务：融入地方行政体系和社会生活

"新闻+政务服务"模式旨在以政务为入口，构筑本地生活服务圈，增强

---

① 《江苏法治传媒智库第三期高级研修班圆满落幕》，jsfzb. xhby. net/pc/con/202307/17/content_1218589. html。
② 《姜涛：2023 年主流媒体网络传播力榜单及解读 | 德外独家》，https：//mp. weixin. qq. com/s/lUMAXZPkcEBBqye2mtji-Q。
③ 赵瑜、周江伟：《转型、整合与"新闻+"：中国媒体融合的三种在地化实践》，《新闻界》2023 年第 11 期。

用户黏性。江苏许多县级融媒体中心利用本地化运行优势，联动政务数据资源建立"一站式"办事大厅，聚集用户后打造区域生活服务平台，形成较大用户规模。在政务服务层面，县级融媒体中心与当地政府部门和政务事项相结合，实现掌上办理政务服务；在公共服务层面，县级融媒体中心接入交通、医疗、教育、社区等多项公共服务场景，一次解决民生诉求。除此之外，有的县级融媒体中心开辟了本地家政、美食、维修等生活服务板块，满足用户多样需求。例如，江阴市融媒体中心"最江阴"城市入口基于城市大数据，集成全市80多个部门（镇街）的2000多项功能，一个App即可实现全市134个停车场的一键导航及停车支付、22万名中小学生学费在线缴纳，各种服务一应俱全，高峰期日活度高达80万人次，入选2023中国新媒体大会"媒体+"创新案例库。① 邳州市融媒体中心创办的"邳州银杏甲天下"客户端接入63类集成服务、200个应用、1800个事项，总用户量达169万人，获评2023江苏省广播电视媒体融合平台品牌。②

2. 新闻+商务：扩展创收业务，增强自我"造血"机能

"新闻+商务"要求主流媒体通过拓展多元化经营方式探索商业模式，更好适应媒介环境与市场的巨变。江苏专业媒体通过开拓特色商务尝试流量变现、拓展在线广告收入渠道，在盈利模式上做出不少有益探索。

在开拓新媒体商务时，专业媒体具有资源、人才和文案方面的先天优势。《扬子晚报》将短视频作为广告经营突破的主要抓手，组建了一支专门的内容运营团队，根据市场需求量身定制包括汽车、餐饮、旅游、健康等多个行业在内的短视频栏目，通过生产优质内容吸引更多品牌商。《扬子晚报》短视频年收入可达到数百万元。③

转变经营思路是传统纸媒拓展盈利方式的关键保障。如，无锡报业明确"全媒体资源整合营销"模式，将经营业务从原始的报纸广告延伸至短视频和宣传片制作、政务融媒体代运维、大型政务类和商务类活动策划与执行等项

---

① 《【融合先导】江阴融媒：于深融中谋新生》，https：//mp.weixin.qq.com/s/5CgOFPuWUs5o4lBw07t3NQ。
② 《邳州，又捧回两项大奖！》，https：//mp.weixin.qq.com/s/Rzkq2aR38-PYx-4lTAGwXw。
③ 《短视频创收数百万元，这家都市报咋做到的？》，https：//mp.weixin.qq.com/s/RdowWphKSnG3cxFsqK8EgQ。

目。无锡报业还以大型品牌活动为抓手，探索新能源汽车、宠物等新兴行业，打造出一系列既创新又带有强烈报业属性的品牌活动。2023 年，无锡报业"无锡日报报业集团垂直类媒体深度融合机制创新"成功入选第三届中国报业深度融合发展创新案例。①

（二）江苏媒体新闻业务面临的挑战

2023 年，江苏省各级专业媒体在推进媒体深度融合、拓展自身新闻业务上锐意进取，取得突出成就，但后续发展中可能面临的挑战也值得思考。

1. 传统业务收入缩减，经营能力有待提高

受制于经济社会发展的宏观环境和自身改革路径的选择，专业媒体曾经依赖的以广告为主的经营方式难以持续。由于国家近年来对房地产、医药行业的调控和整治，新媒体营销的冲击、新冠疫情的影响，不少媒体的广告经营能力持续下降，而除广告之外的经营方式普遍存在规模较小、资源分散的问题，盈利能力难以弥补广告收入下滑导致的缺口。尽管江苏许多媒体正在探索新的盈利手段，却因为用户规模较小、商业模式不清晰，暂时不足以成为新的业务增长点。

2. 人员流动性增大，复合型人才资源匮乏

人才资源是专业媒体融合转型的关键，而江苏许多专业媒体存在人才流失严重、干部年龄老化、人才引进困难的问题。部分媒体岗位发展空间相对有限，从业人员的工作强度与待遇不对等，一些能力较强的非在编人才容易外流；一些媒体在编员工年龄较大，难以完成媒体融合发展的专业性任务；相较于更高级别的媒体单位、新媒体和平台媒体，有些融媒体中心的专业岗位待遇不高，对年轻毕业生吸引力不足。以技术人才为例，有些从事网络安全或运行维护职业的技术人员年薪为 20 万~30 万元，而部分地市级媒体的在编员工年薪为 12 万元左右，非在编员工的年薪只有 10 万元左右。②

---

① 陈锡初、吴晓亮、秦宇：《传统媒体融合经营新模式的五个维度——无锡日报报业集团垂直类媒体融合改革浅析》，《传媒观察》2023 年第 S2 期。

② 卜宇、丁和根编《县级融媒体中心建设：全国坐标与江苏经验》，南京大学出版社，2022，第 133 页。

3.多元行动者入场，专业媒体影响受限

当下政务媒体、自媒体、平台媒体等多元行动者纷纷涉足内容生产，专业媒体的议程设置和组织公共沟通的功能在一定程度上被削弱。政务媒体和自媒体分别在政务信息和泛资讯方面代替了原本专业媒体的角色，专业媒体亟须改变被逐渐边缘化的局面、加强主流价值引领。

（三）江苏媒体新闻业务的优化路径

面对全新的使命和要求，江苏专业媒体如何守正创新、进一步建设新型主流媒体，值得深入思考。

1.树立供给侧结构性改革思维，创新产业运营模式

供给侧结构性改革是专业媒体成功转型的可行之策。在产业拓展方面，江苏专业媒体需要通过融媒体平台驱动体制机制变革，重新梳理生产关系，提高生产力和生产效率。具体而言，既要放大自身优势做强内容制作类、会议活动类、产业经营类等传统业务，也要积极拓展电子商务、智慧党建、数字城市建设代运维等新兴业务。一方面，需要增强市场化运营意识；另一方面，需要强化与其他各级媒体的联动传播、互利共赢，从而实现社会效益和经济效益的统一。

2.完善人才引进政策，优化人才培养体系

当前专业媒体不乏专业化的新闻记者，但缺少了解媒体运行逻辑、具备互联网思维的全媒体人才。首先，江苏专业媒体要注重培养年轻骨干，鼓励他们在产业发展中发挥主力军作用。新华报业近年来围绕青年人才工作组织青年员工座谈会、推出系列精品课程、组织业务练兵、完善选拔培养机制，"85后"在岗青年员工数量达 1205 人。[①] 其次，人才引进时要按照岗位性质和专业程度制订专门计划，将创新思维和技术研发能力纳入考评指标。最后，还可以充分动员社会力量，打造一支民间通讯员队伍，拓展新闻消息源。专业媒体要结合实际需求协调内外资源，着力打造一专多能的全媒体人才队伍。

---

① 《新华日报社社长双传学：不能只把新闻当作一个饭碗》，https://mp.weixin.qq.com/s/cPowhd7fkD2_88NGebGPuQ。

3.连接各方媒体行动者，引领社会共识

在平台社会语境中，江苏专业媒体应从内容的提供者转向关系的建构者，重新塑造与其他行动者之间的关系。[①] 在与政务媒体合作时，专业媒体可以提供更专业的内容策展和产品制作服务，用第三方视角为其发展出谋划策；大多数自媒体虽然从事内容生产，却缺乏媒介素养和传播理论知识，专业媒体可以为自媒体开展产品推广、内容把关等业务培训，例如江苏广电旗下机构荔星传媒 MCN 广泛培养美食、彩妆、测评、母婴等多个垂直细分领域网络达人，助力产业发展、形成品牌效应。专业媒体还可以与平台媒体寻求合作，例如聚合内容、技术、用户等资源共建项目，也可以为其提供内容审核、舆情治理相关业务。

[①] 陈虹、杨启飞：《平衡与连接：构建新型主流媒体的内在逻辑与行动框架》，《现代传播》（中国传媒大学学报）2021 年第 10 期。

B.3
2023年江苏广播电视与网络视听产业发展报告

刘永昶　金霄*

摘　要： 2023年，江苏广播电视与网络视听产业集聚精英创作力量，提高精品节目比重，体现出苏产剧集提质创收、苏产纪录片守正创新、苏产网络视听创作以融促活、江苏智慧广电技术便民的发展亮点。本报告立足于2023年江苏广播电视与网络视听产业，梳理2023年江苏广电系统的改革发展过程并提炼其亮点表现。结合全国广播电视发展的新态势，立足"兼收并蓄"的建设理念，从主流媒体的协同联动、视听文本的时空共生、多元文化的交流互通、传播格局的内外一体等四个角度分析江苏广播电视与网络视听产业的"大视听"生产与传播发展路径。江苏省内各层级广电媒体既需要传承中国广播电视事业的优良传统与丰富经验，也需要与各类参与主体携手共进。

关键词： 广播电视　网络视听　大视听　江苏省

　　2023年是江苏广播电视与网络视听产业持续发展且再创辉煌的一年。相关单位和主体凭借强大的组织动员能力和长期积累的技术力量，履职尽责，担当作为，攻坚克难，努力追求社会效益和经济效益的双丰收，充分体现了苏产品质和苏产效率。这一年，江苏广电系统在壮大宣传声势、持续创作生产、提升节目质量、推动媒体融合、推进改革创新等方面均实现了重大突破。这些成

---

* 刘永昶，南京师范大学新闻与传播学院教授、博士生导师，广播电视系主任，主要研究方向为影视艺术传播、网络传播、媒介文化；金霄，南京师范大学新闻与传播学院讲师，主要研究方向为数字媒体和影视艺术传播。王志豪、乔睿彬、蔡萃艺、陈金隆、尹心悦和方嘉卉在数据搜集、案例整理等方面为本报告撰写做出贡献。

就体现了江苏广电系统在国家治理体系和治理能力现代化建设中，为推动社会主义文化繁荣发展做出的新贡献。2023 年，江苏广电受到中宣部、国家广电总局表扬 36 次，共计斩获中国新闻奖和中国广播电视大奖 11 项。在广电剧集方面，有 7 部苏产精品电视剧在中央电视台、各省级卫视和头部网络视听平台播出；11 部苏产电视剧取得发行许可，占全国的 7.05%，创历史新高；3 部苏产重点剧目入选 2024 年中央广播电视总台"龙年大剧看总台"电视剧片单；1 部网络情景喜剧在全国 16 个省（区、市）IPTV 平台播出；数部系列短剧在第 10 届亚洲微电影艺术节上获得奖项。在纪录片方面，5 部精品佳片获选国家广电总局 2023 年度优秀国产纪录片，2 部佳片被收录至"2023 年优秀国产纪录片选集"，22 部佳片登上中央电视台。在智慧广电方面，全年有 3 个项目入选"全国智慧广电网络新服务"案例，广电行业首个 5G 应急广播专网在南京正式商用。这些案例显示出江苏广播电视与网络视听产业的发展正迈上新台阶，在产业促进、行业治理、安全保障等方面的工作成效得到进一步提升，为各省（区、市）兄弟系统推动高质量发展、高水平创新提供了可行思路和部署经验。

习近平总书记在文化传承发展座谈会上强调："在新的起点上继续推动文化繁荣、建设文化强国、建设中华民族现代文明，是我们在新时代的新文化使命。"① 作为新时代主旋律阵地的捍卫者，江苏广电系统自觉担负新的文化使命，自信面对广电工作的新形势，坚定新要求、坚持新发展。以此为纲，本报告通过对 2023 年江苏广播电视与网络视听产业的观察，梳理了 2023 年江苏广电系统的改革进展，指出其中的发展亮点，并结合全国广播电视发展的新态势，提出"兼收并蓄"的"大视听"发展路径。

一 2023年江苏广播电视与网络视听产业发展亮点分析

（一）苏产剧集：深耕内容质量，寄寓新时代精神

2023 年，苏产剧集高举中国特色社会主义旗帜，深入贯彻"十四五"时期发展规划，繁荣创作生产，与广大观众共话当下、共望未来。

---

① 习近平：《在文化传承发展座谈会上的讲话》，人民出版社，2023。

1.质量保障，营造精品引领市场良好生态

2023年，为推动广电高质量发展打基础、利长远，江苏秉承多样化创作共识，不断产出引领时代的文艺精品，推动着国剧市场蔚然竞放。

一方面，优质剧集引领市场，精品化创作成为共识。江苏省广播电视局对2023~2025年的首批重点电视剧选题进行了公开征集。经过各地推荐、专家评审和江苏省广播电视局研究等流程严把质量关，最终发布了《江苏省2023—2025年重点电视剧选题规划（第一批）剧目》，其中包含了军旅、近代革命、当代农村和当代都市等多个题材。2023年共有《今日宜加油》《曾少年》《白日梦我》《他从火光中走来》等7部苏产电视剧登上中央电视台、各省级卫视，并在爱奇艺、腾讯视频等头部网络视听平台播出。这些主旋律电视剧与优质商业剧选题富有新意、视角扎根人民、基调昂扬温暖，或展现不同从业者的奋斗故事，或述说时代青年的成长历程，均呈现以人为本、关注时代的创作特征。此外，《孤舟》《江河之上》等11部苏产电视剧取得发行许可，《北上》《清明上河图密码》《追风者》等3部苏产重点剧目入选2024年中央广播电视总台"龙年大剧看总台"电视剧片单。重大历史题材电视剧《张謇》也完成了剧本创作和演员遴选等相关工作，并入选国家广电总局电视剧引导扶持专项资金项目。除电视剧外，其他类型的优质剧集也不断涌现。《欢喜一家人》在全国16个省（区、市）的IPTV平台播出，居电视剧类指数榜单第6位。在第10届亚洲微电影艺术节上，苏产系列短剧《梨花镇往事》、神话绘本剧《沉香救母》、微电影《编舟记》《引针记》等作品均斩获奖项。

另一方面，动画作品独具匠心，续写辉煌历史。2023年，江苏省广播电视总台（以下简称"江苏广电"）的主旋律题材动画片《你好！辫子姑娘》《红色印记》和苏州智杰数字动画有限公司的《百年英雄》均在优漫卡通卫视播出，这些作品用以小见大和今昔对比等创新手法，使革命文化和红色故事深入人心。例如，《沙孩儿》《么么侠——时空战医》《诸葛亮之定军山》等动画作品，在历史文化题材的创作中融入了中华民族的思想智慧和文化传统，使传统文化与现代观众建立起持久的联系。国际合拍的定格动画片《我们的合奏》由苏州欧瑞动漫有限公司制作，其与苏州腾麟影视有限公司制作的《华光之路第一季博望侯张骞》同年竞播，以中国不同历史时期的国际文化交流与融合为背景讲述故事，不仅呈现了他国的特色文化和风土人情，也展现了中华文化兼收并蓄的开放胸怀。这些动画片将优质内容、中华优秀传统文化及主流价值观结合，以生动形象的讲述方式潜移默化地教育了少儿观众。同样具有教育意义的是镇江奥宜漫文化科技有限公司制作的《心灵守护者》，通过色彩斑斓的画面和富有创意的情节将奇幻元素巧妙融入儿童心理健康主题教育，呈现了一场充满冒险和希望的奇妙旅程。该动画片于 2023 年 8 月 18 日首播，先后在 48 个新媒体、数字电视、IPTV 平台播出，覆盖超过 1.2 亿名观众，播放量超 3000 万次，获得良好的市场反响，并入选国家广电总局2023 年第三季度优秀国产电视动画片。另外，苏产动画还通过网络媒介燃起观众对本土国产动画的热情与信心，如《百炼成神》系列网络动画上线后，在腾讯视频动漫榜、爱奇艺动漫榜、优酷动漫热度榜均排名靠前。

2. 题材拓展，打造多类型多元化苏剧品牌

电视剧作为苏产剧集的重要组成部分，已经进入高质量发展阶段。2023年是实施《"剧美江苏"电视剧三年行动计划（2023—2025）》的起步之年，各种类型的剧集百花齐放，精彩纷呈。

一是现实主义创作持续发力，现实题材剧集充满人间烟火气。2023 年 5月 26 日，第二十八届上海电视节白玉兰奖入围名单揭晓。苏产电视剧《人世间》《大考》入围最佳电视剧奖，其中苏产重大现实题材电视剧《人世间》入围全部 9 个奖项，获 10 项提名，并在 6 月 23 日晚一举夺得最佳中国电视剧、最佳编剧（改编）、最佳导演、最佳男主角、最佳男配角 5 项大奖。另外，2023 年江苏制作播出的剧集中，现实题材剧占比超八成，包括都市、农村、青春、司法等多种类型。这些剧作描绘 20 世纪八九十年代的"三农"发展图景、展现长江流域环保的司法实践、反映女飞行员的成长故事、关注年轻人的心理健康等。其中，《陌上又花开》是一部农村题材的"小年代剧"，讲述了马春秀、于大河等改革开放的弄潮儿，带领乡亲们开山修路、脱贫致富的感人故事，既生动展现了当代农村青年与家乡之间的情感联结，又歌颂了他们敢于拼搏和自强不息的奋斗精神。《江河之上》是国内首部聚焦环保司法题材的电视剧，讲述了罗远和法庭顾问夏未冬等一批环境资源司法工作者，凭借专业知识、智慧、勇气和正义感，处理一系列复杂环保案件的故事，向观众展示了长江流域环境保护的司法实践，不仅体现了当代中国司法水平的进步，还揭示了当前中国司法面临的挑战，唤起了社会对环保事业的关注。校园青春励志题材电视剧《偷走他的心》以航空大学大一新生路知意与出身飞行世家的陈声之间的校园爱情故事为主线，以独特的视角讲述了两人从求学于飞行学院到成为海上救援队队员并肩成长的故事，抒发了青年航空人热爱飞行、愿为民航和救援事业而奋斗的理想和情怀。都市疗愈题材电视剧《也许这就是爱情》通过吴映真与杨照的爱情故事反映了当下30岁左右年轻人工作、爱情和家庭生活的现状，引导人们关注心理健康这一社会话题，具有积极的现实意义和健康的价值取向。

二是"军警消"题材剧集佳作迭出。军旅、公安、消防等题材电视剧以其真实性、贴近性和强大的艺术感染力获得广大观众的认可，塑造了热血正义的人物形象，传播了鲜明正向的行业价值，具有重要的现实意义。多年来，《王牌部队》《爱上特种兵》等电视剧是能够代表江苏"军警消"独特品牌、体现其魅力的精品电视剧。2023年播出的精品消防题材电视剧《他从火光中走来》作为首部播出的江苏省2023~2025年重点电视剧选题规划项目剧，通过展现消防员鲜为人知的工作生活场景，塑造了多个有血有肉的人物形象，受到观众普遍欢迎和广泛赞誉。同年，展现新时代中国军人精神风貌的军旅剧《兵自风中来》和以女性视角审视社会、家庭、犯罪三重问题的公安剧《冲锋车之恋》也均已完成制作，进入待播行列。

三是谍战题材剧集未播先火。2024年有《孤舟》《孤战迷城》《追风者》《哈尔滨1944》四部重量级苏产谍战剧与观众见面。《孤舟》展现顾易中等地下党人在阴影中艰难斗争的历程，以艺术的手法歌颂中国人民不屈不挠的爱国精神和抗战精神，向观众展示了革命先辈为了国家和民族的前途命运，在困境中坚守信仰乃至牺牲个人幸福的人物群像。《孤战迷城》主人公在与日军间谍的生死较量中展现英雄魅力和伟大信仰。《追风者》讲述了金融职员魏若来在进步思想的感召下加入中共地下党，粉碎国民党经济封锁，维护苏区经济稳定的故事。《哈尔滨1944》展现共产党情报人员宋文卓在警察厅特务科的迫害中绝境图存，巧妙破坏敌人计划，为最终胜利扫清障碍。这些电视剧凭借引人入胜的故事和演技精湛的实力派演员阵容，在播出前就引发了观众的关注和期待。

3. 内容衍生，发挥IP动能锻造"长尾效应"

网络剧发轫于产业边缘，如今则发力于产业中流，成为推动苏产剧集开拓发展的重要组成部分。2023 年,江苏网络剧生产以 IP 为核心,积极寻求创新,追求传播效益的最大化。

"IP+N",系统构建作品宇宙。自"IP"概念 2014 年首次被大规模认可以来,IP 改编模式迅速兴起,多元化的 IP 文艺产品历经多年的发展,保持井喷式增长态势。2023 年上线的苏产网络剧和动画片均呈现出以 IP 为核心的创作特点,如由爱奇艺、腾讯和优酷三大头部网络视听平台共同出品的《斗破苍穹》系列网络电影,作为全国首部投资额近 2 亿元、演员阵容超豪华的网络电影,凭借优质的视觉体验让"线上看大片"成为现实。值得注意的是,2023 年苏产网络电影的 IP 改编并非止步于对原著的一次性开发,而是采用"IP+N"的形式对原著进行系列化、创新化的深入挖掘和影视转化。《斗破苍穹》在保留原著精髓及经典场面的基础上,融合了原作者其他作品的精巧构思,构建了"科幻+玄幻"的"斗破宇宙"。系列中的每一部作品均可独立成章,又可串联起来组成具有统一内核的完整故事。同时,江苏广电还加强内容生产主体与头部网络视听平台的联合,调整网络视听生产的盈利模式,顺应年轻观众的日常消费习惯。如,《斗破苍穹》系列采用"主动点播"模式、《百炼成神》为头部平台会员用户提供专属内容的模式等,不仅推动苏产网络剧制作方提升作品质量,也有助于进一步激发省内影视剧产业的活力。

创意呈现,契合当下融汇主流。近年来,网络微短剧以具有爽感的快节奏剧情火遍抖音和快手等短视频平台。江苏广电系统在促进网络微短剧产业发展中始终坚持精品化线路,持续推进优质内容生产,引导制作机构与网络平台妥善处理"大流量"与"正能量"的关系,注重以多元创新的创作视角引申热点话题,引发受众关注,引领时尚潮流。《壹零》结合当下热门的元宇宙、人工智能等话题,通过软科幻元素的插入和跨越时空的叙事为观众带来高度概念化的视听作品,深刻探讨了科技飞速发展下虚拟世界与现实世界间的联结与碰撞,引导观众思考如何清醒面对未来科技。《我坦白》通过讲述网络暴力、互联网诈骗、隐私泄露、"杀猪盘"、职场 PUA、美容贷、违法数字货币等故事,以受害者和施害者等当事人的坦白式自述来增强大众的防范意识,以专家解读的形式提升大众的防范能力。除此之外,2023 年创作的网络微短剧还有《山野异事:卷贰》《应有长风倚碧鸢》等中国古典传奇类作品,以及《今天航班零投诉》《跨越世界来见你》《我是猎手》等都市、科幻、公安类题材的作品。这些网络微短剧积极探索中华优秀传统文化的时尚表达，延伸原有题材，吸引了更多年轻的网络受众。

4. 主体规范，引导"三精"创作领唱主流旋律

2023年，江苏广电系统紧跟《"十四五"中国电视剧发展规划》做出的部署和要求，进一步培育苏产剧集精品，推动"三精"作品创作，推出更多健康优质的视听文艺精品，深入实施广播电视和网络视听高质量发展工程。

提质控量，凸显"三精"品质追求。随着政策的调整和时代环境的变化，"减量提质、降本增效"已成为国剧行业创作的主流理念。2023年，江苏网络剧和动画片创作生产严格践行"提质控量"理念，与2022年相比，网络剧和动画片总量持平，其中网络剧数量下降，网络电影和网络微短剧数量增加，网络动画片数量持平，但头部平台S级网络动画片数量增加7部，豆瓣评分在8.6分以上的有2部。全年有《我的野王女友》《大宇宙时代》《我是猎手》等26部剧集取得发行许可，《夏花》《二十五小时恋爱》《斗破苍穹》等26部作品上线播出，原创网络剧《庭外》《曾少年之小时候》《破事精英》等一批精品剧集广受好评，成为"破圈"传播的口碑佳作。其中，以《破事精英》《曾少年之小时候》为代表的苏产网络剧更是在一众网络剧中强势"出圈"，豆瓣评分均达到8.6分。《庭外》《曾少年之小时候》入选国家广电总局2023年"中国梦 新征程"原创网络视听节目征集展播活动优秀节目，足以证明其内容与故事的高品质。除此之外，江苏广电还着力推进《上甘岭》《大海道》《幸福草》等近10项重点项目，力求打造更多增强人民精神力量的优秀作品。

规范管理，加强对网络微短剧创作的引导。作为网络时代新兴的艺术形式，网络微短剧具有独特的艺术特征、业务生态、传播模式和受众群体。2023年，网络微短剧凭借巨大产量，引发视听市场震动。2022年，网络微短剧全年备案数量近2800部，同比增长600%，2023年上半年上线约480部。据预测，2023年中国网络微短剧市场规模为373.9亿元。① 截至2023年11月，在横店等影视园区内，约70%的在拍剧组为网络微短剧剧组。数量激增的背后也暴露出内容严重同质化和导向意识缺失等问题，影响了视听市场的向好发展

---

① 艾媒咨询：《2023–2024年中国微短剧市场研究报告》，2023。

态势。基于此，国家广电总局深刻把握网络微短剧意识形态和文化产品的双重属性，先后印发《国家广播电视总局办公厅关于国产网络剧片发行许可服务管理有关事项的通知》《国家广播电视总局办公厅关于进一步加强网络微短剧管理 实施创作提升计划有关工作的通知》等文件，坚持监管与繁荣并重、提正与减负并重。江苏广电系统也及时响应国家广电总局决策，深入学习国家广电总局严把网络微短剧质量关的精神，加强对江苏省内网络微短剧的内容引导和质量把控。

（二）苏产纪录片：展映"江苏相册"，阐释新时代力量

2023 年苏产纪录片经历了产量与质量的双重快速增长，独具江苏气质的纪录片作品群星璀璨。其中获选国家广电总局 2023 年度优秀国产纪录片的精品佳作有 5 部，其中 2 部被收录至"2023 年优秀国产纪录片选集"，22 部登上中央电视台与广大观众见面，收获良好的口碑，引起业界的广泛关注。这一系列成果标志着江苏广电在纪录片领域的创新和探索正以稳健的步伐前进，为中国纪录片发展贡献重要力量。

1. 重读历史，让时代荣光为精品铸魂

2023 年，苏产纪录片充分发挥"国家相册"的功能，在深入贯彻习近平新时代中国特色社会主义思想的基础上，聚焦重要战略、重大活动和重要时刻，注重时代精神与民心民意的共振，深入开展新时代史诗创作，全力打造兼具历史厚重感和时代使命感的精品集群。传承历史精神，引发情感共振。2023年是抗美援朝战争胜利 70 周年，在纪念中国人民志愿军抗美援朝出国作战 70周年大会上，习近平总书记指出："伟大抗美援朝精神跨越时空、历久弥新，必须永续传承、世代发扬。"[①] 江苏广电系统立足这一时间节点，推出《伟大的胜利：抗美援朝启示录》《父亲的战地家书》等一系列还原抗美援朝战争历史真相、展现中国英烈宝贵精神遗产的纪录片作品。《伟大的胜利：抗美援朝启示录》综合运用亲历者口述历史、纪实寻访和情景再现等表现方式，深入挖掘经典战例，细致阐述志愿军英雄背后的动人事迹，向观众展示抗美援朝战争的主要进程和关键战役，呈现多面立体的抗美援朝战争全景，纪念和传承伟

---

① 习近平：《习近平著作选读》（第二卷），线装书局，2023。

大的抗美援朝精神。《父亲的战地家书》以烈士吴书在朝鲜战场写给家人的五封家书为主线，通过采访吴书的战友和后人，实地考察重要战斗遗址和烈士牺牲地，揭示鲜为人知的历史细节，生动诠释伟大的抗美援朝精神。

2023年适逢毛泽东同志诞辰130周年，江苏广电及时推出10集电视文献纪录片《毛泽东书信故事》。该片通过书信这一载体，沿着历史轨迹和思想发展的脉络，全方位展示毛泽东同志的革命实践历程，深化了书信的思想光辉和文化力量，填补了大型文献纪录片在此类题材上的创作空白，入选2023年度优秀国产纪录片选集。

聚焦辉煌成就，彰显国家伟力。2023年是习近平总书记提出"一带一路"倡议10周年。习近平总书记赋予江苏共建"一带一路"交汇点的重大战略定位，体现出江苏在丝绸之路的历史进程与贸易发展中的重要性。在这个重大的历史时刻，江苏广电系统接连推出《千帆之下》、《未来塘主》和《肯尼亚的"中国女孩"》等一系列制作精良且立意深刻的纪录片作品，生动展示共建"一带一路"的历史脉络、文化沉淀、当下实践举措以及未来的发展愿景。在这些纪录片的大规模传播之下，江苏在"一带一路"倡议实施中的战略性地位和影响力显著提升。

《千帆之下》以古代的两大考古发现——"丝绸之路"和"海上丝绸之路"为背景，运用对历史文献的展示、对实地的观察，以及以人带史和以人言事等多种方式，探寻江苏6座主要城市与欧亚国家之间的经济联系和人文互动，言说其背后的精彩故事，展现共建"一带一路"国家人民的生产生活向美好方向迈进的历史性图景，以此体现"一带一路"倡议实施后中国在推动地区合作发展的重要贡献，加深观众对"一带一路"倡议内涵与意义的认识和理解。同时，《千帆之下》是江苏百人纪录片扶持计划中首次在央视纪录频道黄金时段播出的作品，再次印证了该项目实施6年来取得的令人瞩目的成绩。

与《千帆之下》的宏大叙事风格不同，《未来塘主》和《肯尼亚的"中国女孩"》分别以坦桑尼亚留学生约翰纳和郑和船员后裔——肯尼亚女孩夏瑞馥视角为切入点，通过真实影像讲述"一带一路"倡议10年的生动案例，表达了"授人以鱼不如授人以渔"的共享理念和构建人类命运共同体的美好愿景。

2. 合力共振，让时代故事传遍海内外

党的二十大报告指出，加快构建中国话语和中国叙事体系，讲好中国故事、传播好中国声音。纪录片作为一种独特且生动的叙事形式，能够深入展现中国的历史文化、社会发展和人民生活，在助力中国话语"走出去"的实践中发挥重要作用。2023 年，苏产纪录片以融通中外的表达方式阐释中华文明与文化、中国道路与人类命运共同体的价值，为展现可信、可爱、可敬的中国形象贡献江苏力量，为国际文化交流搭建桥梁。

国际合拍，展现立体世界图景。讲好中国故事，既是文化自塑，也是文化合塑。江苏广电系统积极参与各类国际交流活动，开拓国际传播渠道，采用国际化的视角和叙事方式与国外媒体以及制作团队合作，提升制作水平，力促"出海"态势再攀高点。与美国国家地理频道共同打造的纪录片《沿着运河看中国》中，美国历史学者 Andrew Field 带领观众走访大运河沿岸城市与村镇，记录和展示当代中国的发展面貌，纪录片于 2023 年 9 月在国家地理频道首次"出海"播放，覆盖了 20 多个国家和地区 1.7 亿名观众。中英合拍系列微纪录片《东方智慧：我和中医药的故事》邀请英国纪录片制作人担任导演和撰稿人，以中西视角讲述中医药的独特魅力。中希合拍纪录片《当苏格拉底遇上孔子》则采用了探访式人文纪录片的形式，追随先贤足迹，讲述流传千古的哲人故事，帮助观众感知两大文明共通的智慧。

精准传播，着眼国际双向交流。2023 年 7 月，江苏广电成立我苏国际传播中心，面向国际传播打造"Jiangsu＋You"品牌，基于汇聚七种语言的全球化融媒矩阵，致力将苏产精品和苏产佳作推向国际舞台。《好一朵美丽的茉莉花》回望大国元首外交中的重要历史时刻，以两国交往的"定情"信物——茉莉花手串为切入口，生动讲述来自苏州民间的跨国文化交流故事，彰显中国文化的独特魅力和中华民族的友好精神。该片播出后在海外华人中引起强烈共鸣，成为刻画中国友好形象的成功之作。《小城里的学徒新风》"借嘴说话"，以德国人安迪大学毕业后在中国工作的亲身经历，呈现新型职业教育与江南小城的双向融合。《老马识途》讲述德国工程师马提亚斯在中国的追梦过程，将中德合作、高质量发展、新时代文化自信等多重主题含蕴其中，展示了中国与世界的紧密合作和文化融合。《果果的译语世界》生动诠释了中国的创新精神和社会责任感，聚焦苏州听障团队"关关难过关关过"的创业故事，传递了不屈不挠的奋斗精神。该片成功入选 CGTN "可爱的中国"项目并被译为俄语在全球广泛传播，向国际社会展示真实立体全面的中国。此外，《寻城苏州》《重启园林》等纪录片以"江南文化"为主线脉络，向世界呈现苏州城市的精神气质与审美风度，挖掘江南文化精神谱系的丰富内涵。江苏广电通过精心策划和制作，深入挖掘和呈现江南城市的多样故事，不仅展现了宜人淡雅的苏城风光、丰富精致的文化遗产和新时代的辉煌成就，而且促进了中国与世界的相互理解和尊重。

3. 对话楷模，用言传身教注解时代价值

探索普通人的生活经历、生命价值是人文纪录片的核心魅力所在，人物题材的纪录片因其深厚朴素情感和人文关怀成为纪录片创作的重要部分。2023年，江苏牵头制作的人物题材纪录片体现出强烈的时代价值，无论是功勋人物的英勇肖像、时代先锋的卓越事迹，还是历史人物的生平纵览，都是中华民族的精神缩影。这些镜头下个体或群体的经历生动诠释着人文情怀，回应着深刻的时代课题，展现了积极向上的榜样力量。

以人为镜，以不凡人物抒写家国情怀。《归有光》以历史名篇《项脊轩志》为起点，讲述归有光命运多舛又始终奋发有为的一生，赞美先贤爱国爱家的家国情怀。《医者仁心：陈祖荫》以首任鼓楼医院院长陈祖荫的日记为线索，生动展现了他跨洋求学、返回祖国、积极投身医疗前线、勇于攻克医学难题的人生旅程，凸显了他对医学的贡献，展示了一个医者的仁心与使命。《程开甲》通过深入挖掘珍贵的文献与影像资料，通过演员仿妆演绎、吴语口音配音及动画合成技术生动重现了"两弹"元勋程开甲 101 个寒暑的生命历程，彰显了他在中国核武器发展中的重大贡献，弘扬了他的爱国奉献精神。该片播出后反响热烈，受到社会各界的广泛赞誉，收视率名列前茅。《人生值得一过》则聚焦百岁翻译家杨苡，通过多样化的叙述视角，展示她的生平轨迹、家国情怀、人生追求和生活态度，凝练出"人生值得一过"的哲思主题。

脚踏实地，以身边人物折射民族精神。国家广电总局大力倡导拍摄反映普通中国人民奋斗历程的纪录片，促进了一系列以"讲述老百姓自己的故事"为主题的现实题材作品的创作与发展。《夕阳更暖》讲述了一群用科技打造"新享老"方式的年轻人在养老行业创新创意、拼搏开拓，用青春守护最美"夕阳红"的故事。《甜蜜的事业》围绕阳山水蜜桃协会原秘书长赵逸人的忙碌退休生活展开，不但刻画了一个苦心钻研水蜜桃栽培技术、热心为果农服务的老农技师形象，而且生动展现了阳山从一个偏僻落后的小村镇发展成美丽、富裕、文明、和谐新农村的"蝶变"过程。聚焦教育改革走向的《电波寻踪》以无线电测向运动为切口，展现了职教老师和学生积极向上的精神面貌和顽强奋斗的不屈意志。《火焰蓝，只为你着迷》通过消防员的第一视角，展示了新时代消防员不畏危险、勇往直前、逆行而上的"火焰蓝"精神。该片聚焦消防员这份神圣职业背后每个闪耀光辉的普通人，充分诠释了纪实节目的责任和使命。

4. 厚植文化，在苏域文脉寻溯时代根脚

江苏作为中华文明的重要发源地之一，拥有悠久的历史和丰富的文化遗产。江苏广电以江苏历史文脉和人文精神为背景，深入探寻了这一地区所蕴含的历史故事和文化现象，通过现代的影像技术和观众喜爱的叙事手法，创作出许多鲜明体现江苏人文历史底色的苏产精品。

技术赋能，透射江南文脉之光。2022年1月30日，国家广电总局正式印发了《关于推动新时代纪录片高质量发展的意见》，提出全面推动5G、大数据、云计算、超高清、VR、AR和人工智能等新技术在纪录片领域应用的要求。2023年，江苏在纪实影像生产中积极促进4K分辨率、VR、人工智能等技术与艺术创作深度融合，探索科技在内容表达、制作传播过程中的赋能作用，有效拓展江南文脉的视觉表达边界，增强内容的交互性。《且上书楼》引入AI数字人技术，聚焦江苏的12座典型古今藏书楼，用数字化、水墨动画、三维建模等方式复现历史人物，使藏书家"活"起来，让历史细节和人物生动呈现在观众面前。《循脉而行——江苏省美术馆典藏精品中的文脉之光》则围绕江苏省美术馆中典藏的8位大师的作品展开制作，重点呈现中国传统画作的悠长文脉，尽显墨韵。该片借助人物访谈、情景再现、实景探访等多种纪录片制作手法，并结合三维动画、VR、AR等数字技术，生动且全面地传达出馆藏经典美术作品的文化价值与美学思想。该片不仅让观众领略到作品的深邃魅力，还推动了藏品的活态传承和创新发展，实现了典藏活化和藏品利用。

古今交融，演绎千年运河传奇。习近平总书记强调，大运河是祖先留给我们的宝贵遗产，是流动的文化，要统筹保护好、传承好、利用好。① 这条人工

---

① 张环宙：《让大运河文化在新时代绽放出璀璨光彩》，《人民日报》2022年12月6日，第9版。

开凿、贯通南北的大运河承载着江苏8座城市的历史与现代，是充满生机的世界文化遗产。2023年，荧屏上涌现出一系列以江苏段大运河为主题的纪录片。《江海一脉》基于一系列的走访、勘景和查证等调研工作，以文化脉络为线索梳理了运河沿岸的历史遗存，以重大历史文化事件为线索讲述了通扬运河南通段沿岸的历史人文与传奇岁月，获得省"五个一工程"奖。《运河长歌·扬州》是扬州地区古诗词及音乐等文化遗产的大"串烧"。该片选取了广陵派古琴、扬州清曲等多种艺术形式，生动展示了大运河的历史盛况和影响力，将大运河的景色之美、人文之美、风物之美形象地呈现给世界。

2023年，苏产纪录片大放异彩，它们不仅记录了重大时间节点和关键历史时刻，也记录了社会发展中普通人的动人事迹，真实展现了现实生活的多面性，体现出对社会个体的人文观照，呈现出具有时代特色的深刻主题。然而江苏纪录片不能止步于此，纪录片的创作仍然要以深入生活为原则，持续深耕时代主题，打造传递主流价值内涵、体现年轻话语活力、实现复合盈利模式和拓宽传播渠道的纪录片生产发展新生态，为观众提供更加丰富、深刻、包容的文化视角，满足观众日益增长的精神文化和多元审美需求。

（三）苏产网络视听：聚合大小荧屏，传达新时代精彩

1. 古今呼应，融媒产品拓展时代场域

截至2023年12月，中国网络视频用户规模为10.7亿人，较2022年12月增长3613万人，占网民整体的97.7%。其中，短视频用户规模为10.5亿人，较2022年12月增长4145万人，占网民整体的95.9%。[1] 2023年，江苏各广播电视媒体推进媒介深度融合，践行互联网思维、理念，制作了大量优质的融媒体产品，积极探索网络视听的新业态、新模式，致力于打造新型主流媒体。

回望历史，媒体融合创新视听体验。2023年是抗美援朝胜利70周年，江苏各广播电视媒体紧扣这一重大主题，以丰富的融媒体形式创作作品，给予观众全新的视听体验，实现了思想性与艺术性的有机统一。江苏广电的融媒体直播《山河锦绣应如愿》聚焦江苏的模范人物，如雨花英烈、抗美援朝英雄杨根思、全国"时代楷模"王继才等，聚合大小屏联动优势，融合了现场报道、

---

① 中国互联网络信息中心：《中国网络视听发展研究报告（2024）》，2024。

直播连线、演播室访谈、纪录片展映和街头采访等多种表现形态，展示江苏在新时代继承英烈精神，不忘初心、砥砺前行的实际行动，入选江苏省广播电视局2023年第三季度江苏省广播电视创新创优节目。江苏广电的大型融媒体报道《寻找最可爱的人》入选江苏省广播电视局2023年第三季度江苏省优秀广播电视新闻作品，该报道采用"90后寻访团"对话"90后"老兵的形式，以视频、音频、文字和图片等多种方式呈现，探索重大题材的年轻化表达，传承伟大抗美援朝精神。徐州广电出品的短视频《1950他们正年轻》入选国家广电总局2023年"中国梦 新征程"原创网络视听节目征集展播活动优秀节目，通过老兵们的讲述，再现了一场保家卫国、捍卫和平的艰苦之战，生动诠释了伟大的抗美援朝精神，唤醒了人们对这一段伟大历史的集体记忆。

向世界呈现博古延绵的江苏文化，凸显苏文脉络和苏人精神是每个媒体人的使命与担当。2023年，江苏广电系统产出众多"出圈"作品，为非遗的保护、传承和创新注入新的活力。江苏广电的双语微纪录片《非遗有新人》获评国家广电总局2023年"中国梦 新征程"原创网络视听节目征集展播活动优秀节目。微纪录片在移动端首发，开展大小屏联动，走访了全国各地"85后"和"90后"新生代非遗传承人，以年轻人的视角、年轻化的语态和亲和鲜活的表达介绍了昆曲、金陵刻经印刷技艺和福州茉莉花茶窨制工艺等多种传统非遗对象，更加适应如今网络时代的快节奏视频观看习惯，全网播放量突破18亿次，形成了跨越圈层的影响力。江苏广电推出的网络音频作品《稼穑——听见"全球重要农业文化遗产"的最美时刻》聚焦江苏对农业文化遗产的传承实践，通过记录遗产地丰富多彩的劳动场景，引领观众通过声音云游这些农业遗产地，感受其独特魅力，探寻中国农耕文明，展现乡村振兴的蓬勃面貌，获评国家广电总局2023年"中国梦 新征程"原创网络视听节目征集展播活动优秀节目和江苏省广电局2023年第二季度江苏省优秀广播电视创新创优节目。

聚焦当下，苏产网络视听紧贴苏域脉搏。2023年，江苏省各广电媒体的融媒产品放眼社会，着眼当下，关心民生，关注环保和关切人文。南京广电推出系列理论宣讲融媒产品《学习宁聚力》，积极探索理论大众化和网络化的宣讲路径，发挥理论宣讲"轻骑兵"优势，将习近平总书记最新重要讲话、重要指示精神结合南京实地实情加以阐释。节目除在"直播南京"等栏目播出外，还在"学习强国"学习平台、"牛咔视频"App、"南京新闻"微信公众号、抖音等平台同步推送，取得良好的传播效果。江苏广电推出的大型融媒体直播《为了生生不息的家园》抓住首个"全国生态文明日"契机，围绕深入贯彻落实习近平生态文明思想这一重大主题，联合多地接力直播，全景式展现了各地统筹"山水林田湖草沙系统治理"的优秀经验和丰硕成果，获评江苏省广播电视局2023年第三季度江苏省优秀广播电视新闻作品。

继往开来，创新表达拓宽观众视野。丰富多彩的融媒体节目带给观众精彩纷呈的视听盛宴。江苏省内各广电媒体推出的读书节目让观众得以在网络视听的享受中感受书页里的"诗与远方"。"今日头条"和江苏卫视联合出品的外景纪实类读书节目《我在岛屿读书》突破了传统读书节目的模式，走出室内，打造"岛屿+书屋"的阅读空间，营造出兼具"诗与远方"意境的独特阅读氛围。该节目获评国家广电总局2023年"中国梦 新征程"原创网络视听节目征集展播活动优秀节目。《我在岛屿读书》第二季同样获评江苏省广播电视局2023年第二季度江苏省优秀广播电视创新创优节目，同时入选国家广电总局2023年"中华文化广播电视传播工程"重点项目。苏州广电的读书类节目《阅读苏州》创新范式，获评江苏省广播电视局2023年第二季度江苏省优秀广播电视创新创优节目。该节目围绕"读书的意义是什么"展开深入讨论，从多个角度切入，通过场景化、启发式和开放式三重阅读层面，打造了一个面向大众的公共读书空间，营造了人人爱读书、勤读书、善读书的良好氛围。

网络视频、音频直播能带给观众"在场感"，这样的形式让观众摆脱现实的时空限制。随着网络视听的发展，江苏广电系统放眼国际，眺望现实的远方。江苏广电融媒体新闻行动"大道之行 筑梦丝路"走访3个大洲17个国家30座城市，全景展现十年共建"一带一路"的壮阔画卷，网络点击量达25亿次，24条报道被中央网信办全网推送。跨国直播节目《雅万高铁今天正式启用》，总播放量达7544万次，获中国广播电视社会组织联合会高度肯定。

2. 长短竞合，视听盛宴打造时代盛景

2023年，江苏省各广电媒体响应网络视听用户对内容的需求，不断提升作品的品质，充分发挥其在精品内容生产、渠道协同联动等方面的优势，在短视频和长视频两个赛道都收获了累累硕果。

高质量微短视频不断涌现。南京广电的短视频节目《爷爷的"传家宝"》以"传家宝"为切入点追忆往昔，借年轻人之口述说"传家宝"所承载的家风，结合多种表现手法，从细微之处诠释重大主题。海安市融媒体中心的短视频节目《每一双劳动者的手，都值得被看到!》以"手"为线索，将劳动者的形象和故事串联起来，讲述了不同劳动者"手"背后的辛劳与汗水、光荣和梦想，致敬每一位平凡而伟大的劳动者，献礼劳动节，获评国家广电总局2023年第二季度优秀网络视听作品。苏州广电的系列微视频《只有江南·苏博里的文物〈宋斋的信念〉》和系列微视频《苏从何处来》分别获得2023年广播电视和网络视听科普微视频大赛二、三等奖。

类型化创作成绩斐然。网络纪录片方面，江苏广电的《非遗有新人》与苏州广电的《云朵，你好!》获评国家广电总局2023年"中国梦 新征程"原创网络视听节目征集展播活动优秀节目。江苏广电推出的人物微纪录片《不以山海为远》基于各国普通共建"一带一路"参与者的讲述成片，再现了共建"一带一路"上的鲜活故事。该微纪录片同步在YouTube、Twitter等海外平台上线，相关话题阅读量超过5.2亿次，除获评国家广电总局2023年第四季度优秀网络视听作品外，还获得2023长三角白鱀豚原创网络视频大赛评委会大奖。

2023年上线的苏产动画片均呈现以IP为核心的创作趋势，优质的原创动画硕果累累。动画《茶婆婆渔婆婆蚕婆婆》和《大脚丫恐龙家族》第一季分别获评国家广电总局2023年第一季度优秀网络视听作品和国家广电总局2023年第一季度优秀国产电视动画片。其中，《茶婆婆渔婆婆蚕婆婆》在创作规划阶段即入选国家广电总局"中国经典民间故事动漫创作工程（网络动画片）"重点扶持项目和全省重点网络视听项目库，受到国家广电总局、江苏省广播电视局重点扶持，在央视网、"学习强国"、B站等主要平台全网推送，目前全网总播放量已突破8亿次，总点赞量超850万人。

3. 质量双升，垂直矩阵建构全媒体系

为深入学习贯彻党的二十大精神，2023年江苏省各广电媒体继续发挥融合典型的示范作用，建设并推出相应的广电媒体融合产品、品牌和平台，用实际行动推动媒体融合逐步深入，用产品矩阵助推全媒体传播体系建设，夯实网络视听的基础。

省级平台积极改版。为深入贯彻党的二十大关于"加强全媒体传播体系建设，塑造主流舆论新格局"的要求，江苏广电在深入开展学习贯彻习近平

新时代中国特色社会主义思想主题教育中，对"荔枝新闻"进行了全面改版升级。新版"荔枝新闻"重点强化了垂类化、视听化、服务化和智能化功能，下载用户已突破 5300 万人，新增了健康、教育、娱乐、体育、观点等 17 个频道。平台坚持内容为王，汇集了国内外最新资讯及江苏广电精品视听栏目。改版后的平台拥有"荔枝云"平台的技术优势，积极拓展对外政务和服务的功能。在同城板块中，根据用户位置提供生活资讯，并与江苏省政务服务对接，推出多项线上便民服务。在文旅板块中，新增了江苏景点查询和预约功能。此外，江苏广电顺应时代发展和技术趋势，在移动端投入更多高品质资源、高精尖技术和高水平人才，努力完善融媒体内容生产流程。现如今的广电平台聚焦主流价值导向职能，创新大数据算法实践方法，推出智能化推送与订阅功能，为"上荔枝，看世界"的用户带来个性化体验。

市级平台与时俱进。南京广电旗下的"牛咔视频"通过创新内容、业务和技术，探索城市广电媒体融合的新路径，以融合媒体形式打造思想宣传的新样态，推出"森林融媒"综合服务品牌，持续丰富媒体融合的应用场景。"牛咔视频"坚持"大众化推行，精细化定制"的策略，覆盖全年龄段观众，为社会提供如教育、婚庆、娱乐、版权存证等立体化、全面化和深度化的惠民服务；还发起成立了南京都市圈城市广电新媒体联盟，策划并推出众多系列融媒体活动，宣传和推动南京都市圈的发展。2023 年，"牛咔视频"加入了长三角新全媒联合体，成为首批加入全国广播电视新媒体联盟的成员，并入选中国记协"媒体+"创新案例库首批上线案例。"何以南京"频道是南京广电推出的特殊频道，其以"何以南京——文化传承发展融媒主题宣传季"为主题，发布了 10 部优质融媒体产品，获得积极反响，如《扬子风华》《宝藏南京》等优秀作品助力南京城市形象提升。

县级平台因地制宜。邳州市融媒体中心的"邳州银杏甲天下"客户端是该中心"两微一端一抖"多平台移动传播矩阵的核心。以该端为基础，邳州市成立银杏融媒智慧港，创新开展专业化、一体化传播平台运维，推动解决功能重复、内容同质和力量分散等突出问题，建立起协同高效的全媒体传播生态系统和"一站式"服务平台。移动端总用户量突破 300 万人，超过邳州城市人口总量。邳州市融媒体中心顺应平台化趋势，搭建互联网生态平台，有效发挥了基层宣传阵地作用。

4. 前线筑基，线上线下完成"最后一公里"接力

县级融媒体作为基层媒体，是中国主流舆论阵地的"最后一公里"，数量多，覆盖面广。在中国的传播体系中，县级融媒体中心有着不可忽视的基础性作用。2023 年，江苏省县级融媒体的各类创新实践与互联网紧密结合，是网络视听实践的重要组成部分。

网络化展示县区发展成绩。昆山市融媒体中心作品《写在苏州轨道交通 11 号线开通运营之际》聚焦苏州轨道交通 11 号线投入运营的关键节点，从产业创新和人才流动等多视角深挖，全方位展示长三角地区打造公共交通基础建设，进入"地铁同城"时代的重大意义。泗阳县融媒体中心系列报道《我的村庄我代言》以短视频的形式，围绕产业兴旺、生态宜居、乡风文明、治理有效和生活富裕五个方面，通过乡村"代言人"的第一视角，讲述振兴路上具有浓郁地方特色的乡村故事。江阴市融媒体中心推出的短视频《玩"转"新能源》将镜头对准恒润股份的大型风电轴承生产线，通过讲述企业研发核心产品、打破进口垄断的奋斗故事，展现江阴企业"敢干"和江阴企业家"敢首创"的精神风貌。

技术赋能创新视听体验。南京市江宁区融媒体中心依托政务专网打造户外大屏联网联控联播平台，实现了全区近 300 块户外大屏的展播内容由后台统一审核、一键推送，从而形成覆盖全区的重要宣传阵地。苏州市吴江区融媒体中心参与搭建吴江历史文化资源数字采集平台，充分利用云空间、大数据、区块链、数字建模和虚拟仿真等技术手段，有效推动历史文化资源向数字文化资产转化。昆山市融媒体中心建设昆山融媒创新实验室，重点打造数字人产业基地的展示体验与转化中心，创造了首个原创于县级融媒体中心的 3D 超写实 AI 数字人主播"昆小融"，广泛用于新闻内容生产和政务服务场景。

服务管道连通线上线下。"今日张家港"App 上线市民诉求中心服务平台，收集民意诉求，回应群众关切；同时开设全媒体栏目"@张小融"，从平台抓取群众关心的"急难愁盼"问题，深入开展调查跟踪，监督职能部门整改落实见成效，助力张家港市打造中国式现代化县域先行区。溧阳市融媒体中心整合资源，助力锡剧团利用媒体与本地优势，积极推进舞台技术、演出策划等方面改革创新，提高自我"造血"机能，让锡剧演艺全年营收从过去的几十万元增长到超 400 万元，创历史新高。高邮市融媒体中心与第三方公司合作在"今日高邮"App上建设"邮E人家"电商平台，将融媒客户端的影响力转化为创收力。

（四）江苏智慧广电：把握技术优势，革新新时代广电服务

1. 政策引领：智慧广电新机遇

智慧广电为促进农业数智化升级、实现乡村振兴提供了技术支撑。2024年3月，江苏省广播电视局公示了《关于印发2024年全省智慧广电乡村工程建设实施方案的通知》，该文件提出在2024年要搭建涵盖公共服务模块的省级支撑平台，实现各级的内容资源汇聚和运行效果评测，以"整县推进"为原则，大力推动智慧广电在乡镇（街道）增点扩面。近年来，国家陆续出台一系列相关政策文件，为智慧广电在体制、管理、人才、技术等领域的建设和融合提出着眼长远的指导性意见。江苏广电积极融入网络强国和数字中国战略，持续强化广电技术的技术产业属性，推动5G+、云计算、大数据和人工智能等高新技术的创新应用。在相关建设布局以及行业标准化管理等方面，江苏广电开拓了智慧广电在数字生活、数字文化和公共服务中的新领域、新服务和新业态，构筑了智慧广电产业生态。同时，江苏还积极响应国家数字化发展战略，在政策制定、网络基建、产业融合和业务拓展方面取得新进展，有力推动了江苏广播电视产业的数字化、信息化和智能化转型升级，夯实了广播电视高质量发展的基础。

在努力实现乡村振兴的奋斗目标过程中，江苏提出"一镇一品、一村一特色"的建设指导原则，江苏有线积极响应，结合大屏优势，构建"一镇一品"区域电视门户服务系统。根据江苏各乡镇的需求，这一系统融合当地的党建工作成就、历史文化遗产、旅游产业及农业特色等丰富资源，打造具有鲜明地方特色的专属电视平台内容。其中，金湖作为江苏智慧广电推进的重点城市之一，目前已经打造出高水平的"水韵湖城"三级智慧广电乡村服务平台，有效地集聚乡镇公共文化等多方面资源，着力推动当地文化惠民活动开展。凭借智慧广电强大的资源整合及重构能力，一系列具有乡镇独特风貌的电视节目应运而生，例如《精彩黎城》《红色金南》《大美银涂》等，成为传递乡镇魅力的新名片。

智慧广电在金湖也扮演着多种角色，它既是基层党政部门用于宣传政策信

息的核心渠道之一，也是与当地居民维持沟通的情感中介，还肩负着驱动金湖经济增长的任务。金湖乡村建设和智慧广电相结合的创新模式，有效证明了乡村振兴战略与智慧广电技术深度融合具有无限的潜力，从而树立了"金湖模式"这一典范。该模式不仅促进了当地经济的蓬勃增长，还显著提升了社会文化的丰富性和发展活力，彰显了智慧广电在促进乡村全面振兴中的独特价值与特色贡献。

2. 服务升级：多元业态繁荣产业生态

智慧广电对产业生态的推动作用覆盖各个方面，除了在地方的特色建构层面具有引领作用外，在公益、文化、教育等层面也拥有不可忽视的融合创新价值。在国家广电总局正式公布的 2023 年"全国智慧广电网络新服务"的评选中，江苏推选的多个项目脱颖而出，包括苏州"乐益+"IP 红色文化符号数字化服务、常州"文明常在"一体化服务平台、"残疾人之家"智慧广电服务平台等典型案例。这些项目在各自领域表现出色，获得广泛认可，在"数字文化新应用""智慧家庭新场景"两个竞赛类别中被评为优秀案例。在各类项目中，智慧广电扮演了关键角色，它以技术创新为核心驱动力，深度整合 5G、超高清电视和人工智能等先进技术，构建跨领域和多功能的服务平台和应用体系，有力推动了社会公益服务的数字化转型，实现个性化定制，促进了红色文化的现代阐释与数字传播，拓展了公共文化服务体系，推进城乡精神文明建设融合发展。智慧广电在网络基础设施建设、数据资源整合与政务服务创新上发挥重要作用，有效提升了政府治理效能和社会公共服务水平，日益成为促进各行业数字化转型升级、提升全要素生产效率和服务质量、培育多元优质服务生态的重要载体，在经济社会高质量发展中发挥了强大的支撑与引领作用。

3. 广播转型：服务于人民的智慧平台

随着智慧广电的推进，传统媒体广播也积极转型。2023 年，江苏广电特别策划一系列广播和电视节目，如《在人生的尽头摆渡》入选国家广电总局2023 年第二季度广播电视创新创优节目名单。《在人生的尽头摆渡》深入殡葬行业一线，访谈工作人员，采集他们的故事和感悟。该作品从生命价值出发，通过展现中国殡葬行业的现状，引导观众理解生命的可贵。同时，江苏新闻广播发起全天互动特别策划活动"最后的告白"，走进中华遗嘱库的遗嘱咨询现场，在获得当事人同意的情况下记录其遗嘱咨询或幸福留言录制的全过程。在获得中华遗嘱库授权后，由江苏广播主持人播录"幸福留言册"上的感人留言，制作成11条宣传带在全天播出，并发起"大蓝鲸live"互动，邀请听众分享自己对故人的追忆、对家人的告白。凭借全媒体矩阵式传播，该项目产生极大的影响力，点击量超百万次，广播端收听触达上千万人次。大量听众在互动专区留言，真挚动人。

作为江苏全省同频覆盖的江苏交通广播频道，FM101.1在早晚黄金时段播出《非凡中国桥》。依靠智慧广电对各类平台资源的整合，该节目可以在互联网端通过"广播电视+新媒体矩阵端上线+小程序+地图平台端展示"的创新形式呈现，将声音档案嵌入腾讯地图导航，精准覆盖全国5亿名车友，让车友们行经这些"非凡中国桥"时能够实现实时收听。截至2023年12月23日，《非凡中国桥》在各平台总计获得近1亿次点击量，并受到广泛好评。传统广播的突围战已经逐渐展开，"荔枝新闻"、我苏网和"大蓝鲸"客户端等新媒体平台也积极进行智慧广电布局。

二 "兼收并蓄"：江苏"大视听"产业的发展路径分析

对"大视听"生产与传播格局进行评估与展望，是当代媒介发展史上一个具有里程碑意义的命题。这一命题与每次技术变革引发的媒介形态变化相呼应，回应着传统媒体与新兴媒体深度融合发展的时代需求。广播和电视等传统媒介概念已经无法完全反映日新月异的智能视听传播情况，而媒介融合发展过程中挑战与机遇并存。江苏"大视听"在全媒体传播体系建设中逐渐显现出独特的系统结构，为江苏广播电视与网络视听行业跨越式发展带来无限的可能。

（一）"合纵"与"连横"：主流媒体的协同联动

党的十八大以来，媒介融合发展已上升为国家战略。主流媒体在这场行业变革中一直扮演着关键角色，从新媒体平台的建立到全媒体矩阵的推进，从互联网思维的引入到互联网理念的实施，均体现出其核心作用。在"大视听"产业格局中，市场参与主体呈现多样化，既有商业资本支持的民营机构，又有众多自媒体创作者，但传统广电媒体依然是这一格局中的中坚力量。与十年前的繁荣相比，当前的传统广电媒体面临困境，主要原因在于技术进步改变了人们的视听习惯和方式。然而，传统广电媒体依然拥有庞大的专业团队，在主流舆论引导中承担着不可或缺的责任。从1942年延安《解放日报》改版确立党报的党性原则至今，这一核心基因始终贯穿于广电媒体之中。在视听产品的供给方面，传统广电媒体表现卓越。无论是覆盖面广、深入迅速的新闻报道，还是关注现实与历史的精品剧集，无论是全球同步的文体直播，还是丰富多彩的综艺节目，都能够持续吸引观众的注意力。这种能力不仅体现在其内容的高质量上，还体现在其内容生产的高效率和传播范围的全覆盖上。传统广电媒体通过不断创新和努力，继续发挥其在视听市场中的重要作用。

一个显而易见的问题在于，传统媒体时代的传播秩序与互联网时代的传播秩序并不完全相容。相较于"酒香不怕巷子深"的互联网的传播秩序而言，传统广电媒体"四级办电视""四级办广播"的传播秩序决定了中央级媒体、省级媒体、市县级媒体各自的身份定位，也在一定程度上限制了其视听产品的传播范围。行政和地域特色浓厚的传统广电媒体在深度融合过程中，实际上仍存在一些沿袭下来的"领地"意识，它们尚未完全具备互联网连接一切节点的显著特性。因此，大多数传统广电媒体会围绕核心业务打造各种形式的客户端或新媒体账号，虽然凭借一些现象级产品能吸引受众的短期关注，但很难将这些关注转化为长久的订阅。由此可见，在新媒体环境中，视听产品在小小的手机屏幕中展开竞争，而手机屏幕的有限空间相比电视更难容纳"多窗口"。因此，"各自努力"的竞争有时容易陷入"各自为政"的尴尬境地。

对于广电媒体来说，视听市场的"竞争"用"竞合"来描述更为恰当。"竞合"概念来自合作竞争理论（cooperation-competition theory）。虽然竞争带来的"鲶鱼效应"可以促使广电媒体你追我赶、互相激励，但作为主流媒体，更需要紧密合作。这种合作不仅是应对其他类型媒体竞争的需要，也是为了服务于主流意识形态建设这一共同目标。"合纵连横"一词可以用来形容这种理想的合作状态。"合纵"可指层级，"连横"可指地域。从视听产品生产的联合、传播路径的联动、专业人才的交流到产业链条的协作，合作的范围、形式多样。此外，日常工作的沟通和经验分享也是合作的重要部分。通过这种方式，各个生产和传播节点可以实现资源共享和联结，推动"大视听"格局的全面发展。

大型系列纪录片《我和我的新时代》于 2022 年 10 月在线上线下同步播出，其实践是一个"合纵连横"的典型案例。不同于以往由单一或少数单位主导的传统模式，该片在国家广电总局的指导和统筹下，发动了全国广电系统的大规模协作。该片采用"总—分—总"的形式：国家广电总局负责统筹规划并明确拍摄要求，各省级广电制作单位独立创作，最终由国家广电总局统一宣传并安排播出。① 这种形式为作品在主题立意、叙事模式、美学风格和制作规范的一致性上提供了重要保障，观众通过这部作品可以全方位感受到"大视听"的力量。从湘西十八洞村到皖西花石乡，从上海虹桥街道到北京雨儿胡同，从新疆戈壁到内蒙古草原……一个个动人的故事就如一扇扇明亮的窗户，让人们看到当代中国人的幸福生活。这种创新的协同机制特别适合重大主题和重要事件的宣传，不仅能实现内容精品化、生产高效化和传播全覆盖，还展现了主流媒体"众志成城"的责任担当。

（二）"延伸"与"衍生"：视听文本的时空共生

如今，几乎所有传统广电媒体都已实现全面互联网化。一方面，这些媒体的自有网络平台不断壮大，如"央视频""芒果 TV"等大型流媒体平台已具备了独立于母体的市场影响力。例如，湖南广电集团负责人在 2023 大视听产业高峰论坛上提到，"芒果 TV"的收入已超过湖南卫视，"小芒"App 2023 年一季度 GMV 实现 20 亿元，正朝着全年百亿 GMV 的目标冲刺。"芒果 TV"跻身长视频行业前三，2022 年末有效会员数为 5916 万人，2023 年以来日活保持在 6000 万人左右。"芒果 TV"国际 App 下载量为 1.2 亿次，覆盖全球 195 个国家和地区。② 另一方面，截至 2022 年 8 月，全国基层的 2585 个县级融媒体中心容纳了 1443 套广播频道和 1682 套电视频道，③ 每天都在进行大量视听内

---

① 《〈我和我的新时代〉：重大题材纪录片平民化网络化表达的范例》，https：//mp. weixin.
qq. com/s/ydbAcBZ4uiDRQIWWQG-yhA。
② 《芒果 TV 收入超湖南卫视，湖南广电怎么转的型？》，https：//c. m. 163. com/news/a/
I6VJFDDR05118D5B. html。
③ 中央网信办信息化发展局等：《中国数字乡村发展报告（2022 年）》，2023，第 13 页。

容的网络传播。从现实到网络的广泛传播展示了传统广电媒体在今天依然拥有强大的生产力。然而，这些内容进入互联网后，其传播形态变得难以预测。互联网的传播主体数量远多于传统生产主体，不管是"鱼沉雁杳"，还是"一鸣惊人"，其传播效果都难以捉摸。

当传统广电媒体将视听文本扩展到自有网络平台或商业网络平台时，不可避免地会遇到互联网的"衍生"响应。这种"衍生"与费斯克曾描述过传统媒体时代的多级文本流转［即从初级文本（原初的文化商品）到与初级文本直接相关的次级文本（广告、媒体故事和评论）再到持续存在于日常生活过程中的第三级文本］① 相契合。在网络空间，文本的流转更加显著，因此"衍生"层级趋于无限。以 2023 年暑期的热点文化现象为例，动画电影《长安三万里》唤起了大众的文化记忆、点燃观众的观影热情。在其从线下走到线上之前，网络上就已涌现大量"衍生"视听文本。该片上映后 20 天内，仅在 B 站上就出现了约 3900 条"衍生"短视频——其中大部分是网友自发的二次创作或制作，仅有少量官方宣传片。② 类似的例子还有电视剧《觉醒年代》《山海情》《人世间》，以及网络剧《平原上的摩西》《漫长的冬季》等，这些剧集在网友的接力"衍生"创作与传播中成为现象级作品。这样的"衍生"超出了原作的播放周期，某种意义上处于"现在进行时"的状态。

视听产品的"延伸"通常是传统广电媒体的主动行为，而"衍生"则往往是受众的自发行为。因此，认知受众与传播者两者合一的身份，是建设"大视听"生态的关键之一。一方面，广电媒体需要关注受众思维下的数量与质量关系。虽然传统广电媒体的视听产品规模庞大，但与更为庞大的自媒体视听产品相比，仍显得体量不足。当大众能够接触到的视听产品供大于求时，对生产者而言，产品数量就不再是传播的关键，打造能够脱颖而出的精品力作才是提升媒体影响力和传播力的重要途径。一个显而易见的事实是，无论是电视剧、网络剧、综艺节目还是纪录片，在长视频领域，传统广电媒体的竞争力依然强大，并且在大众追捧的"衍生"短视频配合下更凸显出强大的影响力和创新力。然而，在短视频领域，传统广电媒体的"拆条"式延伸难以与万众

---

① 〔美〕约翰·费斯克：《理解大众文化》，王晓珏、宋伟杰译，中央编译出版社，2001，第 150 页。

② 注：约 3900 条的数据量系研究者于 2023 年 7 月 28 日用爬虫软件抓取 B 站视频词条所获得。

创新的"衍生"作品匹敌。或许,让长视频与短视频协同生产和优势互补,是内容生产者需要平衡的结构性理念。

另一方面,传统广电媒体需要关注互联网环境中的存量与增量关系。如今,互联网不仅是早期与报纸、广播、电视并存的新媒体,而是一个几乎包罗万象的网络社会。根据伊尼斯的媒介偏向论,互联网在时间和空间上都没有限制,既无偏向,又可创造各种偏向。因此,视听文本一旦"延伸"至网络,就像涓涓细流汇入大海,可以在存量与增量之间实现时空共生。对于存量文本来说,只要是用心制作的优秀视听产品,就会在互联网中占据一席之地,为创作者带来长期的社会和商业效益。存量文本的长期积累也会形成一种文化存档,为未来的创意和创新提供源源不断的灵感。对于增量文本,大众的"衍生"创作与传播是自由的,尽管这种"衍生"无章可循,但可能蕴含着思想的火花。增量文本的自由创作和传播不仅能够丰富文化生态,还能促进大众对优秀作品的理解和认同,从而推动更多创意的产生。大众因此成为优秀作品的"同盟军",他们的参与和创作为视听产品注入了新的活力和生机。此外,传统广电媒体还可以通过与自媒体和用户生成内容的合作,进一步扩大其影响力和传播范围。通过结合专业制作与大众创意,形成更为多元的内容互动生态,为"大视听"格局的建设注入新的动力。

(三)"圈落"与"破圈":多元文化的交流互通

毫无疑问,"大视听"格局的建立依赖于广泛的受众支持。20世纪90年代以来广电系统实施的"频道专业化""产品栏目化"等改革措施,表面上是分众化传播的尝试,实际上是为了实现全面覆盖的大众化传播目标。如今,在互联网空间中,分众化传播已逐步演变为更为细分的垂直传播。在商业视频平台的算法推送机制主导下,受众的观看行为很容易陷入基于"兴趣"的垂直领域"内循环",因为趣缘结成特定的视听文化圈落,如"分区""频道""标签""讨论区""留言板"等类型标识便是这些圈落的表现。因此,传统广电视听产品在进入互联网传播时,首先面对的就是这些文化圈落的藩篱。传统广电从业者常常感到困惑的是,他们精心策划的视听产品即便进入网络,也容易陷入另一种体制内传播的"内循环"。为了打破这种局限,传统广电媒体需要更加重视互联网时代的垂直化传播策略,通过精细化内容制作和多样化传播渠道,吸引更多元的受众,打破既有的圈落藩篱,实现更广泛的影响力。

如何"破圈"?事实上,完全独立且水火不容的文化圈落是极少数,大多数文化圈落往往是相互联通、彼此呼应的。截至2023年12月,我国网民规模达10.92亿人,手机网民规模达10.91亿人,20~29岁、30~39岁、40~49岁网民占比分别为13.7%、19.2%、16.0%;50岁及以上网民群体占比由2022年12月的30.8%提升至32.5%,互联网进一步向中老年群体渗透。① 这不仅显示出网络受众涵盖了各个年龄段,还显示出曾以青年文化为显著标志的互联网文化正在向多元文化的交流和互通发展。

"破圈"的视听产品通常是融合形态的文化产品。它们在单一作品中交织了主旋律文化、传统文化、民间文化、知识分子文化、大众文化和青年亚文化等多种元素。例如,2021年B站跨年晚会的一档戏曲联唱节目《惊·鸿》融合了不同的文化元素,该节目中不仅有昆曲《游园惊梦》、秦腔《断桥》、评剧《天女散花》、川剧《滚灯》、河北梆子《钟馗嫁妹》等经典戏曲桥段的本色演唱,还融入了裴继戎刚柔并济的现代舞表演。这种结合既是对中华优秀传统文化的展示,又是对当代大众文化元素的创新,传统与现代的交织也体现了知识分子对文化的深度思考。再如,2023年8月,一部名为《逃出大英博物馆》的三集网络微短剧迅速走红,受到《人民日报》等主流媒体的关注。这部作品由两名年轻的抖音博主创作,成功的关键在于他们将文物这一传统文化符号通过流行文化元素进行戏剧化表现,并且"文物回家"的叙事主线呼应了深沉的家国情怀主旋律。这些成功的视听产品通过融合不同文化元素,不仅打破了单一文化圈落的限制,还在更广泛的受众中引起共鸣,展示了多元文化交流的巨大潜力。

"破圈"的视听产品通常是具有青春底色的文化产品。青年文化一直是社会文化中最生动活泼的组成部分,学界常称其为"亚文化",这也暗示了青年文化所蕴含的无限想象力。前述的《惊·鸿》和《逃出大英博物馆》实际上都是青年人原创的反向"破圈"UGC视听产品。对于传统广电媒体来说,要实现双向"破圈",同样需要推出更多具有青春底色的视听作品。如,近年来

---

① 中国互联网络信息中心:《中国网络视听发展研究报告(2024)》,2024,第47页。

最受年轻人关注的主旋律电视剧之一《觉醒年代》，在各大流媒体和短视频平台上产生了大量的"衍生"文本。除了围绕"建党"的激情澎湃的革命叙事外，该剧还平行展开了热情似火的青春叙事。当代青年人通过这部剧，穿越百年风雨，与当年的革命先辈产生了心灵共鸣。这种青春底色的文化产品，不仅能够吸引更多年轻受众，还能在更广泛的文化圈落中引起共鸣，实现真正的"破圈"。

"破圈"的视听产品通常是形式创新的文化产品。例如，网络剧《平原上的摩西》和《漫长的季节》打破了传统剧集单集长度约40分钟的惯例，单集时长根据剧情需要灵活调整。纪录片《河西走廊》创新叙事，它通过单元主题，从河西走廊视角串联起两千年的历史时空。而通俗理论节目《中国智慧中国行》则以"天下为公""民为邦本""革故鼎新""为政以德"等传统文化关键词，阐释古今辉映、知行合一的中国实践。技术上的创新也是"破圈"产品的重要特点。河南卫视从《唐宫夜宴》到中国节日"奇妙游"系列节目，依托 VR 和 AR 等技术，让虚拟角色"唐小妹"带领观众进行沉浸式体验。这种技术应用不仅增强了观众的参与感，还让传统文化以新的形式焕发光彩，充分尊重观众在不断变化的文化语境中的审美习惯。通过创新形制、叙事和技术，传统广电媒体能够吸引更广泛的受众，打破传统圈落的限制，实现真正的"破圈"。

（四）"本土"与"全球"：传播格局的内外一体

广阔的全球视野是"大视听"格局建构的基础，需要江苏各级广电媒体自我培养。在互联网传播环境中，"本土"与"全球"之间的界限变得模糊。传统的卫星电视和海外频道依然在对外传播中发挥着重要作用，同时，互联网的传播途径为各级广电媒体提供了新的视角，既可以"在地"又可以"对外"。今天的中国，无论是繁荣的现实还是丰富的历史文化，都为影像表达提供了丰富的素材。比如"舌尖上的中国""学术中的中国""理论中的中国""哲学社会科学中的中国""发展中的中国""开放中的中国""为人类文明作贡献的中国"等，① 新时代中国的发展，需要通过讲好中国故事来展示可信、

---

① 王跃、陈金波：《优势·起势·乘势：传播中国故事的三维审视》，《传媒观察》2022 年第 11 期。

可爱、可敬的中国形象。在传播文化和讲述中国故事的过程中，传统广电媒体凭借其直观的影像表达能力，具备显著优势，但是要处理好以下三组关系，从而把握对外传播的整体格局。

首先是集体叙事者与单一叙事者的关系。一方面，各级广电媒体作为讲述中国故事的集体叙事者，需协同合作，共同把握中国式现代化建设的时代主题。例如，电视剧《山海情》反映了脱贫攻坚的历史性成就，剧集畅销海外，打通了主旋律题材影视作品的"出海"道路。该剧存在两条主旋律故事线，一是中国乡村在扶贫攻坚政策引导下实现了巨大进步，二是青年一代摆脱束缚、走向广阔天地、改变自身命运。虽然国外受众可能不熟悉中国特定的时代和社会背景，难以体悟中国式现代化背后的艰辛与意义，但另一条在抗争命运和自然的过程中成长的主旋律故事线却容易直击外国观众内心，获得全球观众的共鸣。另一方面，作为单一叙事者，各地的广电媒体也可以讲述具有浓厚地域色彩的故事。尽管人类的生活形态各异，但情感是相通的，好的地方故事往往也是好的人类故事。国外如迪士尼、奈飞等超级影视机构和平台的全球"地方化"影视创作，或许能为我们提供许多启示。通过协同合作，广电媒体可以集体讲述中国式现代化进程中的大主题，增强主旋律题材文艺作品的国际传播力。同时，各地广电媒体可以以地方故事为切入点，展示中国的多样性和丰富性，引发全球观众的情感共鸣。

其次是主流媒体叙事者与自媒体叙事者的关系。对于国外受众来说，他们通常并不会特别在意新闻产品或文艺作品的创作主体是谁，而是更关注故事内容和形式的吸引力。在全球影像通过社交平台、流媒体平台和短视频平台广泛传播的背景下，自媒体影像作品，尤其是短视频作品，往往能够在"地球村"中获得出人意料的热烈反响。例如，"李子柒"的田园系列作品吸引了大量国外粉丝对东方意境和文化的憧憬；"滇西小哥"的云南美食生活也在全球范围内获得广泛关注，其中一些作品在 YouTube 上的单期播放量超过千万次。在构建"大视听"的对外传播格局中，主流媒体叙事者与自媒体叙事者应各有分工，发挥影视剧和短视频"出海"的各自优势。比之追求全项全能的竞争力，江苏广电媒体更要追求竞合力，优秀的自媒体作品可以通过主流媒体的专业传播矩阵获得更广泛的宣传；同样，主流媒体的产品也可以借助有海外影响力的自媒体账号进行推广。通过这种双向协作，主流媒体和自媒体可以共同提升中国故事的全球影响力。

最后是中国叙事者与外国叙事者的关系。对于国外受众来说，外国叙事者的亲历、参与、旁观和阐释视角往往更具有贴近性和说服力。一个有趣的案例是，2020年春天，一则一路"象"北视频吸引了许多海外朋友的关注，甚至有一些重要的外国媒体进行了大量的文字和影像跟踪报道。这些报道既展示了中国的生态文明建设成果，也宣传了中国文化中"天人合一"的智慧理念。在当今各层级的广电媒体中，外国主持人、出镜记者和访谈嘉宾出现得越来越频繁，他们被融入中国故事的讲述体系中。然而，这种讲述仍然带有一定的主观色彩。事实上，无论是在华长期工作、学习的外国人，还是短期旅游、访问的外国人，他们与中国人一样，都是短视频影像世界的观看者和生产者，特别是2024年以来中国不断优化入境旅游政策，在抖音及其海外版TikTok平台上"China Travel"的爆火吸引许多活跃的外国博主。影像语言在某种意义上是一种超越国界的全球通用语言。充分利用外国叙事者的力量，能够大大提升对外传播的效果。例如，外国博主通过他们的视角分享在中国的日常生活、文化体验、旅行见闻等，会更容易引起国外受众的共鸣和兴趣。这种方式不仅能够提高对外传播的可信度和亲和力，还能够让更多人通过外国叙事者的视角更真实地了解中国。因此，在构建"大视听"格局时，传统广电媒体可以积极引入和培养外国叙事者，通过他们的视角来讲述中国故事。这种跨文化的叙事方式，不仅能提升中国故事的国际影响力，还能促进不同文化之间的理解和交流。

结　语

回首2023年，江苏广播电视与网络视听产业在守正创新中持续稳步前进，持续向好发展，并逐步凸显出值得行业借鉴的发展经验和亮点。苏产剧集质量不断提升，精品化创作下市场生态良好；题材不断拓展，多类型探索下苏剧品牌多元化发展；内容不断衍生，以IP为核锻造"长尾效应"；创作主体得到规范，在"三精"创作引导下行业良性发展可持续，在继续打造"剧美江苏"的同时为江苏电视剧创作注入新时代精神。苏产纪录片通过对历史的重读焕发时代荣光，通过与国际的共振讲好中国故事，通过与楷模的对话注解时代价值，通过对文化的挖掘凸显江苏特质，作为"江苏相册"阐释新时代力量。苏产网络视听古今故事交相呼应，长短视频竞中有合，融媒产品扩展时代场域，打造视听盛宴，垂直矩阵建构全媒体系，线上线下完成"最后一公里"接力，在大小屏的聚合中传达新时代精彩。江苏智慧广电面对政策新机遇，积极推进服务升级，发展多元业态，及时进行广播转型，建立服务于人民的智慧平台，在技术的赋能下革新新时代广电服务。

未来，江苏广播电视与网络视听产业仍需在反思中进步、在创新中发展，进而构筑江苏"大视听"格局。而"大视听"生产与传播格局的建设并非一日之功。在时间维度上，"大视听"的"大"体现了一种从过去、现在走向未来的深邃视角，既是对中国广播电视事业长期以来优良传统和丰富经验的传承与发展，也是面对当下媒介环境的革命性变化，积极寻求未来机遇的动态过程。在空间维度上，"大视听"的"大"象征着一种开放的格局，无论是体制、建制还是身份等因素，都不应妨碍各层级广电媒体与各类参与主体之间的合作。由是观之，做到"兼收并蓄"，进而"博采众长"，一个生机勃勃的"大视听"生产与传播生态将逐渐形成。

B.4
2023年江苏出版业发展报告[*]

张志强 谌磊[**]

摘 要: 本报告聚焦江苏出版业的过去、现在与未来。在回溯历史的同时,结合江苏出版业历年数据,全面梳理"十四五"以来江苏出版业的发展情况与成就。综合运用横向与纵向比较的方法,比较江苏与北京、上海、广东等出版业发达省市情况,总结江苏省内部的出版业发展状况,明确江苏出版业在新技术应用、内容创新、版权保护等方面存在的不足与困境。研究表明,江苏出版业未来需要在主题出版、全民阅读、融合出版、精品出版以及一流科技期刊出版等方面加大力度,从而推动江苏出版业实现高质量发展。

关键词: 出版业 融合出版 高质量发展 江苏省

一 江苏出版业发展脉络及其特征

(一)江苏出版业发展脉络

江苏历史悠久,从清代开始就成为全国文化中心和出版中心。在发展过程中,江苏出版业既注重对传统文化的传承,又不断进行创新,形成了独特的出版文化。2023年,江苏人民出版社出版五卷本《江苏出版史》,分先秦至宋元、明代、清代、民国、当代五个时期,对江苏的出版活动进行了深入、透彻

---

* 本报告系江苏省社科重大项目"江苏出版业高质量发展研究"(24ZD008)的阶段性成果之一。

** 张志强,教授、博士生导师,南京大学出版研究院常务副院长,南京大学信息管理学院出版科学系主任,主要研究方向为出版理论与历史、出版产业发展;谌磊,南京大学信息管理学院/出版研究院博士研究生,主要研究方向为出版史、出版产业发展。

的分析，全书注重出版活动的系统性和整体性，深度聚焦有史以来江苏地区的出版活动。① 该书全面总结和展示了江苏出版业的历史与成就，对于推进学科建设、推动文化传承、增强文化自信具有重要作用。江苏当代出版业的发展历史可追溯至新中国成立之初，1951 年，苏南人民出版社和苏北人民出版社的成立是江苏当代出版业的开端，此后，不断发展与开拓创新。改革开放以来，江苏出版业进入快速发展的新阶段。1978 年后，随着经济的快速发展和文化需求的日益增长，江苏出版业开始进行一系列现代化改革，包括体制改革、市场机制引入以及数字化转型。这些改革举措极大地促进了出版业的繁荣，江苏的图书出版单位增加到 18 家，出版物的种类和数量都有了显著增加。特别 21世纪以来，江苏出版业更加注重内容创新和市场开拓，积极探索与国际接轨的新模式。凤凰出版传媒集团等龙头企业崛起，不仅在国内市场取得显著成绩，更在国际出版市场上提升了江苏出版业的影响力，江苏也成为在全国出版业中有地位、在全球出版市场中有影响力的出版业发展重镇之一。

（二）江苏出版业的发展特征

1. 聚焦江苏文化宝库，发掘出版资源

江苏拥有深厚的历史文化底蕴，古典文学、传统艺术、哲学思想等都是江苏出版业取之不尽的资源。江苏各出版机构通过系统性整理和创新性诠释，将这些历史文化资源转化为图书、电子出版物等现代传播形式，使之焕发新的生命力。江苏有着丰富的非物质文化遗产，如地方戏曲、民间传说等，这也为出版业提供了独特的内容资源。② 作为中国共产党早期活动的重要地区，江苏拥有众多的红色文化资源，江苏出版业深入挖掘这些红色历史，出版了大量关于革命历史、英雄人物、红色教育的图书和数字产品，传承了红色基因。江苏高等教育发展繁荣且名校林立，丰富的科研产出为江苏出版业提供优质的学术出版资源。一大批当代文学大家会聚南京，为江苏文学出版提供了一代代优质作者与源源不断的优质文学作品。江苏出版业注重主题出版，围绕国家重大战略和社会关注热点，策划出版了一系列主题出版物。通过深挖江苏文化宝库，江

---

① 《五卷本〈江苏出版史〉填补地方出版史空白》，https：//www.nppa.gov.cn/xxfb/dfgz/202307/t20230704_722369.html。
② 谢微：《如何做好地方红色文化出版工作》，《传媒论坛》2020 年第 6 期。

苏出版业不仅丰富了自身的出版资源，也践行了传承和弘扬中华优秀传统文化的历史使命。

2. 紧跟时代发展脚步，推进数字出版、融合出版

随着互联网和移动通信技术的快速发展，江苏出版业积极开展数字化转型，通过建立数字出版平台，将传统图书内容数字化，提供在线阅读等服务，顺应和满足现代读者的阅读习惯和需求。江苏各出版机构探索并实践了融合出版模式，即将传统出版与数字出版相结合，利用多媒体、互联网、移动通信等技术手段，开发音视频等互动性强的融合出版产品，提升阅读体验。在内容创新方面，江苏出版业不仅注重传统出版内容的数字化转换，还积极开发适应数字时代的新内容，如网络文学、在线教育等。同时，江苏各出版机构运用最新的信息技术，如 AR、VR、人工智能等，增强出版物的互动性。江苏出版业紧跟时代发展的脚步，通过推进数字出版和融合出版，提升了自身的竞争力。

3. 坚定高质量发展导向，走精品、优质出版道路

江苏出版业在发展过程中坚定高质量发展的导向，致力于走精品、优质出版的道路。江苏出版业坚持内容为王的原则，严格把控出版物的内容质量，确保每一本书、每一件出版物都能传递正确的价值观，承载高质量的知识信息。通过精心策划、精编细校，江苏出版业持续推出具有深远影响的精品力作，如"中国思想家评传丛书""海外中国研究丛书"等。这些作品不仅在学术界产生了广泛影响，也在社会上赢得了良好口碑。围绕国家重大战略和社会关注热点，江苏出版业策划了一系列主题出版物，如庆祝中国共产党成立 100 周年的系列图书，这些出版物在传播主流价值、凝聚社会共识方面发挥了重要作用。江苏出版业注重提升编校质量，通过加强编辑人员的专业培训和职称制度改革，提高了编辑团队的整体素质，确保了出版物的语言文字质量。通过坚定高质量发展导向，江苏出版业不仅提升了自身的竞争力，也为推动出版业的创新发展和社会主义文化繁荣做出重要贡献。

4. 加快全民阅读进程，提升软实力，贡献江苏出版力量

江苏出版业在发展过程中，积极响应国家文化发展战略，加快全民阅读进程。江苏通过举办各类读书节、书展、讲座等活动，激发公众阅读兴趣，营造良好的阅读氛围。这些活动不仅推广了优秀出版物，也提升了公众的文

化素养。① 江苏加强图书馆、社区书屋、农村书社等公共阅读设施建设，为公众提供了便利的阅读场所，促进了其阅读习惯的养成。通过加快全民阅读进程，江苏出版业不仅促进了书香社会的建设，也为提升国家文化软实力贡献了江苏力量。

二 "十四五"以来江苏出版业的总体情况与成就

2021 年，江苏出版业在新时代背景下，继续推进高质量发展，并取得一系列成就。2017 年，习近平总书记在党的十九大报告中提出"高质量发展"的重要命题，② 2021 年，国家新闻出版署印发《出版业"十四五"时期发展规划》对出版业高质量发展做出明确要求和具体规划。③ 江苏位于中国东部沿海长三角地区，出版业一直处于全国领先位置。

江苏拥有丰富的人文资源和文化底蕴，这为江苏出版业的发展提供了坚实基础。江苏出版企业类型多样，既有如凤凰出版传媒集团等大型出版集团，也有南京大学出版社、东南大学出版社等 7 家大学出版社，还有《江海学刊》《钟山》等 443 种期刊的出版单位。④ "十四五"以来，江苏出版业通过改革创新、数字化转型、国际合作以及出版质量提升等措施，实现了稳定且高质量的发展。江苏省新闻出版局统计，2021 年，江苏新闻出版业实现营业收入2139.53 亿元，资产总额 2349.29 亿元，净资产 1088.56 亿元。⑤ 2021 年以来，全省 25 种选题入选中宣部主题出版重点出版物选题，获精神文明建设"五个一工程"奖、中国出版政府奖、中华优秀出版物奖、"中国好书"、"最美的书"和入选国家重点出版物出版规划、国家出版基金资助项目、国家古籍整

---

① 江苏省全民阅读促进会、江苏省书香全民阅读基金会编《江苏全民阅读年度报告 2022》，南京大学出版社，2023。

② 《习近平：决胜全面建成小康社会 夺取新时代中国特色社会主义伟大胜利——在中国共产党第十九次全国代表大会上的报告》，https://www.gov.cn/zhuanti/2017-10/27/content_5234876.htm。

③ 《新闻出版署印发〈出版业"十四五"时期发展规划〉》，https://www.gov.cn/xinwen/2021-12/30/content_5665670.htm。

④ 《江苏省出版行业名录》，https://www.jssxwcbj.gov.cn/col/col61/index.html。

⑤ 《梁勇：以高质量出版服务赋能"强富美高"新江苏建设》，https://www.jssxwcbj.gov.cn/art/2022/10/13/art_3_74470.html。

理出版专项经费资助项目的数量均居全国前列。在国际出版格局中，凤凰出版传媒集团在2021~2023年连续3年入选全球出版十强，[①] 代表着中国出版业发展迈向新高度。

（一）江苏图书出版情况

江苏图书出版业当前处于蓬勃发展的阶段，近年来，江苏出版了大量优秀的图书作品，涵盖了文学、历史、艺术、科技、教育等多个领域。这些作品在江苏乃至全国范围内产生了积极的社会影响，还受到读者的广泛欢迎和好评。江苏图书出版也积极拓展市场，加强了与其他出版机构的合作，开拓了线上线下多元化的销售渠道，促进了图书的推广和销售。[②] 同时，江苏图书出版业还注重品牌建设和文化输出，通过举办文化活动、参与书展等形式，提升了自身的知名度和影响力，为推动江苏文化产业的发展做出积极贡献。

截至2023年底，江苏拥有江苏人民出版社等18家图书出版机构，根据《江苏统计年鉴》数据，2020年，江苏出版图书26940种，图书总印数约7.00亿册、55.38亿印张；2021年，图书出版28198种，图书总印数7.89亿册、62.82亿印张；2022年，图书出版25909种，图书总印数6.74亿册、57.05亿印张。2020~2022年，江苏图书出版品种数与印数出现波动，2021年达到高峰后又于次年下降并基本维持2020年水平（见表1）。

表1 2020~2022年江苏图书出版情况

年份	品种数(种)	总印数(万册)	总印张(万印张)
2020	26940	70002.29	553842.94
2021	28198	78928.16	628244.99
2022	25909	67397.62	570450.56

资料来源：江苏省统计局、国家统计局江苏调查总队编《江苏统计年鉴》（2021~2023）。

---

① 《2023年全球出版五十强榜单发布，凤凰传媒连续3年入围前十，继续保持中国入选出版企业首位》，https：//www.ppmg.cn/index.php/Article/index？id=7371。
② 王泳波：《坚持胸怀天下，推动出版国际化——以少儿出版"走出去"为例》，《科技与出版》2023年第5期。

2021~2023 年，江苏图书出版业取得显著成就。2021 年，国家新闻出版署公布《"十四五"时期国家重点出版物出版专项规划》，首批入选的有江苏人民出版社出版的"马克思主义哲学前沿研究丛书"等 92 个图书项目，以及 13 个音像电子出版物项目，总计 105 个，入选数量位居全国第二。2023 年进行增补，江苏省新入选 33 个项目，包括 28 个图书项目、5 个音像电子出版项目，增补总数位居全国第二。这反映出江苏出版业在"十四五"时期的发展高度。2023 年，译林出版社出版的小说《本巴》获第十一届茅盾文学奖，实现江苏出版界在茅盾文学奖的零的突破。① 2023 年，第八届中华优秀出版物奖中，江苏出版业成绩斐然。图书出版方面，江苏凤凰少年儿童出版社的《乘风破浪的男孩》以及凤凰出版社的《京剧历史文献汇编》（民国卷）2 本图书获奖，此外还有 5 本图书获提名奖。音像出版物方面，获得 1 项奖项并有 2 项提名。电子出版物方面，获得 1 项奖项并有 1 项提名。科研论文方面，江苏省共获得 2 项奖励。2022 年，第十六届精神文明建设"五个一工程"获奖名单公布，江苏省委宣传部获组织工作奖，译林出版社的《我心归处是敦煌：樊锦诗自述》获优秀作品奖。2022 年，莱比锡书展"世界最美的书"评选活动期间，江苏美术出版社出版的《水：王牧羽作品集》获本年度"世界最美的书"荣誉奖。2021 年，第五届中国出版政府奖获奖名单公布，江苏共获得图书奖 3 项、图书提名奖 10 项、装帧设计奖 2 项、装帧设计提名奖 2 项，获奖和提名总量均居全国各省（区、市）第一。此外，江苏图书出版业还获得"中国好书"、"最美的书"等奖项，入选国家出版基金资助项目、国家古籍整理出版专项经费资助项目、中宣部主题出版重点出版物选题等。②

"十四五"以来，江苏 8 种图书入选"中国好书"，2021 年 4 种、2022 年 3 种、2023 年 1 种，其中 2021 年与 2022 年江苏入选书目种类蝉联全国第一。2021 年入选图书有江苏人民出版社的《向北方》、江苏凤凰科技出版社的《山川纪行：臧穆野外日记》和江苏凤凰文艺出版社的《有声》、

① 《译林出版社图书〈本巴〉获第十一届茅盾文学奖》，https：//www. jssxwcbj. gov. cn/art/2023/8/11/art_14_76797. html。
② 资料来源：江苏省新闻出版局网站。

《蹦极》（与连尚文学合报）;① 2022 年入选图书有《大运河画传》（江苏凤凰科学技术出版社、江苏凤凰美术出版社）、《敦煌岁时节令》（江苏凤凰美术出版社）、《天地人生：中华传统文化十章》（江苏人民出版社、凤凰出版社）; 2023 年，江苏人民出版社的《中国式现代化论纲》入选主题出版类"中国好书"。

"十四五"以来，江苏在国家出版基金资助项目评选方面表现突出，入选项目数量连续多年位居全国前列。2021～2024 年，江苏连续 4 年入选数量全国第二。2021 年，江苏人民出版社的《抗日战争时期细菌战与防疫战文献集》等 23 个项目入选。2022 年，南京大学出版社的"马克思主义思想史研究丛书"等 26 个项目入选，总数位列全国第二。2023 年，南京大学出版社等 18 家单位的"中国共产党百年重大题材展示设计研究丛书"等 30 个项目入选。2024 年，江苏人民出版社等 15 家出版单位的《马克思主义伦理思想通史》《向苍穹：中国天文发展三部曲》等 28 个项目入选，展现了江苏出版业的强劲实力和丰硕成果，特别体现了江苏出版业在主题出版、学术研究和文化传承方面的卓越成就。这些项目的入选，不仅彰显了江苏出版业对国家文化发展的贡献，也体现了其在推动社会主义文化繁荣发展中的积极作用。

在中宣部主题出版重点出版物选题评选中，江苏出版业入选数量连年位于前列。2021 年，江苏省 7 种图书选题、1 种音像电子出版物选题入选，总数居各省（区、市）第二，其中入选图书选题数量并列各省（区、市）第一; 2022 年，江苏省 9 项选题入选，位居全国第一; 2023 年，江苏省 8 项选题入选，入选数量位居各省（区、市）第二，其中南京大学出版社、南京师范大学出版社、南京音像出版社 3 家出版单位首次有选题入选。②

古籍保护是文化遗产保护的重要组成部分，对于维护民族文化传承、促进文化多样性和深化历史研究具有重要意义。近年来，江苏在古籍保护与古籍出版方面成果颇丰，2021～2023 年，江苏入选国家古籍整理出版专项经费资助项目数连续 3 年居全国第二。2021 年，凤凰出版社等 4 家单位的 10 种

---

① 《我省 4 种图书入选 2021 年度"中国好书"》，https：//www.jssxwcbj.gov.cn/art/2022/4/24/art_3_72955.html。

② 《我省 8 种选题入选 2023 年中宣部主题出版重点选题，数量居全国前列》，https：//www.jssxwcbj.gov.cn/art/2023/12/29/art_14_77771.html。

图书获选，重点包括《文选》相关文献、唐诗注本、杜诗注本等重要作品。2022年，凤凰出版社等3家单位的8种图书入选，涵盖了唐诗经典选本、南京图书馆藏稿本、王勃集等。2023年，凤凰出版社和江苏凤凰美术出版社的图书再次入选，包括未刊稿本集成、《文选》目录标注、李贺歌诗评注等10种图书。这些成果体现了江苏在古籍整理、出版和推广方面的持续努力和卓越贡献。

2021~2023年，江苏图书出版业发展取得令人瞩目的成就，不仅在图书出版的种类和数量上保持了稳定增长，而且在质量和影响力上也实现了显著提升。

根据《江苏统计年鉴》的数据，江苏图书出版品种数和总印数虽有波动，但整体呈现稳中有升的态势，显示出江苏出版业的活力与潜力。在国家出版基金资助项目、"中国好书"、"世界最美的书"、国家古籍整理出版专项经费资助项目等评选中，江苏省出版单位屡获殊荣，入选数量连续多年居全国前列。这些荣誉不仅彰显了江苏出版业的专业实力，也体现了其在推动社会主义文化繁荣发展中的重要作用。

此外，江苏出版业还注重品牌建设和文化输出，通过举办文化活动、参与国际书展等形式，提升了自身的知名度和影响力。南京大学出版社的"中国共产党百年重大题材展示设计研究丛书"等图书的出版，展现了江苏出版业在主题出版方面的卓越成就。

（二）江苏期刊出版情况

"十四五"以来，江苏期刊出版业经历了持续稳定发展的阶段，在数字化、国际化和专业化方面取得显著进展。数字化转型加速，期刊出版单位通过提升在线化、可视化和智能化水平，满足了读者的多元阅读需求。在国际化战略推动下，江苏期刊出版业通过国际合作出版和交流，增强了国际影响力，拓展了海外读者群。同时，专业化建设得到加强，期刊的内容深度得到拓展、学术质量得到提升，多种期刊在特定领域建立了专业权威。

2024年，江苏发布《关于推进一流科技期刊高水平建设的实施意见》，旨在探索江苏特色一流科技期刊建设路径，实现从期刊大省向期刊强省的跨越发展，为实现高水平科技自立自强贡献期刊力量。为落实《关于推进一流科技期刊高水平建设的实施意见》，3月5日，江苏省科学技术协会制定《江苏科技期刊"卓越行动计划"实施办法》，旨在增强科技期刊的内生动力，激发科技期刊的发展活力，建立完善的科技期刊管理、运营与评价机制。科研成果需要通过学术期刊发布和传播，从而推动学术交流和学术进步。学术科技期刊作为江苏期刊业的重要组成部分，其数量和质量均居全国前列，随着媒体融合的快速发展，办刊效率和学术传播力不断提升。① 此外，江苏期刊出版通过加强与国际数据库的合作，提高了在全球的认可度。整体来看，江苏期刊出版业正朝着更加开放、创新和国际化的方向发展。面对新的市场环境和读者需求，江苏期刊出版业不断创新出版业态，通过整合产品线、锻炼编辑队伍、集聚营销力量等手段，推动了出版业务的多元化发展。

根据《江苏统计年鉴》数据，2020~2022年，江苏期刊出版品种数基本稳定，保持在450种左右，2022年最多，达到453种（见表2）。江苏期刊出版规模的发展变化情况与图书出版接近。

表2　2020~2022年江苏期刊出版情况

年份	品种数（种）	总印数（万册）	总印张（万印张）
2020	450	10935.56	47484.95
2021	452	11997.67	51248.58
2022	453	11600.74	50242.52

资料来源：江苏省统计局、国家统计局江苏调查总队编《江苏统计年鉴》（2021~2023）。

江苏作为全国高等教育重镇，科研实力扎实，在学术期刊创办和发展方面取得显著成绩。2023年，20种期刊入选"中国最具国际影响力学术期刊""中国国际影响力优秀学术期刊"。2022年，《译林》《祝您健康》《董事会》等8种期刊入选2022年数字阅读影响力期刊Top100的国内、海外榜单。在自然科学学术期刊方面，南京大学主办的《化学与生物医学影像（英文）》（*Chemical & Biomedical Imaging*）入选2022年度中国科技期刊卓越行动计划高

---

① 赵赟：《媒体融合视域下期刊发展的现状、问题与对策研究——以江苏科技期刊发展为例》，《编辑学刊》2019年第6期。

起点新刊项目;① 南京航空航天大学主办的《空天交通与安全》、江苏省农业科学院主办的《食物生产加工与营养》、东南大学主办的《城市生命线》3本期刊入选2023年度中国科技期刊卓越行动计划高起点新刊项目。在社会科学学术期刊方面，2023年，中宣部发布"首批哲学社会科学期刊重点专栏"建设名单，《南京农业大学学报》（社会科学版）、《苏州大学学报》（哲学社会科学版）、《阅江学刊》3和期刊相关专栏入选重点专栏，《学海》、《南京师大学报》（社会科学版）、《南京大学学报》（哲学·人文科学·社会科学）、《中国农史》4种期刊相关专栏入选后备专栏，入选数量位居全国前列。②

此外，江苏是全国文学重镇之一，文学刊物能够有效提升江苏在全国乃至国际文学领域的影响力。江苏文学期刊包括多种文体类型，品种齐全，既有《钟山》《雨花》等兼容小说、诗歌、散文、评论等文体的综合性刊物，也有《扬子江文学评论》《扬子江诗刊》等专注某一类体裁的刊物。③在市场化和媒体融合的大背景下，江苏省的文学期刊进行了积极的探索和创新，通过细化分工满足了不同市场和文化建设的需求。同时，期刊栏目趋向多样化，作品主题日益广泛，吸引了更多文学新人和本土作者的参与，使地方性文学期刊更显本色。江苏文学期刊通过举办各类文学活动和诗歌沙龙，彰显了江苏诗坛的丰沛活力，并形成了江苏诗歌开拓创新的丰厚土壤。例如，《扬子江诗刊》主办的"扬子江诗学奖"、中国新诗百年论坛系列活动，都是江苏文学期刊在推动文学发展上的积极举措。

（三）江苏数字出版与融合出版发展情况

在数字化浪潮的推动下，江苏数字出版与融合出版实现了快速发展，呈现蓬勃的生机与活力。电子书、在线阅读平台、有声读物等新兴形式逐渐成为读者的新宠，不仅拓宽了出版的边界，也为传统出版业的转型提供了新的思路和

---

① 《我省1种期刊入选国家2022年度卓越行动计划高起点新刊项目》，https：//www.jssxwcbj. gov.cn/art/2022/9/22/art_3_74342.html。

② 《我省7种期刊专栏入选中宣部首批哲学社会科学期刊重点、后备专栏》，https：//www. jssxwcbj.gov.cn/art/2024/3/14/art_3_78234.html。

③ 《文学苏军的百花园》，https：//www.chinawriter.com.cn/n1/2022/0921/c404034-32530902. html。

机遇。在这一背景下，江苏积极拥抱数字化转型，通过政策支持、资金投入和市场培育，推动了数字出版产业的健康发展。同时，融合出版作为一种新兴的出版模式，通过整合传统出版与数字技术的优势，为用户提供了更加丰富多元的阅读体验，也为出版业的创新与可持续发展注入了新的活力。

《2023数字江苏发展报告》显示，2022年，全省数字经济规模超过5万亿元，数字经济核心产业增加值占地区生产总值比重达到11%。① 近年来，全省数字经济规模持续壮大。随着新技术的发展与成熟，出版业将朝着更深层次的数字出版与融合出版方向发展，而这些新技术将为江苏出版业的发展拓宽更多可能性。在新技术引入出版行业并加快数字出版、融合出版进程时，纸电互动将越来越普遍，传统纸质出版物将与数字媒体深度融合；AR、VR技术将在出版领域得到更广泛的应用；出版业将利用大数据、人工智能等技术，实现更精准的内容分析、用户行为识别和个性化推荐。2021年以来，江苏数字出版发展迅速，全省网络出版服务单位发展到40家，有6家出版单位入选全国数字出版转型示范单位。

2021~2023年，江苏在出版融合发展工程评选中连获佳绩。国家新闻出版署自2021年起实施出版融合发展工程，旨在推动出版业的数字化转型。凤凰出版传媒集团入选2021年度出版融合旗舰单位，彰显了其在出版融合领域的领先地位。2022年，王惠作为江苏凤凰出版传媒股份有限公司的代表，入选出版融合发展优秀人才遴选培养计划，体现了江苏在人才培养方面的成就。2023年，江苏凤凰职业教育图书有限公司的"凤凰职教知识服务项目"入选数字出版精品遴选推荐计划，进一步证明了江苏在数字出版领域的卓越表现和创新能力。在古籍保护的数字化方面，江苏省凤凰出版社"《江苏文库》数据库"（一期）和南京图书馆"江苏省珍贵古籍全文影像数据库"（一期）等2种项目入选2021年度国家古籍数字化工程专项经费资助项目。

江苏在出版融合发展和数字出版方面取得显著成绩。综合以上成绩来看，出版融合旗舰单位和数字出版精品展示了江苏在出版融合和数字出版领域的领先地位；古籍数字化工程专项经费资助项目和出版融合发展优秀人才遴选培养

① 《江苏抢占数字贸易关键赛道 苏企锻造经济增长新引擎》，http://js.people.com.cn/n2/2023/1124/c360301-40652439.html。

计划的入选，进一步凸显了江苏在推动传统出版向数字化转型过程中的努力和成果。从这些成就可以看出江苏在出版行业的创新和转型中发挥了示范和引领作用，为整个出版行业的融合发展贡献了重要力量。

（四）全民阅读与'书香江苏"建设情况

江苏作为中国东部沿海的经济文化大省，近年来致力于推动全民阅读和"书香江苏"建设，旨在提升居民的文化素养和生活质量。从 2021~2023 年的连续居民阅读状况调查中，我们可以看见这一进程的显著成效与发展趋势。

这一时期，江苏的全民阅读率稳步提升，阅读时长增加，尤其是数字阅读和亲子阅读习惯的养成，反映出居民阅读方式的多元化和阅读质量的提高。同时，公共阅读服务设施的知晓率和满意度不断上升，展现了政府在提升公共文化服务方面所做的努力和成就。"书香江苏"建设不仅仅是为了提升全省的阅读率，更是为了培养全民阅读兴趣、改善阅读环境、丰富阅读内容、促进社会和谐与文化繁荣。截至 2024 年第一季度，江苏的全民阅读进程取得显著成效，"书香江苏"的文化氛围更加浓厚。江苏通过举办各类主题阅读、重点群体阅读和分类阅读推广等 139 项重点活动，为广大读者提供了广覆盖、精准化、高品质的阅读服务。[1]

截至 2023 年，江苏已连续 11 年开展居民阅读状况调查，深入了解和推动居民阅读习惯与公共阅读服务的发展。

2021 年，江苏成年居民的综合阅读率较上年提高，达 90.23%；被调查居民人均每天阅读时长达 77.79 分钟，较上年增加 7.32 分钟；同时呈增长态势的还有数字阅读率和数字阅读量。家庭亲子阅读习惯得到加强，88.20%的被访者家庭表示有陪孩子读书的习惯。然而，纸质阅读率和阅读量双双下降，居民纸质图书阅读率 71.72%，较上年下降 1.35 个百分点；人均纸质图书阅读量为 5.78 本，较上年下降 0.47 本。阅读服务设施方面，知晓率和满意度有所上升，但使用率受到疫情影响而有所下降。[2]

---

[1] 《2024 年江苏省全民阅读主题宣传启动》，https：//www.zgjssw.gov.cn/yaowen/202404/t20240422_8254329.shtml。

[2] 《2021 年度江苏省居民阅读状况调查结果公布》，https：//www.jssxwcbj.gov.cn/art/2022/4/21/art_17_72931.html。

2022年，江苏居民综合阅读率进一步提升至90.33%，被调查居民日均阅读时长增加至85.35分钟。被访者家庭亲子阅读习惯继续增强，被访者及其家人有陪孩子读书习惯的占比达到89.78%。纸质阅读数据有升有降，纸质图书阅读率为68.68%，较上一年有所下降，但人均纸质图书阅读量较上年增加0.77本。数字阅读持续受到居民的青睐，电子书阅读率和听书率均有所上升，人均听书量也相应增加，但电子书人均阅读量较上年减少0.75本。公共阅读服务方面，居民对阅读设施的知晓率继续提高，满意度维持在较高水平。但受疫情影响，阅读设施使用率和阅读活动满意率有所下降。①

2023年，江苏居民的综合阅读率继续稳中有升，达90.34%（见表3），被调查居民阅读时长超过1小时的占比提高。被访者家庭有陪孩子阅读习惯的占比保持在88.97%的高水平。纸质阅读率继续下降，而上网阅读的居民占比显著提高，达到71.55%。公共阅读服务设施的使用率和实体书店建设量均有所提升，居民对阅读活动的满意度也有所提高。②

表3　2021~2023年江苏居民综合阅读率

单位：%，百分点

年份	全国居民综合阅读率	江苏居民综合阅读率	江苏高出全国
2021	81.6	90.23	8.63
2022	81.8	90.33	8.53
2023	81.9	90.34	8.44

资料来源：第十九、二十、二十一次全国国民阅读调查结果；2021~2023年度江苏省居民阅读状况调查结果。

总体看来，江苏居民的阅读习惯正逐渐从纸质阅读向数字阅读转变，家庭亲子阅读习惯加强，公共阅读服务设施的知晓率和满意度提升。尽管疫情对阅读设施的使用率造成了一定影响，但江苏的阅读人数继续呈增长态势，阅读质量稳步提升，阅读的方式更加多元，公共阅读服务能力不断加强，呈

① 《2022年度江苏省居民阅读状况调查显示 江苏人年均读书16.04本 听书4.43本》，https://www.jiangsu.gov.cn/art/2023/4/21/art_60096_10870695.html。

② 《2023年度江苏省居民阅读状况调查结果公布 七成江苏人习惯于上网阅读》，https://www.jssxwcbj.gov.cn/art/2024/4/18/art_3_78451.html。

现积极向好的趋势。江苏通过深化阅读推广活动，提升服务效能，创新推广形式，以满足人民群众日益增长的精神文化需求。江苏居民综合阅读率持续提高的同时，也不断缩小与全国国民综合阅读率的差距（见表3），这反映了江苏全民阅读工作的成效不断提高。

江苏在全民阅读推广方面采取了多项措施，成效显著。首先，省内各县（市、区）均成立了全民阅读促进会，形成了覆盖全省的阅读推广网络。截至2023年12月，全省拥有5776个社会阅读组织。这些组织不仅数量众多，而且类型多样，包括专题阅读组织、亲子阅读组织、数字阅读组织等，分布在机关、企业、学校、社区、街道、乡村等各方面各行业。其次，江苏省以江苏读书节、江苏书展、江苏农民读书节、江苏职工读书月、江苏青少年阅读季和各地举办的各类读书节为主要平台，① 广泛开展全民阅读活动。这些活动不仅覆盖面广，而且各具特色，有效激发了全民的阅读热情。再次，江苏还注重通过选树典型、加强宣传等方式，营造浓郁的阅读氛围，引领阅读风尚，为建设书香社会奠定了坚实的基础。此外，江苏加强阅读基础设施建设，如24小时城市书房、"阅读e栈"等，推动农家书屋与新时代文明实践中心融合，扩大公共阅读服务覆盖面。

（五）江苏出版业高质量发展进程

2021~2024年，江苏出版业在国家文化数字化战略和重大文化产业项目带动战略的指引下，持续深耕传统出版领域，积极探索数字化转型、内容创新、版权管理等融合出版新方式，展现出蓬勃的发展活力和强大的内生动力。

在高质量发展路线的指导下，江苏在做强主题出版、优化出版供给、深化全民阅读、推动产业提质、加强版权保护、守好出版阵地、推进依法治理等方面持续推进出版业高质量发展。② 江苏出版业坚持以人民为中心的出版导向，推出一大批反映时代精神、有深度、有温度的精品力作。例如，2021~2023年全省25种选题入选中宣部主题出版重点出版物选题，获得多个国家级奖项，

---

① 《全民阅读蔚然成风，江苏各类社会阅读组织已达5776个》，https：//www.jssxwcbj.gov.cn/art/2023/12/25/ar_3_77724.html。

② 《求新务实谋篇高质量发展——访江苏省委宣传部常务副部长、省新闻出版局（省版权局）局长梁勇》，https：//www.jssxwcbj.gov.cn/art/2023/2/22/art_35_75257.html。

如中国出版政府奖、中华优秀出版物奖、"中国好书"、"最美的书"、"世界最美的书"等。江苏出版战线推动全民阅读，建立了一系列常态化制度机制，如"书香江苏"建设，提升了居民综合阅读率。同时，加强阅读阵地建设，如公共图书馆、农家书屋等，扩大了公共阅读服务覆盖面。

中国出版业始终坚持将社会效益放在首位，社会效益和经济效益统一，江苏出版业同样坚持这一发展路线。"十四五"以来，江苏出版业在社会效益方面取得显著成就，江苏出版业根据国家新闻出版署印发的《出版业"十四五"时期发展规划》，组织编制了省一级的重点出版规划项目，推动了出版内容、载体、传播方式的创新。[①] 在精品创作与出版方面，为响应国家宣传要求与价值导向需求，江苏出版业加大重大主题出版工作力度，通过出版物讲好中国故事、江苏故事，营造了积极向上的良好氛围，涌现众多获得中国出版政府奖、中华优秀出版物奖等国家级荣誉的出版物。在提升公共文化服务方面，江苏出版业通过持续推进"书香江苏"建设，全省成年居民综合阅读率显著提升；通过农家书屋等工程，加强了基层阅读组织建设，扩大了公共阅读服务覆盖面，满足了人民群众日益增长的精神文化需求。在法治建设方面，江苏出版业加强版权保护，查缴非法出版物，处置网络有害信息，维护了出版市场的秩序。江苏出版业积极响应国家"一带一路"倡议，通过版权输出和国际合作，扩大了中华文化的国际影响力。江苏出版业推动了传统出版与新兴出版的深度融合，探索了全媒体环境下的出版物推介和全民阅读推广模式。这些成就展示了江苏出版业在"十四五"时期对社会效益的重视和贡献，体现了其在文化强国战略中的重要角色。

三　江苏出版业的内外比较与发展不足分析

江苏出版业作为中国出版领域的重要一员，其发展不仅影响着省内文化经济，也对全国乃至国际文化交流贡献显著。在省内结构性比较中，江苏出版业展现出多样化的出版类型和丰富的内容产出，其经济效益在全国范围内也位居

[①] 《关于公布〈江苏省"十四五"时期重点图书、音像、电子出版物出版专项规划项目〉的通知》，https://www.jssxwcbj.gov.cn/art/2022/5/6/art_4_73069.html。

前列。然而，与北京、上海、广东等出版业发达省市相比，江苏出版业在市场化程度、国际化水平以及技术创新等方面仍有提升空间。通过对比分析，揭示了江苏出版业的省内结构特点、外部竞争态势以及面临不足与主要挑战，为推动其高质量发展提供参考和启示。

（一）外部竞争：江苏出版业发展的区域比较

江苏出版业凭借深厚的文化底蕴和经济实力，在中国出版业中占据了重要地位。从与北京、上海、广东等出版业发达省市的比较中，江苏出版业呈现独特的优势与挑战。通过四省市出版业发展比较，我们不仅能够观察到江苏出版业的独特优势和发展潜力，还能从中发现区域间的竞争与合作关系。北京作为中国的首都、政治文化中心，其出版业以权威性强、资源丰富而著称；上海作为国际化大都市，其出版市场具有开放性和多样性；广东则凭借其较高的经济发展水平和对外开放程度，在出版业中展现出创新活力。由于北京有大量的中央出版单位，为了公平进行区域比较，本报告中的北京出版单位以北京市属出版单位为主。

1. 江苏出版业与北京、上海、广东的比较

出版物量的比较。出版物作为文化传承与创新的重要载体，不仅在传播知识、促进教育和文化普及方面发挥着关键作用，也是衡量一个地区文化软实力和经济发展水平的重要指标。北京、上海、广东文化繁荣、经济兴盛，其出版业的发达程度不言而喻。

图书出版总品种方面，2020 年北京图书出版总品种以 211863 种遥遥领先。2020~2022 年，江苏、上海和广东的图书出版总品种变化趋势相同，呈现轻微浮动态势，先升后降，分别减少至 25909 种、26897 种和 12300 种。图书总印数方面，2021 年去除中央在京单位后的北京图书总印数为 4.00 亿册，2022 年数据缺失。2020~2022 年江苏的图书总印数从 7.00 亿册增加到 7.89 亿册，再减少到 6.74 亿册。上海和广东的图书总印数变化不大，升降幅度均在 1 亿册以内。总印张方面，2020~2022 年江苏的总印张呈现先增后减的趋势，上海图书总印张先降后升，保持相对稳定趋势。单以 2021 年总印张比较，江苏总印张远超北京、上海（见表4）。

表4 2020~2022年江苏、北京、上海、广东图书出版情况

省市	项目	2020年	2021年	2022年
江苏	图书出版总品种（种）	26940	28198	25909
	图书总印数（亿册）	7.00	7.89	6.74
	总印张（亿印张）	55.38	62.82	57.05
北京	图书出版总品种（种）	211863	14775	—
	图书总印数（亿册）	29.97	4.00	—
	总印张（亿印张）	326.98	33.35	—
上海	图书出版总品种（种）	28056	30080	26897
	图书总印数（亿册）	4.95	4.94	4.61
	总印张（亿印张）	44.51	42.84	44.41
广东	图书出版总品种（种）	12700	13100	12300
	图书总印数（亿册）	3.21	3.95	3.88
	总印张（亿印张）	—	—	—

注：由于各省市统计标准不一，部分数据有所差异或缺失，但仍可做比较参考；北京2021年统计范围不含中央在京单位，因此2021年数据较2020年变化较大；"—"为未统计或数据缺失；表5统计数据同理。

资料来源：2021~2023年江苏、北京、上海、广东统计年鉴。

期刊出版方面，2020~2022年，江苏、上海和广东的期刊出版总品种基本保持稳定，以2021年数据进行横向比较，上海期刊总数居四省市首位，有633种，北京市属期刊出版总品种数仅为171种，江苏期刊出版总品种数为452种，居四省市第二。期刊总印数方面，江苏逐年略有增加，从2020年的1.09亿册增加到2022年的1.16亿册。上海和广东的印数变化不大（见表5）。总印张方面，江苏、上海、广东三省市相比，江苏较为领先。

表5 2020~2022年江苏、北京、上海、广东期刊出版情况

省市	项目	2020年	2021年	2022年
江苏	期刊出版总品种（种）	450	452	453
	期刊总印数（亿册）	1.09	1.20	1.16
	总印张（亿印张）	4.75	5.12	5.02
北京	期刊出版总品种（种）	3279	171	—
	期刊总印数（亿册）	7.50	0.23	—
	总印张（亿印张）	54.30	1.49	—

续表

省市	项目	2020 年	2021 年	2022 年
上海	期刊出版总品种（种）	633	633	632
	期刊总印数（亿册）	0.62	0.59	0.57
	总印张（亿印张）	3.48	3.08	3.03
广东	期刊出版总品种（种）	380	380	380
	期刊总印数（亿册）	0.97	0.95	0.91
	总印张（亿印张）	4.92	4.75	4.53

注：由于各省市统计标准不一，部分数据有所差异或缺失，但仍可做比较参考。
资料来源：2021~2023 年江苏、北京、上海、广东统计年鉴。

出版物品质的比较。出版的价值在于出版高品质的出版物。本报告主要考察江苏与北京、上海、广东中国出版政府奖、中华优秀出版物奖、"中国好书"、"最美的书"、国家古籍整理出版专项经费资助项目、国家出版基金资助项目、中宣部主题出版重点出版物选题等具有显著代表性的评奖和资助项目。

中国出版政府奖获奖比较。2021 年，第五届中国出版政府奖颁布，北京、上海、广东、江苏等省市成果显著，位于全国前列。北京的出版单位和个人获得多项荣誉，市属单位 7 个项目入选，创历史新高。北京出版社出版的《正在消失的美丽——中国濒危动植物寻踪》获得图书奖；北京出版集团主办的《少年科学画报》获得期刊奖；北京十月文艺出版社获得先进出版单位奖。上海的出版单位在本届中国出版政府奖中表现突出，上海辞书出版社出版的《辞海》（第七版）获得荣誉奖。12 种图书、期刊、音像制品、电子出版物和网络出版物及装帧设计出版物分别获得图书奖，期刊奖，音像制品、电子出版物和网络出版物奖，装帧设计奖；2 家出版单位获得先进出版单位奖；5 名个人获得优秀出版人物奖。同时，17 种图书、期刊、音像制品、电子出版物和网络出版物、印刷复制产品分别获得各类提名奖。上海世纪出版集团在此次评选中表现尤为亮眼，共获得 19 项奖项，包括 1 项荣誉奖、11 项正奖和 7 项提名奖，获奖总数和奖项覆盖面均创近几届新高，充分展现了上海出版业的实力和影响力。广东出版单位同样表现突出，获得多个奖项。广东教育出版社出版的《汉语方言学大词典》（上、下卷）、广东科技出版社与北京科学技术出版社合作出版的《新中国地方中草药文献研究（1949—1979 年）》（280 册）获图书奖；广东大音音像出版社制作的《盲人中小学生无障碍阅读工程》获得电子出版物奖；广东科技出版社获先进出版单位奖。

"五个一工程"奖获奖比较。2022年，中宣部对第十六届精神文明建设"五个一工程"在精神文明建设方面做出突出贡献的单位和作品进行表彰，北京、上海、广东、江苏四省市党委宣传部荣获组织工作奖，体现了这些地区在推动精神文明建设方面的显著成就。在出版物上，北京市获2项荣誉，北京十月文艺出版社的《远去的白马》、《平安批》（与花城文艺出版社合作）获优秀作品奖；上海市摘得2项荣誉，上海人民出版社的《当好改革开放的排头兵——习近平上海足迹》获特别奖，上海文艺出版社的《千里江山图》获优秀作品奖；广东省收获1项荣誉，由北京与广东联合报送的图书《平安批》获优秀作品奖，展现了跨地区合作的成果；江苏译林出版社的《我心归处是敦煌：樊锦诗自述》获优秀作品奖。

"中国好书"获奖比较。"中国好书"评选活动是中国出版界的一项盛事，它不仅为读者推荐了高质量的阅读选择，而且促进优秀文化作品的传播。这些"好书"不仅丰富了公众的阅读生活，也反映了中国社会的文化需求和发展趋势。北京、上海、广东、江苏四省市的"中国好书"入选数量可以直观反映各地出版业的实力和文化影响力（见表6）。

表6 2020~2023年江苏、北京、上海、广东"中国好书"入选数量

单位：种

省　市	2020年	2021年	2022年	2023年	总计
江　苏	2	4	5	1	12
北　京	2	3	4	5	14
上　海	5	3	2	4	14
广　东	0	2	1	3	6

资料来源：江苏、北京、上海、广东新闻出版局网站。

"最美的书"获奖比较。2020~2023年北京、上海、广东、江苏"最美的书"入选数量，可以反映在图书设计和出版质量方面的发展趋势。入选数量通常可以反映当地出版业的艺术创新力和市场竞争力，也能体现文化软实力和文化产业发展水平（见表7）。

表7　2020~2023年江苏、北京、上海、广东"最美的书"入选数量

单位：种

省　市	2020年	2021年	2022年	2023年	总计
江　苏	4	9	5	5	23
北　京	6	10	9	4	29
上　海	5	1	1	6	13
广　东	0	1	0	2	3

资料来源：江苏、北京、上海、广东新闻出版局网站。

国家出版基金资助项目入选情况可以反映出版业的实力和影响力，资助项目往往涉及重要的文化、学术和教育内容，能够提升各省市的文化软实力和知识创新能力。不同省市的入选情况可以作为评估国家文化多样性和地域特色发展的指标，为推动全国文化均衡发展和优秀文化成果共享提供参考（见表8）。

表8　2020~2024年江苏、北京、上海、广东国家出版基金资助项目入选数量

单位：项

省　市	2020年	2021年	2022年	2023年	2024年	总计
江　苏	38	23	26	30	30	147
北　京	14	7	7	6	9	43
上　海	42	31	40	44	55	212
广　东	22	17	9	10	17	75

资料来源：江苏、北京、上海、广东新闻出版局网站。

中宣部主题出版重点出版物选题情况体现了北京、上海、广东和江苏在宣传国家主旋律、传播社会主义核心价值观方面的努力和成就，入选的重点出版物往往涉及国家重大战略、历史事件等内容，对教育公众、塑造社会共识具有重要作用。

江苏省在中宣部主题出版重点出版物选题的入选数量上表现最佳，2021~2023年总计达到25种，显示了江苏在响应国家文化宣传主题方面的活跃度和出版实力。上海和北京分别以21种和13种的入选数量紧随其后，广东则相对

较少，共有 12 种出版物入选。这些数据反映了不同地区在主题出版方面的投入和成果，以及对国家文化宣传战略的响应程度（见表 9）。

表 9　2021~2023 年江苏、北京、上海、广东中宣部主题出版重点出版物选题入选数量

单位：种

省　市	2021 年	2022 年	2023 年	总计
江　苏	8	9	8	25
北　京	2	5	6	13
上　海	9	5	7	21
广　东	5	5	2	12

资料来源：江苏、北京、上海、广东新闻出版局官网。

国家古籍整理出版专项经费资助项目入选情况体现了北京、上海、广东和江苏在古籍整理和文化传承方面的重视程度和专业能力，可以推动北京、上海、广东和江苏对古籍的系统性整理、研究与出版，进而促进中华优秀传统文化的创造性转化和创新性发展。

上海在国家古籍整理出版专项经费资助项目上遥遥领先，2020~2023 年总计入选 87 项，凸显了上海在古籍整理出版方面的卓越成就。江苏省也表现良好，四年总计入选 40 项，体现了其在古籍保护和整理方面的持续努力。广东则相对较少，四年总计只有 4 项入选，这可能表明广东在古籍整理出版方面有待加强（见表 10）。

表 10　2020~2023 年江苏、北京、上海、广东国家古籍整理出版
专项经费资助项目入选数量

单位：项

省　市	2020 年	2021 年	2022 年	2023 年	总计
江　苏	12	10	8	10	40
北　京	2	0	1	2	5
上　海	20	19	25	23	87
广　东	1	0	2	1	4

资料来源：江苏、北京、上海、广东新闻出版局官网。

2. 江苏全民阅读情况与北京、上海和广东的比较

在探索全民阅读的宏伟蓝图中，江苏与北京、上海、广东构成了一幅丰富多彩的阅读生态画卷。这些省市作为中国的经济与文化重镇，其全民阅读的推广与实践不仅映射出各自的文化特质，也反映着国家文化软实力和公民文化素养。

从阅读率来看，根据第二十一次全国国民阅读调查成果，中国成年国民的综合阅读率稳步上升，数字化阅读方式接触率成为主要增长点。① 特别是北京、上海和广东，由于经济发展水平较高，居民受教育程度普遍较高，综合阅读率相对较高。而江苏作为教育大省，其综合阅读率也不容小觑，尤其在未成年人阅读率上表现突出。数字化阅读方式的普及为全民阅读提供了新的增长点。② 数字阅读市场总体营收规模持续增长，2023 年中国数字阅读用户规模已达 5.7 亿人次。与此同时，江苏在数字阅读方面也有着积极的表现，如第二届江苏高校凤凰读书节的举办，展现了江苏在推广数字阅读和高校阅读文化建设方面的努力。此外，公共阅读服务设施的建设与利用也是衡量全民阅读发展水平的重要指标。在北京、上海和广东，书店、公共图书馆、咖啡馆等阅读空间为居民提供了阅读的便利，且公共图书馆的使用满意度最高。江苏在公共阅读服务方面也持续发力，提供更多阅读空间，提升公共阅读服务效能。

综合北京、上海、广东、江苏以及全国国民阅读情况，本报告发现，2023年，上海在居民综合阅读率方面表现最为突出，达 97.49%，显示出上海居民较高的文化素养和良好的阅读习惯。广东和江苏也展现了较高的居民综合阅读率，均超过 90%。在数字化阅读方面，上海以 98.20% 的居民电子图书阅读率领先，江苏在数字化阅读的推广上也取得积极进展。广东的人均电子图书阅读时长呈现逐年增加的趋势，反映了该地区对电子阅读形式的接受度和喜爱度较高。从居民纸质图书阅读率来看，江苏有小幅下降，而上海依然维持在较高水平。全国居民综合阅读率则相对稳定，人均纸质图书阅读量有所增长，反映了全民阅读活动的普及和推广效果显著（见表 11）。综上所述，各省市在全民阅读方面都取得了积极的成果，不仅反映了各地居民的文化需求，也展现了政府

---

① 《第二十一次全国国民阅读调查成果发布》，https：//www.nppa.gov.cn/xxfb/ywdt/202404/t20240424_844803.html。

② 《文化新观察 | 从数字阅读报告看全民阅读"新风尚"》，http：//www.xinhuanet.com/ci/20240426/f6533b6d9a4f46d2b438948e2a564861/c.html。

在推广阅读文化方面的努力。全民阅读水平的提升有助于增强国民的文化素养，促进社会的整体进步。未来，各省市可继续发挥自身优势，加强公共阅读服务设施建设，创新阅读推广方式，进一步提升全民阅读水平。

表11　2020~2023年江苏、上海、广东和全国国民阅读情况

省市	项目	2020年	2021年	2022年	2023年
江苏	居民综合阅读率(%)	90.19	90.23	90.33	90.34
	居民纸质图书阅读率(%)	73.07	71.72	68.68	65.06
	人均纸质图书阅读量(本)	6.25	5.78	6.55	—
	居民电子图书阅读率(%)	63.00	64.38	64.51	—
	人均电子图书阅读量(本)	10.11	10.24	9.49	—
	居民人均每天阅读时长(分钟)	70.47	77.79	85.35	—
	居民阅读服务设施使用率(%)	45.59	44.38	30.17	44.17
上海	居民综合阅读率(%)	97.04	97.49	96.83	97.49
	居民纸质图书阅读率(%)	96.05	96.20	91.43	93.70
	人均纸质图书阅读量(本)	—	—	13.37	12.37
	居民电子图书阅读率(%)	99.52	93.20	93.56	98.20
	居民人均每天阅读时长(分钟)	102.17	—	—	—
广东	居民综合阅读率(%)	94.67	94.77	94.79	94.80
	人均纸质图书阅读量(本)	5.85	6.21	6.22	6.25
	人均电子图书阅读量(本)	5.53	5.62	5.66	5.69
	人均纸质书阅读时长(分钟)	41.21	42.37	42.64	42.69
	人均电子书阅读时长(分钟)	121.98	123.82	124.10	124.60
全国	居民综合阅读率(%)	81.30	81.60	81.80	81.90
	人均纸质图书阅读量(本)	4.70	4.76	4.78	4.75
	人均电子图书阅读量(本)	4.70	3.30	3.33	3.40

注：由于各省市统计标准不一，部分数据有所差异或缺失，但仍可做比较参考；由于北京已经通过北京阅读季等活动实现了阅读调查的常态化，且相关数据已经包含在全国国民阅读调查中，未单独提炼数据。

资料来源：2020~2023年江苏、上海、广东年度居民阅读状况调查结果，第十八、十九、二十、二十一次全国国民阅读调查结果。

（二）内部盘点：江苏出版业发展的结构比较

江苏拥有众多出版社，在出版内容、市场影响力以及经济效益上均有显著

成就。在省内结构性比较中，江苏出版业的多元化特征尤为突出，涵盖了教育、文学、科技等多个领域，形成了多元化、分层次的出版市场结构。江苏出版业的内部结构性特征，反映了该省出版市场的发展态势和竞争格局。从国有出版社占主导地位到民营书企的兴起、从教育类图书的强势到文学艺术作品的多样化，江苏出版业展现了多元化的发展趋势。

2022年江苏共出版图书、期刊、报纸26.92亿册（份），较2021年降低4.13%。2020~2022年，江苏图书、期刊和报纸的总印数呈现一定的波动趋势。2021年，图书的总印数7.89亿册，较2020年的7.00亿册有所增长，但在2022年又下降至6.74亿册。期刊的总印数稳中有升，从1.09亿册增加到1.16亿册。相比之下，报纸的总印数则呈先降后升态势，但仍保持在19亿份左右。总体来看，尽管图书、期刊、报纸总印数的变化趋势不尽相同，但出版物的总印数在这三年中仍然保持在一个相对稳定的水平，2021年达到最高点，为28.08亿册（份）（见表12）。这反映了出版市场在不同出版物类型之间的动态调整，以及消费者阅读习惯的多样化趋势。图书和期刊作为知识传播和信息获取的重要媒介，其总印数的变化也可能与数字化阅读趋势的增长有关。报纸总印数的稳定性则可能与其作为日常信息来源的角色有关。

表12　2020~2022年江苏不同类型出版物总印数情况

单位：亿册（份）

类型	2020年	2021年	2022年
图书	7.00	7.89	6.74
期刊	1.09	1.20	1.16
报纸	19.25	18.99	19.02
合计	27.34	28.08	26.92

资料来源：江苏省统计局、国家统计局江苏调查总队编《江苏统计年鉴》（2021~2023）。

从江苏出版企业类型来看，江苏出版业的发展涵盖了国有出版和民营出版两大板块。其中，国有出版以凤凰出版传媒集团为代表，而民营出版包括江苏春雨教育集团有限公司、经纶传媒股份有限公司、江苏可一文化产业集团股份有限公司等。凤凰出版传媒集团是国内领先的大型出版机构，业务涵盖出版、发行、印务、影视等多个领域。凤凰出版传媒集团在新闻出版业总体经济规模综合评价中连续多年名列前茅，连续多年入选"全国文化企业 30 强"，2021～2023 年连续 3 年入选全球出版 50 强榜单，并居全球第 10 位、国内第 1 位。2021 年营业收入 154.75 亿元，利润总额 41.35 亿元，总资产 644.16 亿元，净资产 409.39 亿元；2022 年实现营业收入 168.10 亿元，利润总额 37.48 亿元，年末总资产 693.12 亿元，净资产 446.59 亿元。[①]

江苏出版业在国有出版和民营出版两大板块中均取得优异成绩，同时面临一些挑战和问题。国有出版企业如凤凰出版传媒集团在规模、影响力和市场占有方面表现突出，但也存在竞争力不强、政策依赖度高等问题。民营出版企业则以其灵活性和市场敏感性在教育出版和数字出版领域展现活力，成为推动江苏出版业发展的重要力量。

从图书出版的品种数与总印数来看，江苏图书出版业表现出一定的结构性调整。根据 2021～2023 年的《江苏统计年鉴》相关数据，新出版图书品种数在 2021 年有所下降，但重印图书品种数却连续超过新出版图书，这一趋势在 2022 年和 2023 年得到延续。这表明出版业正逐渐从追求品种数量增长向注重单品质量提升转变，反映了出版业在内容精品化方面的努力。

从图书出版的内容创新来看，江苏出版业在文学、科技、教育等不同领域均有一定进展。尽管文学类图书码洋增长速度有所下降，但仍属于稳定的现金流产品；少儿类图书则属于高码洋增长率、高码洋比重的明星产品；科技生活类图书在生物医学、环境科学等领域展现出服务国家战略的能力；教育类图书着重于立德树人的根本任务，注重出版物的高质量。

从图书出版的市场拓展来看，短视频和直播等新媒体渠道的兴起为图书销售带来了新的机遇。江苏出版业通过积极拥抱新媒体，利用短视频平台的流量优势，实现了图书销量的增长。同时，数字出版的商业模式也日渐成熟，市场规模逐步扩大，未来数字出版将成为出版业新的增长点。

（三）不足与自省：江苏出版业发展的挑战与困境

近年来，江苏出版业虽然取得显著的发展成就，但仍面临一系列挑战和困

---

① 《江苏凤凰出版传媒集团连续 15 届入选"全国文化企业 30 强"》，https://www.ppmg.cn/index.php/Article/index？id=7229。

境。随着数字化转型的加速、市场竞争的加剧以及读者阅读习惯的变迁,江苏出版业面临着内部结构调整、发展模式创新、国际竞争力提升等多重压力。在新技术应用、内容创新、版权保护等方面,如何突破现有的局限,实现可持续发展,成为摆在江苏出版界面前的重要课题。

1. 数字化转型的挑战与机遇

随着互联网和数字技术的发展,传统出版业正面临前所未有的转型压力。江苏出版业在数字化转型过程中存在一些不足,比如对新兴技术的适应和应用速度不够快,数字内容的生产和分发能力有待加强。此外,数字出版的盈利模式尚不清晰,如何实现内容价值的最大化也是一大挑战。然而,数字化转型也给出版业带来了新的机遇。通过加快数字化转型步伐,可以拓宽出版内容的传播渠道,提高内容的可及性和互动性,从而吸引更多的读者。同时,利用大数据、人工智能等技术,可以更好的分析读者需求,实现内容的个性化推荐和精准营销。

2. 市场竞争加剧与内容创新不足

在市场经济条件下,出版市场竞争激烈,特别是随着互联网平台的兴起,读者获取信息和知识的渠道更加多样化,这对传统出版业构成了一定的冲击。与此同时,江苏出版业在内容创新方面还存在一些不足,比如原创内容的数量和质量有待提升,对市场需求的把握不够精准。为了应对市场竞争,江苏出版业需要加强内容创新,提高内容的原创性和多样性,满足不同读者群体的个性化需求。同时,也需要加强与作者、学者等的合作,挖掘和培养优秀的创作人才,提升出版内容的学术价值和文化品位。

3. 侵权行为频发,版权保护有待加强

版权意识薄弱是一大问题。尽管版权保护的重要性已经被广泛认识,但在实际操作中,作者、出版社、读者对版权的认识和尊重程度参差不齐。一些作者对自己作品的版权不够重视,导致在版权授权、转让过程中出现疏漏,给侵权行为以可乘之机。侵权行为多样且隐蔽,给版权保护带来了较大难度。随着互联网技术的发展,侵权行为呈现网络化、跨境化的特点。一些侵权者利用网络的匿名性,通过非法下载、网络传播等方式侵犯版权,给版权保护和执法监管带来了新的挑战。版权保护的国际合作有待加强。在全球化背景下,作品的传播和使用往往超越国界。由于不同国家和地区在版权保护上存在差异,跨国版权纠纷时有发生。

四　江苏出版业高质量发展的建议与策略

江苏出版业在"十四五"规划的引领下，正朝着高质量发展的目标稳步前行。面对新的机遇与挑战，为进一步推动江苏出版业的繁荣兴盛，需要坚持正确的政治方向、深化体制机制创新、促进内容与技术融合、加强版权保护和促进国际传播。面对新兴技术的挑战和市场环境的快速变化，江苏出版业亟须制定和实施一系列高质量发展的策略。本报告从主题出版、全民阅读、融合出版、精品出版以及科技期刊出版五个关键方面展开探讨。

（一）坚持价值导向，抓好主题出版

坚持价值导向，抓好主题出版，是确保出版内容符合社会主义核心价值观的重要途径。通过强化主题出版，江苏出版业可以更好的传播先进文化，引导社会思潮，为社会主义文化强国建设贡献力量。

江苏出版业在新时代背景下，承载着传播文化、教化社会的重要职责。面对"十四五"时期的新机遇与挑战，江苏出版业需紧跟时代发展，通过主题出版物的策划与传播，积极反映时代精神，满足社会发展需求。在这一时期，江苏出版业应把握重要时间节点，如党的二十大、中华人民共和国成立75周年等，通过历史与现实的结合，阐释中国道路、中国精神，同时在选题策划中展现创新与时代精神，用精品力作影响和滋养社会大众。凤凰出版传媒集团等江苏出版企业应借鉴"十三五"期间的成功经验，加强政策、资金、人才支持，积极开展主题出版。学习北京、上海、广东等省市在主题出版工作上的做法与经验，利用江苏独有的历史文化资源，如雨花英烈、新四军革命根据地等，进行高起点策划和创新性开发，推出具有江苏特色的红色文化主题出版物。通过融合传统与新兴媒体，强化宣传推介，提升出版物的影响力，让江苏故事激发社会信心，激励人们踏上新征程，共同推动江苏出版业实现高质量发展。

（二）加强全民阅读推广，提升公共阅读服务质量

加强全民阅读推广，提升公共阅读服务质量，是提高公众文化素养、构建

书香社会的有效手段。通过创新阅读推广方式和提升公共阅读服务质量，可以激发公众阅读热情，培养阅读习惯，从而增强江苏出版业的社会影响力。

在公共阅读服务质量提升方面，江苏应不断扩大公共图书馆的覆盖范围，促进全民阅读。通过扩建和优化图书馆设施，提供更加舒适的阅读环境，吸引更多的读者。同时，公共图书馆应定期举办各类阅读活动，如读书会、作者见面会、文化讲座等，激发公众的阅读兴趣。此外，应利用数字技术，发展电子图书馆和在线阅读服务，为公众提供更便捷的阅读渠道。江苏还应加大对农村和边远地区的出版服务力度，通过流动图书馆、"图书下乡"等活动，将优质的图书资源带到农村，缩小城乡阅读资源差距。同时，针对农村读者的阅读习惯和需求，出版更多涉及农业技术、卫生健康、文化娱乐等内容的图书。

此外，在中小学生阅读素养提升方面，江苏出版机构应加强与教育机构的合作，推进"书香校园"建设。通过向学校提供优惠的图书资源、开展阅读竞赛和主题班会活动等，培养学生的阅读习惯，提高学生的文化素养。此外，出版单位还可以与教育机构共同开发适合不同年龄段学生的阅读材料，满足学生的个性化阅读需求。

（三）推进融合出版，强化创新驱动

推进融合出版，强化创新驱动，是江苏出版业适应数字化转型、提升竞争力的关键。通过技术创新和业态创新，推动传统出版与新兴出版的深度融合，可以为江苏出版业注入新的活力，拓展新的发展空间。

"十四五"期间，技术推动了出版行业的转型升级。江苏出版业正面临出版深度融合的挑战与机遇，需要通过技术创新来满足社会大众不断变化的阅读需求，并以此推动出版全流程的数字化转型。凤凰出版传媒集团作为行业先锋，积极推动数字化转型，通过构建融合出版精品生产体系，利用数字技术提高内容生产与发行效率。凤凰出版传媒集团利用电商优势，整合实体店与网店资源，优化数据统计与分析，提高采购和陈设的效率。此外，凤凰出版传媒集团还加大物流仓储投入，确保物流通道的高效运转，通过加强物流供应链管理，为网上书城、实体门店一体化运营打下坚实基础。这些措施有助于降低运营成本，提高办公自动化水平，实现从码洋管理到品种管理的转变，从而提高整体的出版发行效率。江苏出版业需继续深化出版融合，利用"数字+"模式，实现出版融合深度发展。通过新技术的运用，构建更为灵活的组织机制，推动出版内容、平台、服务的创新，以实现出版业的高质量发展。这不仅需要出版单位在内容资源数字化、信息服务、数据分析等方面下功夫，还需开发市场营销网络、高效运用信息管理手段，构建布局合理的服务网络，优化从采购到售后服务的全流程数据管理。通过这些措施，江苏出版业将更好适应时代发展，满足新时期的市场需求。

（四）强化精品出版，保持高品质产出

强化精品出版，保持高品质产出，是提升江苏出版业核心竞争力的有效途径。通过加强选题策划、提高编辑质量、打造出版品牌，可以不断推出思想精深、艺术精湛、制作精良的出版精品，满足人民群众日益增长的精神文化需求。

江苏出版业要实现精品出版，首先应深植于江苏丰富的历史文化土壤中，充分利用独特的文化资源和作者、编辑的专业优势。江苏出版业在高质量发展的过程中，可依托江苏悠久的历史文化，出版关于江苏非物质文化遗产、历史人物、地方志等方面的书籍，同时注重传统文化的现代表达和创新转化。江苏出版机构也需要积极与本地作者合作，尤其是那些在文学、艺术、科技等领域有深厚造诣的专家学者，打造具有地方特色的精品图书。

通过这些宝贵的本土资源，江苏出版能够创造更多原创精品图书，讲述更具地域特色的中国故事和江苏故事。江苏凤凰科学技术出版社通过出版《中国运河志》等作品，传承和发扬了大运河文化。南京出版社则通过策划"南京非物质文化遗产丛书"，深入挖掘了南京云锦等非物质文化遗产，为城墙申遗出版了相关研究书籍，展示了南京的文化沉淀。此外，江苏人民出版社的大型丛书"精彩江苏"全面反映了江苏的历史文化遗产，而"江苏文脉整理与研究工程"等出版项目则对江苏历史上的文献进行了系统的整理与开发。江苏出版业需继续依托地域文化特色，不仅要重视精品出版，还要积极推广江苏的文韵和人文底蕴。通过进一步挖掘历史文化特色，江苏出版将推动更多优秀出版物走向国际，向世界传播中国和江苏的声音，提升中华文化的全球影响力，增强中国文化软实力。

（五）推进一流科技期刊出版，提升学术影响力

推进一流科技期刊出版，提升学术影响力，是江苏出版业服务国家创新驱动发展战略、提升国际竞争力的重要举措。通过优化科技期刊布局、提高学术质量、扩大国际交流，可以增强江苏科技期刊的国际影响力，为建设科技强国贡献智慧和力量。

江苏出版业在高质量发展的进程中，必须着重加大一流科技期刊的出版力度，以此提升学术影响力和促进地区科技创新。首先，重视内容质量，确保科技期刊发表的研究成果具有原创性和创新性，特别是注重江苏的优势学科和科技前沿领域的研究成果。同时，通过吸引全球优秀稿件，提升期刊的全球认可度和影响力。科技期刊的数字化转型是提升效率和扩大传播范围的关键，需要建立高效的在线投稿、审稿、发布平台，并利用大数据技术精准推送内容。

其次，建立专业的编辑团队，提升和拓展编辑的专业能力和国际视野对提升期刊质量至关重要。为了进一步提高学术活跃度，应定期举办学术会议和研讨会，与国内外知名学者进行深入交流。市场推广和品牌建设也同样重要，需要通过多渠道宣传提升期刊知名度，并加强版权保护与运营，确保作者和出版单位的权益得到充分保障。政策支持和资金投入是科技期刊发展的外部驱动力，争取政府相关部门的支持将为科技期刊发展提供良好的环境。同时，改革学术评价机制，鼓励科研人员发表高质量的研究论文。

此外，还要推动科技期刊与图书出版、数据库、在线教育等业务的融合发展，构建多元化的出版业务模式，提升整体竞争力。通过这些综合性措施，江苏出版业将显著提升科技期刊的出版质量，为地区的科技创新和文化繁荣做出更大的贡献。

展望未来，江苏出版业将继续坚持以人民为中心的创作导向，深化出版改革，推动出版创新，加强对外交流合作，不断提升出版质量和水平，为推动社会主义文化繁荣兴盛、建设文化强省做出新的更大贡献，为满足人民群众日益增长的美好生活需要、实现中华民族伟大复兴的中国梦贡献江苏出版力量。

2023年江苏广告产业发展报告

姜照君　吴志斌　许敬一　周婷婷*

摘　要：　江苏借助人工智能、大数据、云计算、AR、VR 等新技术，全面建设数字化广告产业体系，广告产业领跑全国。在此进程中，虚拟化、互动化、个性化的产品形态重构了广告产业生产方式，推动广告产业高质量发展。具体表现为三个方面：一是广告产业规模稳步增长，数字化转型加快推进；二是公益广告引领社会风尚，品牌影响力持续提升；三是广告智慧监管不断完善，广告诚信监管提质增效。

关键词：　广告产业　数字化转型　公益广告　广告智慧监管　江苏省

随着全球信息技术的发展，新一轮科技革命和产业变革对经济结构产生了重大影响，以互联网、大数据、人工智能为代表的数字技术向社会经济各领域的渗透速度不断提升，数字化成为未来经济发展的新引擎，也为江苏广告产业高质量发展带来机遇与挑战。江苏借助人工智能、大数据、云计算、AR、VR等新技术，正在全面建设数字化广告产业体系，虚拟化、互动化、个性化的产品形态重构广告产业生产方式，推动广告产业高质量发展。

一　广告产业规模稳步增长，数字化转型加快推进

（一）广告经营额逐年提高，广告市场规模位居全国前列

江苏广告产业与江苏经济总量齐头并进。2023 年，江苏地区生产总值为

---

* 姜照君，博士，上海交通大学媒体与传播学院教授，南京大学长三角文化产业发展研究院特聘研究员，主要研究方向为传媒经济、文化产业；吴志斌，博士，南京航空航天大学艺术学院副教授，南京大学长三角文化产业发展研究院特聘研究员，主要研究方向为媒介文化与产业、乡村传播、数字影像技术与艺术；许敬一，上海交通大学助理研究员，主要研究方向为文化管理；周婷婷，南京航空航天大学艺术学院硕士研究生，主要研究方向为广播电视艺术。

128222.16 亿元，位居全国第二，仅次于广东，且江苏 13 个设区市中有 5 个市地区生产总值超万亿元，江苏也成为首个拥有 5 个地区生产总值达万亿元城市的省份。① 江苏经济发展水平总体较高，一直保持在全国前列，为广告产业提供了广阔的发展空间。

第一，江苏广告营业额突破千亿元大关，远高于全国平均水平。江苏是广告大省，广告营业额稳中有增，位居全国前列，且在全国占比保持在 10%以上。《江苏年鉴》公布的数据显示，2017 年，江苏广告营业额达到 802.96 亿元，占全国广告营业总额的 11.64%；2019 年，江苏广告营业额达到 953.45 亿元，在全国的占比为 10.97%；② 2020 年，江苏广告营业额突破千亿元大关，实现年营业额 1219.00 亿元，占全国广告营业总额的 13.33%；③ 2021 年，广告经营额为 1278.00 亿元，在全国的占比为 11.00%（见图 1）。④

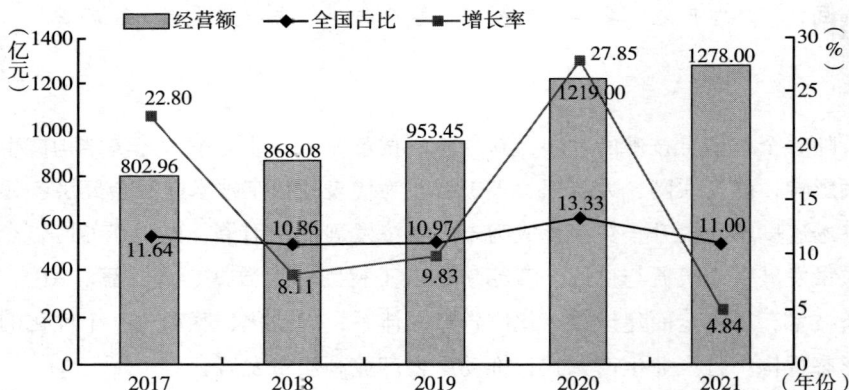

图 1　2017～2021 年江苏广告营业额情况

资料来源：2017 年、2018 年、2019 年数据来源于《中国文化及相关产业统计年鉴 2022》，2020 年、2021 年数据来源于《江苏年鉴》（2021～2022）。

---

① 《2023 年江苏 13 市 GDP 出炉：5 座万亿之城，连云港增速第一》，http://www.jiangsu.gov.cn/art/2024/2/7/art_90083_11118185.html。
② 国家统计局社会科技和文化产业统计司、中宣部文化体制改革和发展办公室编《中国文化及相关产业统计年鉴 2022》，中国统计出版社，2022，第 180～181 页。
③ 牟国义主编《江苏年鉴 2021》，江苏年鉴杂志社，2021，第 395～404 页。
④ 牟国义主编《江苏年鉴 2022》，江苏年鉴杂志社，2022，第 385～396 页。

第二，江苏广告经营主体呈现逐年增长的态势。2018 年，江苏广告经营主体达 8.70 万户，紧随北京、山东，排名全国第三；[1] 2019 年，广告经营主体达 12.01 万户；[2] 2020 年，广告经营主体为 18.14 万户。2021 年，广告经营主体为 19.37 万户（见图 2）。[3] 面对突如其来的新冠疫情，江苏广告经营主体数量不降反升，这说明广告经营主体在积极寻找发展出路，也说明政府积极为各广告经营主体提供的扶持与资助具有一定的成效。

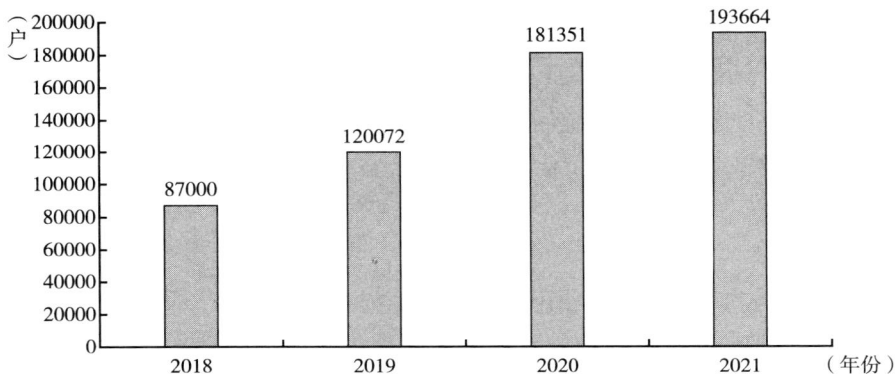

图 2　2018~2021 年江苏广告经营主体情况

资料来源：2018 年数据来源于《广告大省如何创新图强》，https：//zhuanlan.zhihu.com/p/87128181；2019 年、2020 年、2021 年数据来源于《江苏年鉴》（2020~2022）。

第三，江苏广告经营从业人员基数庞大，且呈稳步增长。2018 年，江苏广告经营从业人员为 58.0 万人，在全国排名第二。[4] 2020 年，广告经营从业人员达到新高，比 2019 年多出约 8 万人，共 68.3 万人。2021 年，受经济发展下行、新冠疫情等影响，虽然江苏广告经营主体数量没有减少，但广告经营从业人员的数量大幅降至 56.9 万人（见图 3）。[5]

---

① 《广告大省如何创新图强?》，https：//zhuanlan.zhihu.com/p/87128181。
② 牟国义主编《江苏年鉴 2021》，江苏年鉴杂志社，2021，第 395~404 页。
③ 牟国义主编《江苏年鉴 2022》，江苏年鉴杂志社，2022，第 385~396 页。
④ 《广告大省如何创新图强?》，https：//zhuanlan.zhihu.com/p/87128181。
⑤ 牟国义主编《江苏年鉴 2022》，江苏年鉴杂志社，2022，第 385~396 页。

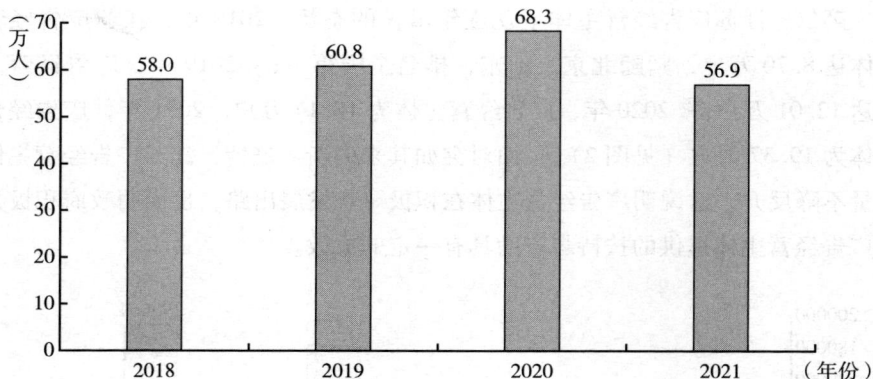

图3 2018~2021年江苏广告经营从业人员情况

资料来源：2018年数据来源于《广告大省如何创新图强》，https：//zhuanlan.zhihu.com/p/87128181；2019年、2020年、2021年数据来源于《江苏年鉴》（2020~2022）。

（二）数字化广告发展迅猛，领军企业示范效应凸显

在国家高度重视发展数字经济的背景下，江苏加快发展数字经济，推进数字技术与实体经济深度融合。2022年，江苏数字经济规模超5万亿元，数字经济核心产业增加值占地区生产总值比重达11%左右，两化融合发展水平为66.4，连续8年全国第一，国家级专精特新"小巨人"企业总量达到1504家，数字经济发展活力不断增强。[①]

云服务、大数据等新技术的快速发展，助力江苏软件和信息技术服务业、互联网数据平台等增长提速。江苏省工业和信息化厅公布的数据显示，2023年1~5月，江苏软件和信息技术服务业完成业务收入5309.6亿元，同比增长7.4%。[②] 随着互联网广告逐渐由电脑客户端向智能移动端延伸，各类自媒体迅速兴起，广告传播技术和营销模式不断更新迭代。互联网广告企业数量不断增加，新媒体广告营业额呈现快速增长趋势。与此同时，媒体融合进程也在加速推进，传统主流媒体如广播、电视、报纸、期刊等正在向数字化主导的媒体融

[①] 《领跑数实融合新高地 擘画江苏数字经济新图景》，https：//news.sina.com.cn/zx/gj/2023-10-20/doc-imzruaki7154650.shtml。

[②] 《2023年1~5月全省软件业经济运行情况》，http：//gxt.jiangsu.gov.cn/art/2023/6/7/art_80181_11069696.html。

合发展方向转变。

在广告产业数字化转型的进程中，江苏省涌现出一批视野开阔站位高、策划运营服务能力强、设计制作创新成效优的广告领军企业。2020年全省年经营额超亿元的广告企业有53家，其中超20亿元的广告企业14家，超50亿元的广告企业1家，共培育国家级和省级广告产业创新创业示范基地18家。① 以南京每天文化传媒有限公司、江苏路铁文化传媒有限公司、南京永达户外传媒有限公司为代表的数字广告企业，以南京西西里文化传媒有限公司为代表的MCN机构，以南京硬腿子文化传媒有限公司为代表的新媒体等广告产业新业态加速崛起，有效提升了全省广告企业竞争力。

【案例1：南京银都奥美广告有限公司】

南京银都奥美广告有限公司于2012年3月2日正式挂牌，其是银都广告与奥美集团成立的合资公司，曾入选2021年最佳广告公司Top50、江苏民营文化企业30强。2021年，南京银都奥美广告有限公司营业额已超10亿元，成为长三角经济圈最大的本土广告公司。②

在公司服务上，致力于提供品牌策略、创意设计、广告创意、媒介策划发布、企业公关、网络策划、360传播解决方案等多元化服务，服务了众多国际和国内领导品牌，如中国移动、中国电信、海澜之家、苏宁易购、洋河蓝色经典、美加净等长年合作伙伴，以及以长安马自达、北京汽车、江淮汽车、蒙牛乳业、西门子家电、交通银行等为代表的新客户。

在企业营收上，数字广告的占比大幅提高。2020年企业营业额为13.31亿元，同期广告营业额为10.35亿元，广告营收占比78%，数字广告营收占比20%。2021年企业营业额为13.62亿元，同比增长2.33%，同期广告营业额为8.46亿元，广告营收占比62%，数字广告营收占比30%。③

在营销策划上，充分利用社会热点话题，采用"短视频+直播"的数字营销方式，提高品牌的影响力。如，策划海澜之家直播带货专场，打造"海澜

---

① 《打造"广告业强省"〈江苏省广告监管和产业发展"十四五"规划〉发布》，https://news.jstv.com/a/20220113/1642064937774.shtml。

② 资料来源：南京银都奥美广告有限公司的资料介绍。

③ 资料来源：南京银都奥美广告有限公司的资料介绍。

之家×刘畊宏"的热点加乘模式，宣传海澜之家"虎虎生风"系列，成功吸引了众多"刘畊宏男孩""刘畊宏女孩"们进入直播间运动，并且邀请嘉宾回应社会议题助力"出圈"，强化"虎虎生风"服装植入，取得了直播间平均在线观看量超 90 万人次，最高超 130 万人次，平均观看时长 7 分钟，单场观看量超过 1300 万人次的成绩。①

【案例 2：南京西西里文化传媒有限公司】

南京西西里传媒有限公司成立于 2014 年，是国内知名的综合 MCN 机构，服务于电商、汽车、美妆、快消、3C、母婴、游戏等众多领域的知名品牌，聚焦抖音、快手、小红书、公众号、视频号营销，拥有强大的 IP 孵化能力、内容创作能力和完善的商业化运作体系。

在达人培养上，该机枢"达人"数量超 50 位，全网粉丝量超 2 亿人，视频总播放量超 300 亿次，文章总阅读量超 100 亿次，累计服务品牌超 3000 家。② 旗下有全网粉丝量超百万和千万人次的众多美妆类、科技类、生活类、独播剧情类和测评类博主。

业务经营主要包括三个方面：一是通过产品"种草"、品牌带货、专场直播、线下活动等方式，增强消费者对产品的好感，进行新媒体广告推广；二是通过图文和短视频，代运营公众号，以更短链路实现高效转化的品牌形象塑造；三是通过线上传播营销，为品牌方提供有竞争力的全案策略服务。

传播营销主要包含营销资源（新媒体资源、媒介资源）和内容服务（品牌策略、媒介策略、托管运营、互动创意、视觉设计、视频拍摄、技术开发等）两大部分。以雪花为例，南京西西里文化传媒有限公司为雪花提供年度全案运营，包括官微公众号代运营、媒体投放活动、视频拍摄、视觉设计、技术开发等。推出雪花与便利店主题联名活动，从潮玩、便利、温情三方面突出主题活动重点，邀请消费者前往"打卡"。

---

① 资料来源：南京银都奥美广告有限公司的资料介绍。
② 资料来源：南京西西里文化传媒有限公司的资料介绍。

（三）广告产业园区提质增效，园区数智转型步伐加快

在数字经济浪潮的推动下，数字技术不断赋能产业。江苏省借"数"赋能，着力培育新兴广告业态，推动新技术产业化落地应用，加快促进广告产业园区提质增效，推进广告产业园区的数智化转型，提升区域广告产业的整体竞争力。

目前，江苏培育了3家国家级广告产业园区，9家省级广告产业园区（见表1），多家市级园区。虽然江苏省各级广告产业园区实现了设区市全覆盖，但是相较于苏南地区，苏中、苏北地区的广告产业园区发展质量和数字化转型进程仍有一定的差距。2020年，各级广告产业园区建成载体面积389万平方米，入驻广告及关联企业3761家，经营从业人员11万人，园区营业额654亿元、占全省广告经营额的54%，纳税额24亿元。其中，年营业额超百亿元的园区3个、超50亿元的园区1个。60个优质广告产业项目获得省高质量发展奖补资金2790万元，171个优质广告产业项目获得市级专项资金扶持。①

表1　江苏广告产业园区地理区位与级别

区位	园区	级别
苏南	南京国家广告产业园	国家级
	无锡国家广告产业园	国家级
	常州国家广告产业园区	国家级
	苏州金枫广告产业园	省级
	镇江文化创意产业园	省级
苏中	泰州广告产业园	省级
	南通大生广告产业园	省级
	扬州市广告产业园	省级
苏北	连云港杰瑞科技创意产业园	省级
	徐州淮海文化科技产业园	省级
	宿迁高新区广告产业园	省级
	（盐城）长三角（沿海）广告创意产业园	省级

---

① 牟国义主编《江苏年鉴2022》，江苏年鉴杂志社，2022，第385～396页。

南京、无锡、常州三个国家级广告产业园区，各具特色，依托当地资源禀赋，形成了广告创新、互联网广告、广告会展等具有核心竞争力的园区特色定位，园区的产业集聚效应和空间溢出效应不断凸显，可以更好地服务区域经济社会发展。

其一，南京国家广告产业园数字化转型提档升级，构建了"广告+传统媒体+新媒体+平台"的全媒体发展态势。南京国家广告产业园引进了广告、设计、移动互联、影视动漫、游戏等领域的百强企业入驻。如，阿里巴巴江苏总部、小米科技华东总部、小米有品全国总部等大量知名公司总部，今日头条、微盟、西西里传媒、南京硬腿子等一批新媒体和自媒体企业，大道行知、大华影视、古韵文华等影视企业。截至2022年底，园区内已集聚广告创意产业及关联企业789家，园区企业拥有文化类专利数量327项、商标数131项、著作权数214件，区域"大文化"产业的核心竞争力日渐加强。[①]

在园区产业链上，着力打造由移动游戏开发商、发行商、渠道商与运营支撑商等组成的游戏动漫产业链，集聚了咪咕互娱、炫彩互动、联通沃商店、原力动画、上海河马动画等知名游戏和动漫企业。目前，园区游戏动漫的年营业收入已超过80亿元，按照各类游戏公司通过广告变现的收入约占游戏整体业务收入的5%测算，其广告收入将超过4亿元。[②] 除了游戏动漫产业，园区大力拓展电商媒体和平台类企业，集聚了中国网、中华户外网、新华网、house365、苏货网、果蔬网、菜篮子、先农、行狐等电商公司及平台类企业。2022年，园区全年实现营业收入195亿元，占建邺高新区规上服务业总营收的57.3%，广告及关联产业营业收入从2020年的160亿元增长到2022年的195亿元。广告及关联产业纳税从2020年的7.1亿元增长至2022年的9.2亿元，年均增幅达13.8%。[③]

其二，无锡国家广告产业园凭借其雄厚的IT和物联网产业基础，形成

[①] 《南京国家广告产业园：探路高质量发展 加快构建广告产业数字化新生态》，http://js.people.cn/n2/2023/0308/c360301-40329338.html。

[②] 《建邺区加快推进南京国家广告产业园建设》，http://www.njjy.gov.cn/gqdt/201904/t20190403_1496491.html。

[③] 《南京国家广告产业园：探路高质量发展 加快构建广告产业数字化新生态》，http://js.people.cn/n2/2023/0308/c360301-40329338.html。

了成熟、平衡的产业聚合生态。园区打造出在全国范围内独具互联网广告产业园特色的江苏品牌，吸引了一批国内外具有较高知名度的互联网广告企业入驻和发展。比如，华东地区规模最大的云计算中心之一——中科曙光，为智能农牧业、车联网、智能医疗等30多个物联网应用提供了云计算服务，在其强大吸引效应下，一批 SaaS 应用合作伙伴向无锡聚拢。中国移动广告十强企业之一、引领中国数字营销和广告代理服务的艾德思奇，在人才培养机制上与园区协同奋进。无锡国家广告产业园打造了以新媒体、电商平台、数字广告制作、数字营销、影视动漫网游、广告产业为支撑的互联网广告基地。

其三，常州国家广告产业园区内的龙头企业牵头搭建区域互联网交流平台，推进园区产业升级。园区搭建的区域互联网交流平台是由园区企业化龙网络牵头、以全国十大省份的 10 家头部区域网站为核心单位、以全国各地上百家网站媒体为成员、以有效推动全国区域互联网交流为己任搭建的全国性区域互联网精英交流平台。该平台汇聚了全国各地 3000 多家区域网站的 6000 多名广告、新媒体、互联网行业精英，共同探寻行业发展，共享智慧光芒，交流运营干货及实操经验。[1] 健全的服务平台、高效的政策服务与完备的产业链条，为常州国家广告产业园区集约化发展提供了有力支撑。园区内的印象乾图公司，致力于红色党建类、文博类、科技产业类三种系列展馆的打造，运用数字化科技手段完成场馆建设的文化提炼、形象设计、空间设计、多媒体应用工作，通过裸眼 3D 幻影成像、人工智能、大数据等技术，提升展陈效果，至今已完成 200 多座主题展馆的策划、设计、施工。[2]

（四）广告产业政策相继出台，助推广告产业良性发展

江苏广告产业能在全国具有举足轻重的地位，得益于各种扶持政策不断优化出新。江苏围绕规划引领、重点扶持和智慧监管等方面，出台了一系列政策文件，加大扶持力度，开展智慧监管和企业信用评价，规范广告市场秩序，促进广告产业的高质量发展（见表2）。

---

① 资料来源：常州国家广告产业园区。
② 资料来源：常州国家广告产业园区管理委员会。

表 2　2019~2023 年江苏省广告产业相关政策文件

发布时间	政策名称	主要内容	政策解读
2023.12	《江苏省信用服务机构监督管理办法》	明确信用服务机构应当建立并实施信用服务流程管理、质量控制、风险防控等内部管理制度,并规定不得通过虚假或者引人误解的商业宣传、承诺评级评价结果、诋毁其他信用服务机构、不正当价格行为等方式承揽业务	明确了适用范围和管理职责,强化了信用服务机构主体责任和信用服务系统性监管,规范了信用服务活动,并对信用主体的权益进行了保护
2023.12	《江苏省广告业"组合式"支持政策指引》	涵盖财政政策、金融政策、稳岗留工政策、降成本政策和其他政策5个方面,共30项具体优惠措施,每条措施均明确了政策内容、享受主体、执行期限、政策依据等	方便广大广告市场主体及时了解和使用相关已出台的支持和优惠政策,进一步提升政策"落地性"和企业"获得感";为广告业不断优化发展提供了政策支持和权利保障
2022.9	《广告企业信用评价规范》	规定了江苏省广告企业信用评价的评价原则、评价对象类别、评价内容、评价组织、评价程序、评价等级划分及分值、申请规则与评价结果日常管理、档案管理等内容	是《江苏省社会信用条例》的延伸,通过分级评分的方法明确了信用标准在企业运行过程中的关键作用,推动了广告行业诚信建设,广告企业的信用规范进入了一个有评级、可评价的时代
2022.1	《江苏省广告监管和产业发展"十四五"规划》	依法监管基础不断强化。围绕智慧治理、监管链条、规模实力、产业结构、创新能力、园区建设、公益传播、开放合作等方面提出主要目标	重点关注监管主责主业,在规范全省广告市场秩序的基础上,明确提出"推进江苏广告产业高质量发展,全力打造全国领先的广告业强省"的奋斗目标
2021.7	《江苏省社会信用条例》	系统构建了江苏社会信用的基本规则,突出社会信用体系建设,严格规范信用状况认定,规范信用信息管理,丰富守信激励措施,从严限制失信惩戒,促进信用服务行业健康有序发展,加强信用主体的权益保护	面对信用管理制度泛化、联合惩戒措施滥用等新问题,条例明确了认定失信的依据和标准及严重失信行为,对失信的惩罚和守信的奖励做出一定的规定,重新划清了社会信用不可侵犯的红线
2021.4	《江苏省广告产业发展"十四五"规划》	借助高新技术发展,为江苏广告产业发展提供新引擎,推动广告产业新兴媒体与国民经济各产业间的融合发展,不断推动江苏广告产业焕发新活力,助力江苏经济高质量发展	重点提出要利用科技的力量为江苏广告产业发展赋能,融合其他产业助推广告产业持续向好发展,进一步推动江苏广告产业科学、健康、高质量运行

续表

发布时间	政策名称	主要内容	政策解读
2019.3	新修订《江苏省广告条例》	制定了广告监管工作制度、广告监测工作制度、广告行政指导工作制度等多项制度,完善了江苏省整治虚假违法广告联席会议工作制度,省整治虚假违法广告联席会议成员单位增加到14家	相较于原版条例,新修订版条例有以下不同:绝对化用语认定不再"一刀切",明确了经营者不能通过"骚扰电话""垃圾短信"等方式发送广告,告别无法关闭的互联网广告,明确了从轻、减轻、不予处罚的情形,这足以看出广告的监管处理呈现人性化、紧跟时代的特点

二 公益广告引领社会风尚,品牌影响力持续提升

(一)"紫金奖"打响省级公益广告赛事品牌

"紫金奖"文化创意设计大赛是江苏省委、省政府为贯彻落实《国务院关于推进文化创意和设计服务与相关产业融合发展的若干意见》而举办的重要赛事,截至2023年已经成功举办九届。"紫金奖"公益传播设计大赛作为大赛的专项赛之一,也连续举办九届,已成为国内规格高、范围广、影响大的省级公益传播设计赛事。

"紫金奖"公益传播设计大赛积极搭建创新型平台,培育文化创意新生代力量,引导创意设计贴近时代、融入生活。针对社会发展和时下热点的话题,大赛以"我的正能量"、"爱敬诚善·我们的节日"、"我的小康"、"同心战'疫'爱在春天"和"文明健康,有你有我"等为主题,面向社会征集并传播公益广告作品,积淀了一系列文化创意设计的优秀成果,会聚了众多文创类人才。

"紫金奖"公益传播设计大赛组委会为拓展作品来源,提升作品质量,通过委托创作、定向征集、社会海选等多种方式征集作品,还针对高校学生专门设置了"紫金奖"大学生创新创业等奖项,不仅参赛人员的涵盖范围越来越大,而且省外参赛作品的数量不断增加,在全国的影响力也越来越大。从征集作品数量来看,九年来共征集作品近4万件,其中,2019年征集6455件参赛

作品，2020 年征集 5468 件作品，2021 年征集 4409 件参赛作品，2022 年征集 5215 件参赛作品，2023 年征集 6072 件参赛作品（见表 3）。

表 3　第六届至第十届"紫金奖"公益传播设计大赛参赛及获奖作品情况

单位：件

时间	主题	参赛作品数量	作品类型				获奖情况				
			平面类作品数量	视听类作品数量	新媒体类作品数量	其他类作品数量	金奖	银奖	铜奖	优秀奖	创新奖
2019 年（第六届）	爱敬诚善·我们的节日	6455	4783	1003	233	436（微电影剧本类作品）	2	6	10	61	9
2020 年（第七届）	我的小康	5468	3671	1462	297	38（融媒体类作品）	2	6	10	60	10
2021 年（第八届）	永远跟党走奋进新征程	4409	3335	723	351	—	2	6	10	61	9
2022 年（第九届）	强国复兴有我	5215	—	—	—	—	2	6	10	58	10
2023 年（第十届）	寻文化之根铸文明之魂	6072	4482	1082	245	263	2	6	10	60	—

注："紫金奖"公益传播设计大赛除平面类、视听类、新媒体类三个固定参赛板块外，每年仍有不固定板块供各类作品参赛，表 3 将每年不固定板块的参赛作品列入其他类作品；"—"为未统计或数据缺失。

资料来源：紫金奖文化创意设计大赛网站，http：//www.zgwcsj.com/。

"紫金奖"公益传播设计大赛搭建了一个公益广告创作与传播的良好平台，利用平台优势，无论是专业人士、青年学生还是普通大众都能够充分发挥想象，激发创意灵感，以不同的角度、不同的方式去诠释自己对赛事主题的理解，将正能量传递到社会的各个角落，也提升了公益广告创意创作水平，推动了公益广告事业的发展。

（二）"黄河奖"的公益广告传播力不断提升

作为中国公益广告的标杆奖项之一，中国国际广告节黄河奖聚焦公众关切问题，充分利用公益广告的传播优势和影响效果，加强对社会主义核心价值观的宣传和"人人公益"新理念的普及，引发社会思考与公众共鸣，树立良好社会风尚。"十三五"期间，江苏广告经营主体累计获得中国国际广告节黄河奖 228 件。① 这在一定程度上说明江苏省人民政府、广告经营主体和江苏省广告协会等对于宣传公益、传播正能量的高度重视。

表 4　第二十六届至第三十届中国国际广告节黄河奖江苏省获奖作品数量及类型

单位：件

届别	获奖作品数量				获奖作品类型				
	金奖	银奖	铜奖	优秀奖	平面作品数量	户外作品数量	影视作品数量	音频作品数量	视频作品数量
第二十六届	—	—	1	16	5	3	7	2	—
第二十七届	—	—	—	8	2	—	—	1	5
第二十八届	1	—	—	—	—	—	—	—	1
第二十九届	1	1	3	—	1	—	—	1	2
第三十届	—	1	—	—	—	—	—	—	1

　　江苏省在中国国际广告节黄河奖的获奖情况呈现以下趋势。其一，近 3 年的获奖数量虽然不多，但获奖等级提高，涵盖了金、银、铜奖。与第二十六届的 1 件铜奖、16 件优秀奖相比，第二十八届和第二十九届拿下全国金奖、银奖、铜奖，说明公益广告创意水平不断提升（见表 4）。其二，获奖单位呈现专业化的趋势。第二十六届的获奖作品中出现了学校，后续的几届几乎都是来自各大公司或电视台（见表 5），这说明相较于学校学生团队，广告公司或机构媒体的专业性更强，在精力、财力的投入上也可能更多。

表 5　第二十六至第二十七届中国国际广告节黄河奖江苏省获奖作品情况及其报奖单位

届别	类别	级别	作品名称	报奖单位
第二十六届	D1 户外类	铜奖	公益之酒驾的危害	南京市博明广告传播有限公司
	D2 户外类	优秀奖	烟	江苏恒舞传媒有限公司
	A1 影视类	优秀奖	板报阿姨	二更文化传媒(南京)有限公司
	A2 影视类	优秀奖	村官阿强	二更文化传媒(南京)有限公司

---

① 《打造广告业强省〈江苏省广告监管和产业发展"十四五"规划〉发布》，https：//www.ccn.com.cn/Content/2022/01-15/1424555583.html。

届别	类别	级别	作品名称	报奖单位
第二十六届	A2 影视类	优秀奖	折纸学霸	二更文化传媒(南京)有限公司
	B2 平面类	优秀奖	语言暴力	江苏金鼎文化传播有限公司
	C2 音频类	优秀奖	拒绝道德绑架	江苏金鼎文化传播有限公司
	A2 影视类	优秀奖	我的活地图老爸	苏州广播电视总台
	B2 平面类	优秀奖	行走在运河上	苏州工业园区苏城广告有限公司
	B1 平面类	优秀奖	满格 行走的力量	南京动力火车品牌策划有限公司
	C1 音频类	优秀奖	父母是孩子最好的老师	张家港市广播电视台
	B2 平面类	优秀奖	把烦捋顺	南京市广告有限责任公司
	D1 户外类	优秀奖	关爱—手机防沉迷	南京市博明广告传播有限公司
	A1 影视类	优秀奖	向 copy 说不	南京生光文化传播有限公司
	A2 影视类	优秀奖	公众自律	南京邮电大学
	A2 影视类	优秀奖	雨森	南京林业大学人文社会科学学院
	B2 平面类	优秀奖	《忠诚卫士系列》	金山职业技术学院
第二十七届	视频类	优秀级	"苏州,好久不见"	苏州微漾文化传媒有限公司
	平面类	优秀级	阅读需求	南京市广告有限责任公司
	音频类	优秀级	环境守护者之歌	张家港市融媒体中心孙钦敏
	视频类	优秀级	祖国,你好	江苏龙虎网信息科技股份有限公司
	平面类	优秀级	越争吵越伤害	苏州情感印象广告有限公司
	视频类	优秀级	起·承	苏州广播电视总台
	视频类	优秀级	拒绝烟草让家人自由呼吸	苏州广播电视总台
	视频类	优秀级	河处是我家	苏州广播电视总台

资料来源:中国国际广告节网站,http://chinaciaf.org/。

为了更加突出公益广告在新时代的导向性、时代性和社会参与性,第二十八届中国国际广告节黄河奖进行了新调整:其一,在奖项设置方面,有社会主题、重大主题、公益人物和全场大奖四个奖项;其二,拓宽奖项赛道,在原来视频、户外、平面、音频匹个赛道的基础上,增设互联网赛道,更加贴合新媒体时代下用户的观看和创作需求(见表6)。

表6 第二十八届至第三十届中国国际广告节黄河奖江苏省获奖作品情况及报奖单位

届别	奖项大类	类别	级别	作品名称	报奖单位
第二十八届	社会主题	视频	金奖	冰川的"碳"息	南京市广告协会
第二十九届	社会主题	平面	金奖	垃圾的循环	盐城市明日交投传媒有限公司
	社会主题	音频	银奖	跨越数字鸿沟	江苏省广播电视总台广播广告营销中心
	社会主题	视频	铜奖	青春就是要这young	苏州广播电视总台
	社会主题	视频	铜奖	别young古城	苏州广播电视总台
	重大主题	音频	铜奖	用爱让老年人不掉队	南京广播电视台左宁、倪明、赵元、王鹏、黄爽
第三十届	重大主题	视频	银奖	《历史的凝视》	江苏龙虎网信息科技股份有限公司

资料来源：中国国际广告节网站，http：//chinaciaf.org/。

（三）行业龙头企业斩获"长城奖"奖项

中国国际广告节长城奖创建于 1982 年，是经国务院批准设立的中国广告行业顶尖奖项之一，经过 40 多年的积淀，已成为中国广告界历史悠久、专业水平高、影响深远的重要广告赛事活动，被业内人士誉为"广告之巅看长城"。

中国国际广告节长城奖作为中国商业广告创意作品的最高奖项，可彰显一家企业、一个城市、一个省份的商业广告水平。随着中国广告行业的快速发展，参与奖项的单位和作品数量逐年增多，中国国际广告节长城奖每年进行改革升级，以更全面反映广告行业的各个领域和层面的发展与成就。

"十三五"期间，江苏省斩获中国国际广告节长城奖 192 件，彰显了其广告创作的不竭动力和勇攀高度的追求态度。[①] 近 5 年，江苏省在中国国际广告节长城奖的获奖情况呈现两方面特点。一是获奖单位所在地主要集中在南京和苏州。二是龙头企业的获奖数量明显占优，除 1 件学生获奖作品外，其余 31

[①] 《打造广告业强省〈江苏省广告监管和产业发展"十四五"规划〉发布》，https：//www.ccn.com.cn/Content/2022/01-15/1424555583.html。

件奖项均由各地有实力的龙头企业获得，小微企业的获奖数量较少，第三十届的获奖结果更是印证了这一特点，3 件广告作品全都来自南京银都奥美广告有限公司（见表 8）。

表 7　第二十六届至第三一届中国国际广告节长城奖江苏省获奖作品数量及类型

单位：件

届别	获奖作品数量					获奖类型								
	金奖	银奖	铜奖	优秀奖	创新奖	平面作品数量	设计作品数量	传统媒介作品数量	整合营销作品数量	品牌作品数量	户外作品数量	综合作品数量	影视作品数量	制作类作品数量
第二十六届	—	—	1	17	—	9	2	—	2	—	1	2	1	1
第二十七届	—	1	3	1	—	4	—	—	1	2	—	—	—	—
第二十八届	—	—	1	—	—	1	—	—	—	—	—	—	—	—
第二十九届	—	1	3	—	—	2	—	—	1	—	—	—	1	—
第三十届	1	—	1	0	1	—	—	1	—	—	—		2	—

表 8　第二十六届至第三十届中国国际广告节长城奖的江苏获奖情况

届别	类别	级别	作品名称	报奖单位
第二十六届	户外类	铜奖	乐事"真脆薯条"创意包柱	南京地铁德高广告有限公司
	平面类	优秀奖	去探索 百事可乐	南京乔恩广告传播有限公司
	平面类	优秀奖	《钙世英雄》	苏州市明日企业形象策划传播有限公司
	平面类	优秀奖	《轻松喝水果!》	苏州市明日企业形象策划传播有限公司
	平面类	优秀奖	《不畏艰难 重"芯"开始》	苏州市明日企业形象策划传播有限公司
	综合类	优秀奖	晶天集团总部环境文化营造	南京妙锦堂标识系统有限公司
	影视类（含微电影）	优秀奖	有些事只有孩子能	盘古影业有限公司
	平面类	优秀奖	JEEP—后视镜篇	南京博明广告传播有限公司
	平面类	优秀奖	商业之丘比果酱—美食篇	南京博明广告传播有限公司

续表

届别	类别	级别	作品名称	报奖单位
第二十六届	设计类	优秀奖	千红医药产业园环境导视系统规划设计	常州卡隆企业形象设计有限公司
	制作类	优秀奖	制作类—台儿庄古城全域旅游景区标识系统	常州市超艺标牌有限公司
	综合类	优秀奖	中信银行苏州分行	苏州市绿野广告有限公司
	设计类	优秀奖	常州旅游商贸高等职业学校文化标识系统设计	江苏天人合艺文化发展有限公司
	整合营销类—营销效果类	优秀奖	奥克斯《精耕计划》	江苏畅行线文化传媒有限公司
	平面类	优秀奖	年轻就要造起来	南京市博尚广告传播有限公司
	整合营销类—营销效果类	优秀奖	2019西门子家电6.18	大唐灵狮南京文化传播有限公司
	平面类	优秀奖	感	南京邮电大学
	平面类	优秀奖	移动身临其境篇	南京银都奥美广告有限公司
第二十七届	平面	银级	格力空调—强劲送风篇	南京市博尚广告传播有限公司
	平面	铜级	浙江移动隐秘角落篇	南京银都奥美广告有限公司
	整合营销（全案营销）	铜级	江苏卫视天猫618超级晚	江苏卫视
	平面	铜级	Jeep—地平线篇	南京市博尚广告传播有限公司
	年度传播影响力品牌	—	江苏卫视聚划算55青春选择之夜	江苏卫视
	年度营销创新品牌	—	江苏卫视古井贡酒年份原浆春节营销	江苏卫视
	平面	优秀级	《我型我SHOW》	苏州市明日企业形象策划传播有限公司
第二十八届	平面	铜奖	大巧工具	南通方舟广告有限公司杨红杰
第二十九届	平面	银奖	农夫山泉果汁系列	盐城市明日交投传媒有限公司
	整合营销	铜奖	给可乐打点中国气	南京市广告协会
	视频	铜奖	CCTV劳动节献礼片《看见》	盘古影业有限公司
	平面	铜奖	城市距离,近在咫尺	苏州城市动力传媒股份有限公司

届别	类别	级别	作品名称	报奖单位
第三十届	创意作品类 视频创意	金奖	中国移动《超重的煎饼》	南京银都奥美广告有限公司
	创意作品类 视频创意	铜奖	移动e企《老板减负》系列	南京银都奥美广告有限公司
	媒介创新类 传统媒介	创新奖	海澜之家父亲节户外沉浸式影展	南京银都奥美广告有限公司

资料来源：中国国际广告节网站，http://chinaciaf.org/。

三　广告智慧监管不断完善，广告诚信监管提质增效

（一）借助"互联网+"模式，提升智慧监管能力

围绕"双稳双提"工作主线，《江苏省广告监管和产业发展"十四五"规划》发布，这是全国首个既有监管又有发展的广告领域的"十四五"规划。江苏省市场监督管理局立足"五个聚焦"，坚决守牢广告导向安全底线，全面加强重点领域监管，紧跟互联网大数据时代要求，积极推动广告监管和产业发展走在全国前列。

江苏省广告智慧监管系统以"传统媒体+互联网+户外"为基础，形成了"三位一体"的广告监测体系，目前已经上线应用，致力于探寻破解监管难题的可行性路径。江苏省广告智慧监管系统有机整合了广告审查、监测、处罚、信用评价等各类数据，建立了横跨各项监管职能的广告智慧监管网络，实现了省、市、县、乡四级全面覆盖。为进一步强化移动端互联网广告监测，将社区电梯广告纳入监测，加快融媒体广告监测系统开发，预警共性违法广告类型，做到早发现、早预警、早处置。在提升智慧监管能力的同时，还不断创优创新，强化新型广告监管。建立重点监测媒介数据库，对智能分发、短视频、软文、弹窗、网络直播营销等中存在的广告发布行为进行有效监测监管。

（二）开展打击违法广告行动，广告整治成效显著

江苏大力做好民生热点方面的广告监测与治理。深入开展文娱领域专项治理行动，依法规范广告代言活动，开展网络平台"代理退保"违规广告专项治理，积极推进医疗美容等重点行业广告整治。在净化广告市场环境宣传引导方面，突出案件查办，有一个案件，办一个案件，给公众一个好的交代；建立省级专家库，强化典型案例曝光，开展全省广告监管执法优秀案例评选，创建一批广告监管工作基层指导联系点。

江苏省持续开展针对互联网、金融、软色情、教育培训等各类专项广告的清理整治工作，同时不断推进医疗、房地产等重点民生领域的违法广告案件查处工作。此外，江苏省还对国家市场监督管理总局交办的148家中央级媒体和省级上星卫视广告开展常态化监测，[1] 常规工作和重大专项整治工作都取得显著成效。2023年，全省市场监管系统对标"四个走在前""四个新"重大任务要求，全力抓好广告监管和指导行业发展各项工作。传统媒体广告违法率继续保持全国最低，广告业发展指数连续三年荣列全国最高等次先导级。[2] 江苏省推进跨部门综合监管平台建设和工作试点，统筹省、市、县三级随机监管、重点监管和专项监管任务，推动市场监管领域部门联合抽查全覆盖，实现从监管到监督实行和处罚公示过程全透明。

（三）加强社会信用体系建设，完善信用监管制度

按照中央对推进社会信用体系建设的要求，江苏省出台一系列信用体系建设的相关文件，加强信用服务市场监管和行业自律。2021年，江苏省人民政府办公厅发布了《江苏省"十四五"社会信用体系建设规划》，提出推动建立公共和市场信用服务机构共同发展，加强对信用服务机构的监管。《江苏省社会信用条例》自2022年1月1日施行，专章规范信用服务行业发展，明确信用服务机构管理要求。2023年12月15日，《江苏省信用服务机构监督管理办法》公布，并于2024年3月1日起施行。

---

① 牟国义主编《江苏年鉴2021》，江苏年鉴杂志社，2021，第395~404页。
② 《全省市场监管系统广告监管工作会议在淮安召开》，https://scjgj.jiangsu.gov.cn/art/2024/1/31/art_70154_11141809.html。

为提高江苏广告产业诚信水平，推动广告导向作用发挥，江苏省广告协会2022年出台了《广告企业信用评价规范》团体标准，构建江苏广告企业市场信用评价分类分级指标体系，运用分类分级评价结果明晰广告企业在市场活动中的信用主体地位，服务江苏广告企业市场信用风险分类分级管理，健全广告行业市场信用体系，促进广告企业积极提升市场信用，自觉开展诚信经营，提升服务能力，向标准化、专业化、品牌化方向发展，推动广告产业提档升级。①

---

① 资料来源：江苏省广告协会。

B.6
2023年江苏动画产业发展报告

薛峰　师妹华*

摘　要： 2023年，江苏动画产业发展稳中有进，动画产量与2022年持平，备案数量增长较为明显。在坚持价值引领、精品化创作前提下，江苏动画产业注重打造品牌影响力、侧重挖掘本土资源，在动画创作生产与运营模式上实现新突破。江苏省广播电视局为营造良好的动画创作环境，将进一步凸显"优质原创IP"价值的打造。从2023年动画产业总体情况来看，2024年江苏动画产业将继续高质量发展。

关键词： 动画产业　跨界融合　IP化生产　江苏省

一　江苏省动画市场概况

2023年，江苏省动画市场呈现扎实推进、高质量发展的复苏态势，产出《大脚丫恐龙家族》第一季、《槑好时光·城南忆事》、《心灵守护者》、《我的同学是美人鱼》、《老鹰抓小鸡之展翅高飞》等一批口碑良好的国产电视动画片。与2022年相比，江苏动画产业发展呈现新气象。

（一）备案数量总体呈上升趋势

2023年，经国家广播电视总局备案公示的江苏省国产电视动画片有73部（见图1），比2022年备案的58部增加15部，备案总时长13989.6分

---

* 薛峰，博士，南京艺术学院传媒学院教授、博士生导师，南京艺术学院传媒学院院长，主要研究方向为动画图像实验；师妹华，南京艺术学院传媒学院博士研究生，主要研究方向为动画艺术媒介与实验。

钟，同比增加 1195.5 分钟。① 备案数量与总时长相较 2022 年均呈现增长之势。

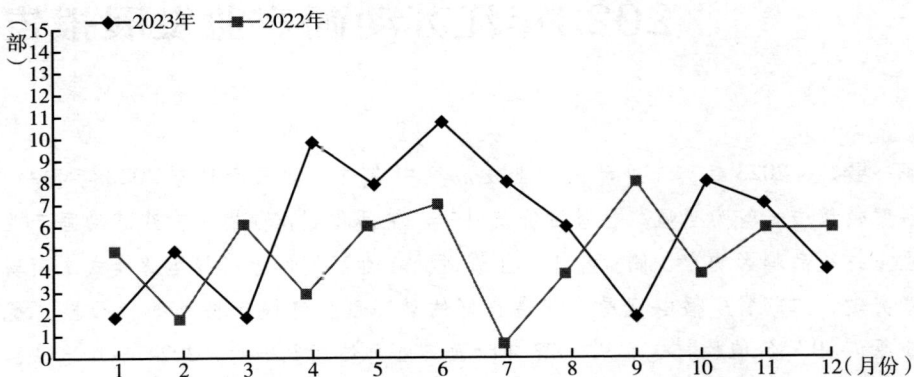

图1　2022~2023 年江苏省国产电视动画片备案公示数量

资料来源：根据国家广播电视总局官方网站数据整理。

2023 年，江苏省国产动画备案公示项目数量比 2022 年增长 25.86%，获得发行许可证项目数量与 2022 年持平（见图2）。

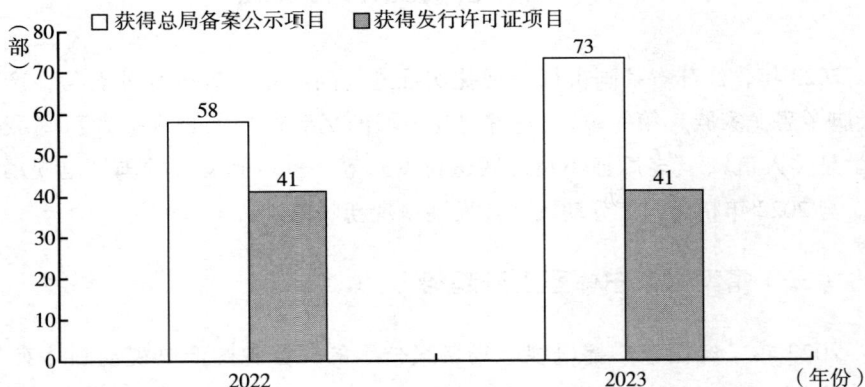

**图2　2022~2023 年江苏省国产电视动画片获国家广播电视总局
备案公示与发行许可证项目数量**

资料来源：根据江苏省广播电视局官方数据整理。

---

① 资料来源：根据国家广播电视总局官方网站公布的《关于 2023 年 1 月~12 月全国国产电视动画片制作备案公示的通知》进行整理。

根据国家广播电视总局公布的数据，在 2023 年备案的江苏省国产电视动画片中，童话题材的有 43 部，占其公示总数的 58.9%，共 6416.6 分钟；科幻题材的有 10 部，占比为 13.7%，共 2444.0 分钟；教育题材的有 6 部，占比为 8.2%，共 870.0 分钟；文化题材的有 4 部，占比为 5.5%，共 1798.0 分钟；其他题材的有 4 部，占比为 5.5%，共 504.0 分钟；现实题材的有 4 部，占比为 5.5%，共 916.0 分钟；历史题材有 2 部，占比为 2.7%，共 1044.0 分钟（见图 3）。按所占比例大小排名，2023 年，江苏省备案公示的国产电视动画片题材依次为：童话题材、科幻题材、教育题材、文化题材、其他题材、现实题材、历史题材。

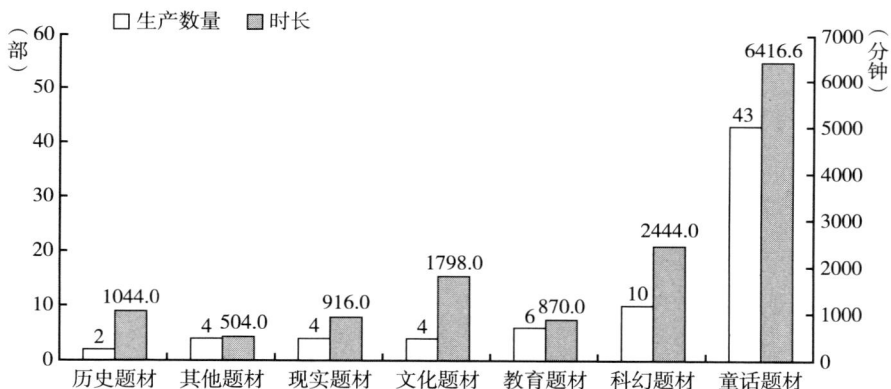

图 3　2023 年国家广电总局备案公示的江苏省国产电视动画片题材统计

资料来源：根据国家广播电视总局官方网站数据整理。

从各题材国产电视动画片的单集片长来看，2023 年江苏省备案的国产电视动画片中，童话题材的单集片长在 2~5 分钟的占童话题材总量的 39.5%，6~6.5 分钟的占总量的 11.6%，7 分钟的占总量的 23.3%，8 ~ 15 分钟的占总量的 25.6%。① 历史题材单集片长集中在 12~20 分钟，科幻题材单集片长为 13 分钟，文化题材单集片长集中在 13~26 分钟，教育题材单集片长集中在 3~8 分钟，现实题材单集片长主要为 7~13 分钟，其他题材片长集中在 3~11 分钟。②

---

① 资料来源：根据国家广播电视总局官方网站公布的《关于 2023 年 1 月~12 月全国国产电视动画片制作备案公示的通知》进行整理。

② 资料来源：根据国家广播电视总局官方网站公布的《关于 2023 年 1 月~12 月全国国产电视动画片制作备案公示的通知》进行整理。

其中，童话题材单集片长设置契合低幼群体收视习惯；现实题材与文化题材更注重动画内容的深度，同 2022 年相比单集片长设置有所增加。

按地区备案数量排名，江苏省国产电视动画片备案地区依次为：苏州市 30 部、南通市 26 部、镇江市 5 部、淮安市 5 部、南京市 4 部、无锡市 2 部、徐州市 1 部（见图 4）。① 数据显示，2023 年，江苏省国产电视动画片备案地区集中在苏州市、南通市、镇江市、淮安市。其中，苏州市、南通市报备数量占比最大。

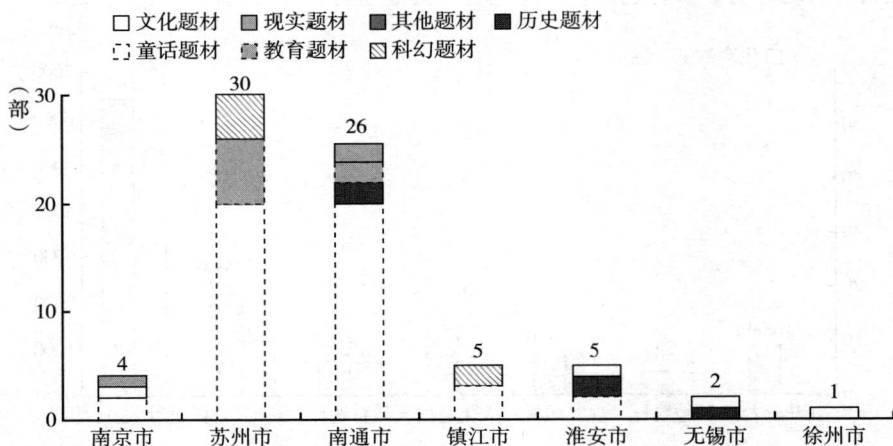

图 4　2023 年国家广播电视总局备案公示的江苏省国产电视动画片地区备案统计

资料来源：根据国家广播电视总局官方网站数据整理。

从备案情况来看，在苏州市报备的国产电视动画片中，苏州飞马良子影视有限公司备案 6 部，占比 20.0%；苏州悠优互娱文化传媒有限公司备案 16 部，占比 53.3%；苏州星腾文化传媒有限公司备案 2 部，占比 6.7%；苏州米粒数字科技有限公司、江苏省上游动漫有限公司、江苏天艺兄弟动漫有限公司、苏州腾麟影视有限公司、苏州奥拉动漫科技有限公司、苏州铁米科技有限公司均备案 1 部，占比 3.3%。

南通市国产电视动画户则呈现百花齐放的趋势。其中，南通庭梧佳画动画

---

① 资料来源：根据国家广播电视总局官方网站公布的《关于 2023 年 1 月~12 月全国国产电视动画片制作备案公示的通知》进行整理。

科技有限公司备案6部，占比23.1%；南通多点内容动漫科技有限公司备案4部，占比15.4%；南通神笔动漫科技有限公司备案3部，占比11.5%；南通海睿文化传媒有限公司备案3部，占比11.5%；南通绘奇数码科技有限公司备案3部，占比11.5%；南通多多文化传媒有限公司、南通市木棉文化科技有限公司、南通奇笔数码科技有限公司均备案2部，占比7.7%；南通天泰动画设计有限公司备案1部，占比3.8%。

（二）发行数量与2022年持平

2023年，江苏省国产电视动画片发行数量为41部，共908集，总时长7288.0分钟，位居全国第三。同2022年对比，发行数量持平，集数增长106集，总时长减少564.4分钟。[①] 2018年以来，江苏省国产电视动画片发行作品数呈增长趋势，总时长波动较大，总集数在2020年达到顶峰后下降（见表1）。这反映出江苏国产电视动画片由增量向提质的转变，以优质IP内容输出为首要目标，优化叙事方式，减少拖沓情节，整体动画制作水平提高。

表1 2018~2023年江苏省国产电视动画片发行情况统计

	2018年	2019年	2020年	2021年	2022年	2023年
作品数（部）	24	22	33	29	41	41
总集数（集）	838	481	1043	871	802	908
总时长（分钟）	9638.0	5736.0	9804.5	7797.0	7852.4	7288.0

资料来源：根据江苏省广播电视局官方数据整理。

在2023年江苏省发行的国产电视动画片中，按题材划分：童话题材25部，占比60.1%；科幻题材5部，占比12.2%；历史题材3部，占比7.3%；教育题材3部，占比7.3%；文化题材2部，占比4.9%；其他题材2部，占比4.9%；现实题材1部，占比2.4%。[②] 按所占比例大小排名，2023年江苏省发行国产电视动画片题材依次为：童话题材、科幻题材、历史题材、教育题材、文化题材、其他题材、现实题材。2022年发行童话题材20部，教育题

---

① 资料来源：根据报告团队调查数据整理。
② 资料来源：根据报告团队调查数据整理。

材6部，现实题材6部，科幻题材5部，历史题材2部以及其他题材2部。数据表明，2023年江苏省国产电视动画片以童话题材为主，从2022年的20部增至25部；教育题材由6部降至3部；现实题材由6部降至1部；历史题材由2部增至3部；其他题材数量持平；科幻题材数量持平；文化题材增加2部（见图5）。

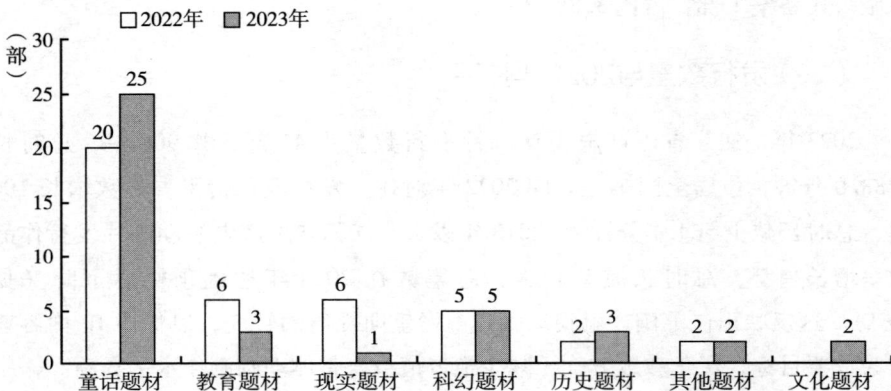

图5　2022～2023年江苏省国产电视动画片发行题材数量统计

资料来源：根据江苏省广播电视局官方数据整理。

2023年江苏省发行的国产电视动画片中按地区划分，童话题材25部，主要分布在南京市、苏州市、镇江市、南通市；科幻题材5部，主要分布在苏州市、镇江市；教育题材3部，主要分布在盐城市、南通市；历史题材3部，主要分布在徐州市、南通市、南京市；现实题材1部，主要分布在南通市；文化题材2部，主要分布在无锡市、徐州市；其他题材2部，主要分布在无锡市、南京市。按地区发行数量排名，江苏省国产电视动画片发行地区依次为：南通市15部、苏州市12部、南京市6部、镇江市3部、无锡市2部、徐州市2部、盐城市1部。

从近5年发行地区来看，江苏省国产电视动画片制作机构主要分布于苏州市、南通市、南京市、无锡市、镇江市、徐州市、盐城市以及淮安市。近5年江苏省各城市生产动画片数量对比，南通市从2019年的5部增至15部，增长数量最多，苏州市在2021年发行18部达到顶峰，2023年呈现最低值。相比之下，2023年，徐州市、盐城市、镇江市国产动画片数量增加（见图6）。

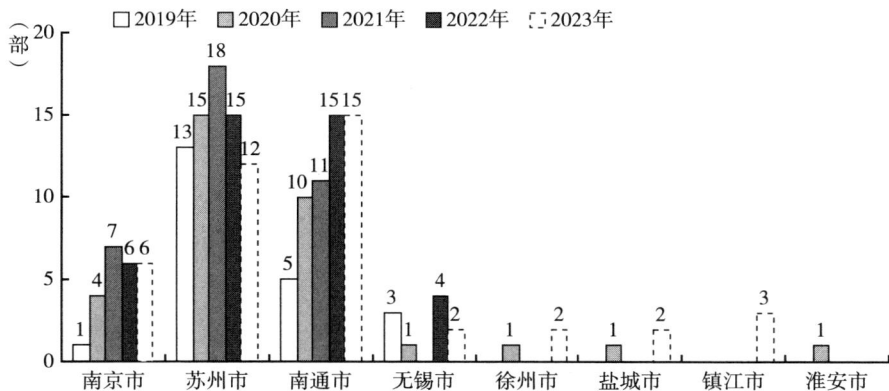

图6 2019~2023年江苏省国产电视动画片发行地区数量统计

注：图中未标注的城市则代表当年未发行国产电视动画片。
资料来源：根据报告团队调查数据整理。

按片长特点划分，2023年江苏省发行的国产电视动画片童话题材主要按照低幼收视人群的收视习惯设置片长，片长在2~5分钟的占32%；6~8分钟的占44%；10~13分钟的占比为24%。历史题材片长集中在6~20分钟；科幻题材片长为13分钟；文化题材片长集中在10~13分钟；教育题材片长集中在7~10分钟；现实题材片长集中在7分钟左右；其他题材片长集中在10~13分钟（见图7）。其中，童话题材片长呈现波动较大的趋势。

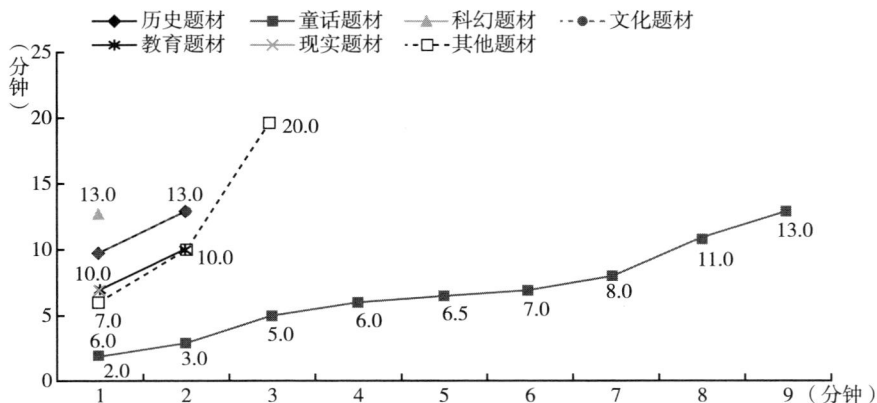

图7 2023年江苏省国产电视动画片片长统计

注：因国产电视动画片题材广泛，以横纵坐标的片长时间表达不同题材的片长设置。
资料来源：根据报告团队调查数据整理。

按内容特点划分，历史题材主要以博物馆侍俑、历史经典人物、红色英模人物为创作主题；童话题材主要聚焦学龄前孩童成长、低幼受众教育，围绕科普、益智、搞笑、救援、冒险、心理健康、探索精神、价值观引导等主题进行创作；科幻题材主要以冒险、成长、价值观引导为主题；文化题材以中医药、民间故事文化传承等为主题；教育题材主要聚焦科普、学龄前成长发展等主题；现实题材以城市精神面貌为主题；其他题材主要聚焦地域文化特色、冒险与正义等（见表2）。

表2　2023年江苏省国产电视动画片发行情况汇总

序号	动画片名称	题材	内容特点	制作机构
1	《乖桃与闹瓜》第二季	童话	搞笑、益智	杠杠开心（南京）文化传媒有限公司
2	《工程车四兄弟超级工程队》	童话	救援、科普、认知	苏州悠优互娱文化传媒有限公司
3	《你追我赶搏一搏》	童话	少儿运动	江苏如意通文化产业股份有限公司
4	《恐龙奇奇历险记》第二季	童话	冒险、游戏、成长	苏州悠优互娱文化传媒有限公司
5	《神奇小队之我爱画画》第三季	童话	益智、早教	南通神笔动漫科技有限公司
6	《小格大冒险》	童话	冒险、价值观引导	苏州腾麟影视有限公司
7	《心灵守护者》	童话	少年儿童心理健康	镇江奥宜漫文化科技有限公司
8	《超级小熊布迷》第八季	童话	益智游戏	江苏省上游动漫有限公司
9	《汽车王国之汽车小英雄》第二季	童话	救援、益智	苏州悠优互娱文化传媒有限公司
10	《我的同学是美人鱼》（1~13集）	童话	冒险、校园	杠杠开心（南京）文化传媒有限公司
11	《神奇小队之我爱画画》第二季	童话	科普、画画教学	南通神笔动漫科技有限公司
12	《开心幼儿园》第三部	童话	亲子成长	南通奇笔数码科技有限公司
13	《工程车四兄弟爆笑运动会》	童话	科普、认知、教育	苏州悠优互娱文化传媒有限公司

序号	动画片名称	题材	内容特点	制作机构
14	《我的同学是美人鱼》（14～26集）	童话	冒险、校园	杠杠开心（南京）文化传媒有限公司
15	《奇妙的世界》	童话	儿童太空科普	南通多多文化传媒有限公司
16	《森林里的故事》第二季	童话	价值观引导、教育	南通奇笔数码科技有限公司
17	《大脚丫恐龙家族之爆笑时刻》第二季	童话	亲情、探索精神	杠杠开心（南京）文化传媒有限公司
18	《幸福岛的小伙伴》第二季	童话	成长、价值观引导	南通多点内容动漫科技有限公司
19	《幸福岛的小伙伴》第三季	童话	教育、成长	南通多点内容动漫科技有限公司
20	《盒子联盟之工程车小队》	童话	救援、科普	南通庭梧佳画动画科技有限公司
21	《小刺猬吉吉》第一季	童话	认知、价值观引导	南通庭梧佳画动画科技有限公司
22	《小刺猬吉吉》第二季	童话	认知、价值观引导	南通庭梧佳画动画科技有限公司
23	《小刺猬吉吉》第三季	童话	认知、价值观引导	南通庭梧佳画动画科技有限公司
24	《闪亮闪亮太伶美》第一季	童话	克服困难	镇江翻页动漫文化有限公司
25	《天艺兄弟之守护家园》	童话	保护家园	江苏天艺兄弟动漫有限公司
26	《托宝战士之银河侦探》第四季	科幻	冒险、成长	苏州星腾文化传媒有限公司
27	《超变战陀5百变战陀》（上）	科幻	成长、教育	苏州飞马良子影视有限公司
28	《托宝战士之银河侦探》第五季	科幻	武术、守护和平	苏州星腾文化传媒有限公司
29	《超变战陀5百变战陀》（下）	科幻	竞技、价值观引导	苏州飞马良子影视有限公司
30	《炫卡斗士》第一季	科幻	冒险、生存	镇江翻页动漫文化有限公司
31	《奇奇妙妙博物馆》	历史	文物、益智	徐州原动力文化发展有限公司
32	《诸葛亮之定军山》	历史	历史人物	南通妙吧影视动漫有限公司
33	《红色雨花之罗登贤》	历史	英雄人物	南京秦淮源头影视发展有限公司
34	《大宝大牙科学探索》	教育	科普、真实试验	宝牙科技江苏有限公司

序号	动画片名称	题材	内容特点	制作机构
35	《天天的奇妙世界》第一季	教育	认知、价值观引导	南通海睿文化传媒有限公司
36	《天天的奇妙世界》第二季	教育	认知、价值观引导	南通海睿文化传媒有限公司
37	《幺么侠 时空战医》	文化	中医药、科普、教育	江苏蔷盛文化传媒有限公司
38	《沙孩儿》	文化	民间故事、文化传承	无锡热线传媒网络有限公司
39	《福喜临门》	其他	无锡地域文化元素	无锡浩维文创有限公司
40	《食草龙大冒险》	其他	冒险、正义、魔幻	江苏幻创动漫文化有限公司
41	《南通新说》	现实	南通、文化传承	南通多多文化传媒有限公司

资料来源：根据报告团队调查数据整理。

（三）入选国家广播电视总局重点动画项目数量与2022年持平

2023 年，江苏省有 2 部国产电视动画片入选国家广播电视总局重点动画项目（见表3）。与 2022 年入选数量持平。①

表 3　2023 年江苏省国产电视动画片入选国家广播电视总局
重点动画项目统计

序号	名称	题材	集数（集）	单集时长（分钟）	制作机构
1	《一群小好汉》	历史	7	12	淮安市广播电视台
2	《江豚先锋队》	童话	10	10	苏州铁米科技有限公司

资料来源：根据国家广播电视总局官方网站数据整理。

（四）5部作品成功入选优秀国产电视动画片

截至 2024 年 3 月 15 日，江苏省 5 部作品入选 2023 年国家广播电视总局国产电视动画片推优名单，经省级广播电视行政部门、中央广播电视总台推荐

---

① 《国家广播电视总局办公厅关于公布 2022 年重点国产电视动画项目的通知》，http：//www.nrta.gov.cn/art/2022/9/23/art_113_61804.htm。

的《大脚丫恐龙家族》第一季获选总局 2023 年第一季度优秀国产电视动画片;① 《糯好时光·城南忆事》获选总局 2023 年第二季度优秀国产电视动画片;② 《心灵守护者》获选总局 2023 年第三季度优秀国产电视动画片;③《沙孩儿》与《奇奇和努娜》第二季获选总局 2023 年第四季度优秀国产电视动画片(见表 4)。④

表 4　江苏省 2023 年第一至第四季度优秀国产电视动画片

序号	名称	题材	集数(集)	单集时长(分钟)	制作机构
1	《大脚丫恐龙家族》第一季	童话	26	12.25	杠杠开心(南京)文化传媒有限公司
2	《糯好时光·城南忆事》	现实	26	13	南京玲珑天文化发展有限公司
3	《心灵守护者》	童话	26	11	镇江奥宜漫文化科技有限公司
4	《沙孩儿》	文化	10	13	无锡热线传媒网络有限公司
5	《奇奇和努娜》第二季	教育	104	7	苏州奥拉动漫科技有限公司

资料来源:根据国家广播电视总局网站数据整理。

《大脚丫恐龙家族》第一季在优酷独播,最高热度达 8238,获得少儿动画热榜、少儿独播热榜、少儿热度榜三榜冠军,同时在卡酷卫视、金鹰卡通、嘉佳卡通、优漫卡通、广东少儿、重庆少儿等多家少儿频道播出;《糯好时光·城南忆事》于 2023 年 11 月 14 日在优漫卡通频道首播,12 月在哔哩哔哩、江苏移动网络电视、华为教育中心、安徽电信网络电视、四川移动网络电视等上线播出,连续多日进入央视索福瑞时段日榜 Top30;《心灵守护者》于 2023 年 8 月 18 日首播,先后在爱奇艺、优酷、腾讯视频等平台播出,覆盖受众超 1.2 亿人次,播放量超 3000 万次;《奇奇和努娜》第二季于 2023 年 6 月 6 日在央

① 《国家广播电视总局办公厅关于推荐 2023 年第一季度优秀国产电视动画片的通知》,http://www.nrta.gov.cn/art/2023/8/15/art_113_65180.html。
② 《国家广播电视总局办公厅关于推荐 2023 年第二季度优秀国产电视动画片的通知》,http://www.nrta.gov.cn/art/2023/8/25/art_113_65268.html。
③ 《国家广播电视总局办公厅关于推荐 2023 年第三季度优秀国产电视动画片的通知》,https://www.nrta.gov.cn/art/2023/12/11/art_113_66346.html。
④ 《国家广播电视总局办公厅关于推荐 2023 年第四季度优秀国产电视动画片的通知》,https://www.nrta.gov.cn/art/2024/3/15/art_113_66945.html。

视少儿频道首播，陆续在国内各省市电视台和网络平台登录播出，覆盖受众超2亿人次，累计播放量超过1亿次，垂类平台上线半年播放量突破3000万次。

（五）2部作品获评国家广播电视总局年度优秀国产电视动画片

2023年7月，国家广播电视总局评选出20部2022年度优秀国产电视动画作品，江苏广电影视动漫传媒有限责任公司、江苏省广播电视总台、上海森宇文化传媒股份有限公司联合出品的《你好，辫子姑娘》、苏州飞马良子影视有限公司出品的《老鹰抓小鸡之展翅高飞》入选（见表5）。①

表5　国家广播电视总局2022年度优秀国产电视动画片江苏省入选情况

序号	名称	题材	集数（集）	单集时长（分钟）	制作机构
1	《你好，辫子姑娘》	现实	3	28	江苏广电影视动漫传媒有限责任公司江苏省广播电视总台上海森宇文化传媒股份有限公司
2	《老鹰抓小鸡之展翅高飞》	童话	10	13	苏州飞马良子影视有限公司

资料来源：根据国家广播电视总局官方网站数据整理。

《你好，辫子姑娘》在优漫卡通、江苏卫视收视表现优异。其中，在优漫卡通江苏省网全年龄段收视份额达到3.83%，4～14岁目标受众市场份额达到12.37%，均位列同类频道同类节目第一；在江苏卫视江苏省网全年龄段收视份额达到5.93%，在同时段所有省级卫视位列第一。此外，2023年6月20日，《你好，辫子姑娘》荣获第19届中国国际动漫节"金猴奖"红色动漫奖特别奖。

动画片《你好，辫子姑娘》以重大历史事件"渡江战役"中为解放军撑船渡江的平民英雄为原型，展现出"辫子姑娘"平凡而又伟大的一生经历。《老鹰抓小鸡之展翅高飞》作为一部面向全球市场的高质量动画片，是国内首部全鸟类题材的动画片，其结合中华传统文化与现代国际流行元素，在彰显正

---

① 《国家广播电视总局办公厅关于公布2022年度优秀国产电视动画片及创作人才扶持项目评审结果的通知》，http://www.nrta.gov.cn/art/2023/7/10/art_113_64839.html。

义、真情力量的同时，融入了乡村振兴、奋斗圆梦、和平发展、合作共赢等新时代、国际化思想元素。

二　江苏动画产业收视数据解读

2023年，江苏动画产业收视全年呈现正向增长的态势，多部电视动画片稳居央视和地方卫视动画片收视率排行榜前列，收视率创新高，江苏动画产业取得历史性突破。

（一）2023收视年报出炉　江苏省实现"从无到有"突破

中国视听大数据最新发布的《中国视听大数据2023年收视年报》显示，江苏省有3部国产电视动画片上榜2023年央视和地方卫视动画片收视率Top30（见表6）。其中，现实题材动画片《大王日记》以每集平均收视0.683%、每集平均收视份额3.381%的成绩位列第9；童话题材动画片《太湖少年》以每集平均收视0.628%、每集平均收视份额3.825%的成绩位列第11；童话题材动画片《熊猫三宝之萌宠卫士Ⅱ》以每集平均收视0.510%、每集平均收视份额2.899%的成绩位列第17。总体看来，2023年江苏省国产电视动画片实现在中国视听年报"从无到有"的突破。

表6　2023年央视和地方卫视动画片收视率Top30

单位：%

序号	名称	每集平均收视率	每集平均收视份额
1	《故事奶奶Ⅱ》	2.284	11.334
2	《丝路传奇特使张骞》	1.447	7.700
3	《狐桃桃和老神仙》	1.302	6.648
4	《天天成长记Ⅲ》	1.222	6.084
5	《天天成长记Ⅱ》	1.222	6.076
6	《天天成长记Ⅳ》	1.213	6.283
7	《天天成长记Ⅰ》	1.146	6.134
8	《中国神话故事》	1.015	5.166
9	《大王日记》	0.683	3.381

序号	名称	每集平均收视率	每集平均收视份额
10	《超级飞侠Ⅶ》	0.640	3.438
11	《太湖少年》	0.628	3.825
12	《鹿精灵Ⅱ之寻找兵马俑》	0.612	3.531
13	《西游记》	0.607	3.478
14	《中华勤学故事Ⅰ》	0.592	3.219
15	《美猴王》	0.590	3.377
16	《哪吒传奇》	0.579	3.370
17	《熊猫三宝之萌宠卫士Ⅱ》	0.510	2.899
18	《小太阳人》	0.418	2.118
19	《林海雪原》	0.412	2.302
20	《舒克贝塔Ⅱ》	0.402	2.192
21	《舒克贝塔Ⅰ》	0.359	1.876
22	《皮皮鲁和鲁西西之地球之钟奇遇记Ⅰ》	0.308	1.936
23	《豆小鸭神奇小分队》	0.297	1.587
24	《汪汪队立大功Ⅳ》	0.291	1.868
25	《巴啦啦小魔仙Ⅸ之星象蝶启2》	0.281	1.257
26	《奇妙萌可Ⅳ之魔法钥匙》	0.276	1.514
27	《喜羊羊与灰太狼之羊村守护者Ⅳ》	0.270	1.835
28	《舒克贝塔Ⅲ》	0.262	1.519
29	《舒克贝塔Ⅳ》	0.262	1.643
30	《巴啦啦小魔仙Ⅶ之魔法海萤堡》	0.260	1.988

资料来源：中国视听大数据2023年收视年报官方网站。

动画片《大王日记》由江苏广电影视动漫传媒有限责任公司制作发行，以一只祖孙三代盘踞于红旗小学的橘猫"大王"的视角，讲述了一位大学生支教教师参与扶贫事业的故事，描绘出教育扶贫战线中基层工作者的辛劳与情怀。无锡热线传媒网络有限公司制作的电视动画片《太湖少年》用童话形式讲述太湖渔家故事，以清新自然的画风展现了太湖的独特魅力，并对太湖的往昔与未来进行回顾和畅想，蕴含着人与自然和谐相处的哲思，以生动活泼的动画形式体现了"绿水青山就是金山银山"的理念。苏州华闻糖心动漫投资有限责任公司制作的动画片《熊猫三宝之萌宠卫士Ⅱ》则以三只熊猫不断克服困难的故事，科普健康知识、传递团结友爱精神，展现了人与动物、动物与动物之间互助友爱、和睦相处的和谐氛围。

（二）央视播出12部"江苏动画"收视成绩显著

2023 年，江苏省 12 部国产电视动画片在央视播出（见表7）。其中，《老鹰抓小鸡之展翅高飞》、《奇奇和努娜》第二季 6 月在央视少儿频道（CCTV14）首播，多次进入央视索福瑞 Top30 电视动画片日榜，最好成绩居第 3 位。江苏广电影视动漫传媒有限责任公司制作的动画片《大王日记》于 2023 年 12 月 6 日在央视综合频道（CCTV1）播出，当天位居央视索福瑞 Top30 电视动画片日榜榜首。

表 7　2023 年央视播出江苏省国产电视动画片情况

序号	名称	题材	制作机构	播出频道
1	《老鹰抓小鸡之展翅高飞》	童话	苏州飞马良子影视有限公司	央视少儿频道（CCTV14）
2	《奇奇和努娜》第二季	教育	苏州奥拉动漫科技有限公司	央视少儿频道（CCTV14）
3	《太湖少年》	科幻	无锡热线传媒网络有限公司	央视综合频道（CCTV1）
4	《嗨！三宝》	现实	无锡热线传媒网络有限公司	央视少儿频道（CCTV14）
5	《红眼镜猪猪》第一季	其他	江苏省上游动漫有限公司	央视少儿频道（CCTV14）
6	《超级小熊布迷》第一季	童话	江苏省上游动漫有限公司	央视少儿频道（CCTV14）
7	《超级小熊布迷》第二季	童话	江苏省上游动漫有限公司	央视少儿频道（CCTV14）
8	《超级小熊布迷》第三季	童话	江苏省上游动漫有限公司	央视少儿频道（CCTV14）
9	《超级小熊布迷》第四季	童话	江苏省上游动漫有限公司	央视少儿频道（CCTV14）
10	《超级小熊布迷》第五季	童话	江苏省上游动漫有限公司	央视少儿频道（CCTV14）
11	《超级小熊布迷》第六季	童话	江苏省上游动漫有限公司	央视少儿频道（CCTV14）
12	《大王日记》	教育	江苏广电影视动漫传媒有限责任公司	央视综合频道（CCTV1）

资料来源：根据报告团队调查数据整理。

无锡热线传媒网络有限公司制作的现实题材动画片《嗨！三宝》登陆央视少儿频道（CCTV14），在教育"双减"大背景下，聚焦当今"三孩"家庭的教育问题，借助《增广贤文》《颜氏家训》等中华传统文化精髓传递向上向善的价值观。

江苏省上游动漫有限公司制作的动画片《红眼镜猪猪》第一季、《超级小熊布迷》两部动画片均在央视少儿频道（CCTV14）播出。其他题材动画片《红眼镜猪猪》第一季以故事博物馆为出发点，讲述酷爱看书的红眼镜猪猪，与朋友一起探索未知世界、解决疑难问题，在学习中增长知识、增进友谊的故事，进入央视索福瑞 Top30 电视动画片日榜，最好成绩居第 8 位。童话题材动画片《超级小熊布迷》讲述小熊布迷、小伙伴马克与米娅以游戏闯关的形式击败大魔王的故事，进入央视索福瑞 Top30 电视动画片日榜榜首 8 次，每集平均收视率 0.56%，每集平均收视份额 11.06%。

（三）多部作品入选央视索福瑞 Top30电视动画片收视排名榜

2023 年，央视索福瑞 Top30 电视动画片收视排行榜显示，江苏省多部国产电视动画片位居央视索福瑞 Top30 电视动画片日榜收视前列。其中有《我的同学是美人鱼》第一季、《超变战陀 5 百变战陀》、《炫卡斗士 1》、《么么侠 时空战医》、《诸葛亮之定军山》、《托宝战士银河侦探》《布鲁可战队·危客对决》《孔小西和哈基姆》等动画作品（见表 8）。值得注意的是，《炫卡斗士 1》《托宝战士银河侦探》《超变战陀 5 百变战陀》多次位列收视排名榜首。

表 8　2023 年江苏省进入央视索福瑞电视动画片收视 Top30 的国产电视动画片

序号	名称	类型	排名
1	《我的同学是美人鱼》第一季	童话	9
2	《超变战陀 5 百变战陀》	科幻	5
3	《炫卡斗士 1》	科幻	13
4	《么么侠 时空战医》	文化	8
5	《诸葛亮之定军山》	历史	10
6	《托宝战士银河侦探》	科幻	9
7	《布鲁可战队·危客对决》	科幻	3
8	《布鲁可战队·源星石守卫》	科幻	6
9	《孔小西和哈基姆》	其他	12

资料来源：根据报告团队调查数据整理。

此外，《环保特工队·出发吧泗宝》、《张謇之江海骄子》、《奇奇和努娜》、《抗菌者联盟》、《加油吧三二班》第二季、《丁香花》、《百变布鲁可》

第五季、《趣趣森林》、《福喜临门》等动画片也数次进入央视索福瑞Top30电视动画片日榜。值得关注的是，苏州奥拉动漫科技有限公司与羚邦集团有限公司联合出品的《奇奇和努娜》第一季于2023年11月20日成功上线越南vie on平台。

三 江苏省动画创作生产呈现新趋势

2023年，江苏动画产业呈现IP系列化、题材多样化、产业跨界运营的趋势。同时，江苏动画产业仍存在市场拓展不足、"教"与"乐"比重调配待优化、市场回流周期较长等方面的问题。因此，如何突破当下创作的困局成为江苏动画产业面临的现实课题。

（一）IP系列化成为创作趋势，市场拓展不足

目前，通过国家广播电视总局官方网站推优数据、重点扶持项目名单可以看出，扶持系列动画创作已成为一种发展趋势。2023年，江苏省备案公示的国产电视动画片有73部，其中系列动画数量有58部，占总量的79.5%；[1] 江苏省发行国产电视动画片41部，其中系列动画数量23部，占总量的56.1%。[2] 由此可见，IP系列化创作成为2023年江苏省国产电视动画片的主流趋势。多部童话题材动画片以续集形式呈现，如"超级小熊布迷"系列、"乖桃与闹瓜"系列、"我的同学是美人鱼"系列、"神奇小队之我爱画画"系列、"开心幼儿园"系列、"恐龙奇奇历险记"系列、"幸福岛的小伙伴"系列、"小刺猬吉吉"系列、"天天的奇妙世界"系列等。已发行的5部科幻题材作品中都以IP系列进行创作，包括"托宝战士之银河侦探"系列、"炫卡斗士"系列、"超变战陀"系列等。

江苏动画产业的IP系列化创作局面，既源于产业内部创作因素，也受外部市场发展的影响。

一是开发动画新品较少。从动画制作机构来看，成熟的IP既能降低市场

---

[1] 资料来源：根据国家广播电视总局官方网站公布的《关于2023年1月~12月全国国产电视动画片制作备案公示的通知》进行整理。

[2] 资料来源：根据报告团队调查数据整理。

风险，又能快速得到市场回流。2023 年，童话题材 IP 系列化国产电视动画片占据半壁江山，其中不乏存在内容情节脱离现实、创作定位低幼、叙事缺乏悬念、情节设置简单的作品。从长远来看，难以保障江苏动画产业高质量可持续发展。

二是过度依赖政府扶持政策。在创作生产方面，IP 系列化虽然已经表明江苏省动画企业不断增强品牌意识，但缺乏知名度和影响力的动画内容很难引起更多的关注，无法形成口碑良好的品牌效应。从市场效益来看，部分动画企业在国家广播电视总局、江苏省广播电视局的政策引导下，过于侧重追求电视媒介的播出收益，这导致其动画片很大程度上依靠政府的政策扶持和优惠举措来收回创作成本。

三是动画市场拓展度不足、缺乏创新思维。尽管江苏动画产业总体发展趋势良好，但在选题、剧本改编等方面仍有很大的局限性，角色形象、场景设置跟不上国产电视动画片的新趋势。在创作生产方面，动画企业缺少深入挖掘优秀原创 IP 的驱动力，导致 2023 年江苏省国产电视动画中优质原创 IP 数量占比较低。

（二）动画题材多样化发展，"教"与"乐"比重调配待优化

2023 年，江苏省国产电视动画片中童话题材同比增长 25%，现实题材与文化题材聚焦当下热点话题与文旅资源视角，在市场传播方面呈现良好发展趋势。但与此同时，市场效益、"教"与"乐"比重调配、市场定位问题较为突出。

一是童话题材的国产电视动画片寻求另类创作视角，品质提升。数据表明，江苏省童话题材的国产动画片以奇幻和浪漫内容为主，并开始尝试聚焦学龄前儿童健康教育和少儿运动视角。例如，直击儿童心理成长教育的动画片《心灵守护者》将奇幻元素巧妙融合进儿童心理健康主题，通过色彩斑斓的画面与富有创意的情节，呈现了一场充满冒险的奇妙旅程。《你追我赶搏一搏》作为少见的少儿运动主题动画片，以可爱的眯乐猴、球球猪和西欧兔等十二酷宝为主角，有助于引导小朋友们了解体育运动、尊重比赛规则和增强团队意识。

二是现实题材内容优质，既有关注当下国家政策热点话题的动画片，又有

怀念"80后""90后"童年时光的动画片，涌现出现实性与艺术性兼具的优秀动画作品。例如，动画片《嗨！三宝》紧扣新时代生育政策，既展现了幸福快乐的多孩家庭生活，也深度思考了现代家庭教育理念，传递了向上向善的家庭伦理观。2023年，现实题材更为关注全龄层的受众群体，获得好评不断。《糗好时光·城南忆事》以"80后""90后"为目标受众，通过4226幅手绘场景、266位鲜活的动漫人物，还原20世纪90年代南京老城南市井生活，以普通家庭和个体的变迁与成长，致敬祖国改革开放四十多年来的伟大成就。

三是文化题材出现以"中医药"和"民间故事改编"为主要内容的电视动画片。《么么侠 时空战医》以游戏闯关的形式，将中医文化、传统文化与英雄IP形象结合，致力打造中医药健康超级IP。此外，文化题材注重挖掘与地域匹配的优质内容，彰显地域文化的深度，拓展城市IP传播的广度。电视动画片《沙孩儿》《福喜临门》改编自无锡"阿福"民间故事，并与无锡本地文旅资源深度结合，赋予老故事新时代的生态文明思想。《沙孩儿》中的工笔画、非遗剪纸、泥人彩绘等中国传统元素地域文化特色浓郁，展现了无锡地区特有的文化。

江苏动画产业在呈现上述良好发展趋势的同时，也面临"全年龄段"电视动画片变现难的问题。

第一，在产业层面，缺少对"全年龄段"动画发展的正确认识。例如，《糗好时光·城南忆事》以网络发行为主，但针对"80后""90后"受众群体缺少清晰的定位，在后期传播中对于是否具备变现能力、是否存在变现渠道等缺乏正确的认知。

第二，在创作中，动画片中没有处理好"教"与"乐"的关系。大部分动画片中存在"寓教于乐"中"教"成分过高的问题，创作表达过于直接，缺乏对故事发展内驱力的构造，说教意味过重、娱乐性较弱。

此外，部分童话题材电视动画片定位雷同，在浪费资源的同时无法获得大发展。从表面上看，江苏动画产业已形成"百花齐放"的发展格局；从深层剖析来看，江苏动画产业中存在观念陈旧、审查机制宽松与创作水平不高等问题。

（三）产业跨界运营趋势明显，动画市场回流周期较长

从宏观角度来看，江苏动画产业运营模式升级是产业融合的趋势之一。江

苏动画产业正在形成以跨界融合为核心的发展新格局,逐步与文旅产业、消费行业形成品牌矩阵。衍生品开发趋于多元化,动画 IP 与玩具、美妆、图书、文创周边、文旅产业进一步深度融合,IP 变现能力不断增强,呈现以文化赋能产业、产业带动文化的发展趋势。

其一,构建动画 IP 衍生品矩阵。《我的同学是美人鱼》在多平台播出以后,带动了儿童玩具、儿童美妆、图书及文创周边等行业的发展,带动了实景娱乐授权等多种商业模式的兴起,其中,玩具品类中娃娃、家居、服装成为授权品类。《么么侠 时空战医》依托楚汉文化特色,与 300 余家幼儿中医馆开展合作,持续开发包括"徐州香包"等非遗产品在内的 100 余种衍生品。

其二,深度探索"文化 IP+文旅资源"。深耕传统题材,挖掘本土文化,创新表达形式,在国内文旅深度融合发展的趋势之下,文化 IP 成为推进传统资源规模化转化的重要方式。《福喜临门》中呈现的无锡鼋头渚、灵山大佛、惠山古镇、崇安寺、东林书院、南禅寺等卡通场景,有助于传播城市品牌形象、打造城市 IP;现实题材动画片《南通新说》以"南通十二张名片"为叙事结构,介绍了南通市的传统文化、人文历史,以及历史文化遗产的来源、特色和价值,展示了南通城市的风情和魅力、南通人的精神面貌。总体看来,江苏国产电视动画片在深度文旅资源的挖掘下,结合文化 IP 改编,形成以 IP 为核心的动画创作生态圈,推动非遗保护与旅游产业融合发展,努力提升"江苏动画"品牌的影响力。

虽 2023 年江苏省国产电视动画片创作呈现"动画+文旅"新局面,但动画企业在运营模式、市场回流周期等方面仍面临缺乏持续稳定支撑的问题。

动画片从创作生产、发行放映,到衍生产品开发、设计、制造、经营与销售,周期较长。据调查统计,市场回流一般以 48 个月为一个周期。动画企业前期需自筹资金或争取第三方运营支持,通过预发行与预授权的形式使动画项目制作获得充足的投入。对于 IP 形象的持续发展而言,从内容到 IP 的运营,营收是项目获得长久收益的关键所在。例如,动画片的 IP 需要进行 48 个月的维护,而其衍生品需要近一年半的时间才能落地。以动画片《大脚丫恐龙家族》为例,动画公司通过挖掘海外客户,在项目提案之后首先寻找投资,以投资方预买的资金、动画企业自筹的资金、国内大品牌的投资(腾讯平台40%的投资)等方式实现资金回流。

政府部门出台一些扶持动画产业的相关政策，迫切希望在短时间内产生一定的效果，一旦政策在落地两三年内成效甚微就不再支持。这种扶持政策与动画产业周期本身相违背，因此，在打造优质原创 IP、推出精品力作、实现经济效益的同时，改变政府部门、动画企业的"短视思维"十分重要。

四　江苏动画产业发展的未来趋势

2023 年，随着国家经济稳健复苏，科技强国等国家宏观政策的发力，江苏依托江苏省广播电视局、南京（国际）动漫创投大会为江苏省动画原创 IP 转化赋能，寻求创新之道。2024 年，江苏动画产业将迎来新的转变，有几个值得关注的变化与趋势。

（一）以优化政策环境为产业高质量发展的落脚点

现有的江苏动画产业格局不利于产业链的良性发展，需要打破动画企业盈利能力弱、经营单一的现状。江苏省通过政策环境引导，鼓励建立更为灵活的管理机制。

一是探索新的产业机制。2018～2023 年，江苏省共有 18 部国产电视动画片入选国家广播电视总局推优目录或获得相应国家级荣誉，[①] 稳中求进是江苏动画产业的整体基调。经过 6 年的发展与积淀，江苏动画产业逐渐走向"坚持优质原创动画内容为核心"的发展道路，因此，高质量发展的落脚点是政策的落地与实施。江苏省广播电视局应充分发挥行业管理部门的政策优势，紧贴中国式现代化江苏新实践，深入发掘江苏革命、历史、文化资源，加强本土题材策划，打造更加专业、成熟的动画产业对接平台。

二是重视儿童文学 IP 转化。2023 年南京（国际）动漫创投大会以"用动画传承新时代的文化使命"为主题，增设"优秀儿童文学 IP 转化专场"，借力"世界文学之都"南京的文化底蕴，以南京（国际）动漫创投大会网站为载体，成立儿童优秀文学作品动画创作库，助力江苏动画原创 IP 和优秀项目孵化的长远发展。充分发挥中国（常州）国际动漫艺术周、东布洲

---

① 资料来源：根据报告团队调查数据整理。

国际动画周、长江新视听大会等优质品牌效应，以"江苏动画"品牌讲好中国故事。

三是健全江苏省动画精品创作的评价体系与实践支撑体系。通过建立专家委员会，实施江苏省动画精品的评价机制。集合多方力量积极探索建立可持续发展的国际合作机制，促进国际交流，开发和吸纳有利的国际制片和国际传播资源，不断营造与动画题材相关项目的孵化环境。丰富奖励形式，除了资金扶持和播出推荐外，重点强化投融资引导政策支持，设立更多的投资资金，重点对有潜质的项目和企业进行投资，实现商业价值的提升。

（二）以提升品牌影响力为江苏动画发展的关键点

江苏省部分原创动画企业存在盈利能力较弱的问题，一方面与原创动画作品质量普遍偏低有关；另一方面与播出环节中无法获得资金回流有关。这导致动画产业无法实现良性运转。对此，设置严格的审查机制，健全动画精品创作引导机制，限制定位雷同、质量低下的动画片创作生产十分重要。

一是坚持原创IP。优质原创动画内容具有强大的生命力，例如，《你好，辫子姑娘》《糅好时光·城南忆事》《太湖少年》《奇奇和努娜》《大王日记》等优质IP在获得国家广播电视总局优秀电视动画片荣誉的同时，不断增强"江苏动画"品牌影响力。以《我的同学是美人鱼》、《大脚丫恐龙家族》第一季等为代表的动画片，不仅带来了高收视率，还提升了"江苏动画"的知名度。2023年7月，文化和旅游部、国家文物局、国家发展改革委联合印发《长江文化保护传承弘扬规划》，动画片《江豚先锋队》从保护长江生态环境入手，打造了一部凸显长江文化优质原创IP内容的动画作品。对此，动画企业在投资发展IP产业链时，前期要考虑市场的审美偏好及未来趋势，剔除劣质IP、甄别并打造极具潜力的优质IP，在引领消费的同时提高衍生品的附加价值，最终实现IP变现。

二是坚持精准传播。江苏动画产业利用全媒体传播渠道和平台，多渠道联动，实现线上线下传播。充分发挥产业优势和区域优势，通过全方位的国际化战略布局，建立完善的发行渠道；构建"多元IP+全产业链"运营的"出海"模式，运用国际化表达方式，贴近海内外受众，重点布局海外稀缺题材，做好国际化传播策略。其中，动画片《么么侠 时空战医》中的"么么侠"IP作为中医药传统文化"出海"项目，亮相法国戛纳电视节，并出展中国香港以及戛纳、马来西亚等地电影节，致力于打造中医药健康超级 IP。苏州欧瑞动漫有限公司作为中国国家文化出口重点企业、国家动漫企业、江苏省重点文化科技企业，在与共建"一带一路"国家的合作方面成绩斐然，通过合拍《孔小西和哈基姆》，在阿拉伯国家与中国之间搭建起合作的桥梁。最后，动画作品对标国际水准的发展路线、坚持多语言版本同步发行，构建全球化的发行网络，加速江苏动画"走出去"。

（三）以新技术为动画创作的突破点

江苏动画产业的长久发展需要在激烈的竞争中开辟出一条未来之路，而精良制作的动画作品则需要经过严格的管理和"匠人"精神的打磨才能最终在大荧幕上呈现。近年来，为落实新一代人工智能产业发展，江苏出台《江苏省新一代人工智能产业发展实施意见》，对重点领域行业实施"AI+"行动。这些政策极大地促进人工智能科技和产业合作，也为江苏动画产业升级发展提供政策保障。

AIGC 作为生成式人工智能在内容生产中的突出技术，逐渐由计算机辅助设计工具转向人工智能生成内容助手，以科技创新赋能江苏动画产业高质量发展。在人才培养方面，江苏省各高校应进一步鼓励学生积极探索 AIGC 相关工具，不断拓宽前沿技术视野，从而推动多主体合作的动画高端人才培养体系的构建。动画产业在不同发展阶段，对于动画人才的需求不同。在 AIGC 时代语境中，一专多能型、创意综合型人才已经成为当前发展趋势所需。

在具体实践中，AIGC 等新技术给江苏动画产业带来新的机遇。第一，作为数据分析助手，分析消费者需求。深入分析全年龄段的受众需求，根据用户需求生成定制化的动画内容，在满足用户的个性化需求与消费习惯的同时，开辟出一种新的创收渠道。第二，作为动画剧本编写的助手。在动画生产方面，AIGC 生成式技术具有超乎想象的内容生产力，助力动画编剧更为高效地探索创意与开发故事线索，完成动画剧本编写的框架。第三，作为动画场景的表现手法。AIGC 的运用可提升动画作品的创作生产效能，如可自动生成真实背景、物体和光影效果等场景。

江苏在重视动画产业转型升级的同时，应充分利用人才、技术、数据等要素，实现动画资源集聚与技术创新，从而推动人工智能与动画产业融合，进而实现高质量发展。

（四）以"动画+"为产业升级的新亮点

江苏动画产业以动画为原点，积极布局"动画+"产业格局。"动画+文旅"已成为目前最为流行趋势之一。坚持产业反哺内容，通过动画衍生品等多途径的变现方式，推动"动画+"模式发展，引领新消费潮流。通过"动画+"的跨界赋能，整合长江文化资源、产业资源、行业资源，以提升动画产业整体盈利能力，促进新时代江苏动画产业高质量发展。

一是深度挖掘"动画+文旅融合"发展模式，拓展产业赛道。在文化和旅游部、国家文物局、国家发展改革委联合印发的《长江文化保护传承弘扬规划》中，强调要把长江文化保护好、传承好、弘扬好，延续历史文脉，坚定文化自信。二是"动画+主题演艺"活动。围绕江苏动画知名 IP 开发同名 IP 的儿童剧、少儿科普剧、交互动漫剧等，例如，《糇好时光·城南忆事》中打造"阿糇"IP 形象，以此提升"江苏动画"品牌影响力。三是通过"动画+非遗文化"保护与传承文化遗产。《长江文化保护传承弘扬规划》明确提出把长江文物和文化遗产保护放在首要位置，努力推动中华优秀传统文化创造性转化、创新性发展。例如，动画片《沙孩儿》中呈现的非遗剪纸、泥人彩绘等非遗文化内容，则是动画与非遗文化融合的典范。四是实现"动画+各行业"融合创新。其中，动画片《大宝大牙科学探索》作为"动画+教育"的成功实践，结合《小学科学课程标准》、STEAM 教育、蒙氏教育理念等理论，设计出"大宝大牙科学探索"课程的配套动画作品。五是推动"动画+新科技"融合。以新技术助力"江苏动画"目标实现，支持互联网、云计算、大数据、虚拟现实、人工智能等新技术渗透动画创作、生产、传播、消费各层面、各环节，打造现象级动画精品，升级拓展动画新场景、新业态、新技术。六是搭建"动画+"国际文化交流与合作桥梁。以动漫节为主要平台，与国际动画深度合作与交流。紧扣国际视野、文化传承、原创孵化、产业生态、科技融合等特点，秉持"展现可信、可爱、可敬的中国形象"这一宗旨，推动江苏动画产业高质量发展。

如前所述，"动画+"模式在打造动画 IP 授权价值的同时，牢牢把握动画产业规律，助力江苏动画产业的品牌影响力与效益达到最大化。同时，产业政策在扶持精品创作、品牌塑造方面将进一步强化，向精品要效益、向品牌要效益成为行业内在诉求。未来，江苏动画产业需要通过构建更为灵活的宏观机制、采用跨领域整合资源的模式，并优化电视与互联网之间的转化形式等措施，实现以人民美好生活、思想教育、振兴经济为首要目标的动画产业高质量发展。

结　语

2023年的江苏动画产业呈现题材类型百花齐放、政策环境不断完善、运营模式不断升级的良好发展态势。繁荣之下，IP同质化等现象仍然存在，因此还需坚持优质原创IP的挖掘与探索，通过优质原创IP打造、新技术使用、政策环境优化以及产业升级提高"江苏动画"的品牌影响力。相信在国家政策、江苏广播电视局的支持和动画人的努力下，江苏动画产业将在中国动画市场上取得更为优异的成绩。

B.7
2023年江苏游戏产业发展报告[*]

王贤波[**]

摘　要： 2023年，以游戏产业为代表的数字经济发展势头强劲，尽管受到国家监管政策影响，一些企业进行了转型和调整，但是行业整体发展态势持续向好。江苏作为经济强省、文化强省、体育强省、教育强省，其游戏产业发展在全国的地位和影响力与现有经济社会地位不匹配，存在游戏类企业"多而不强、全而不精"的问题。面对新一轮游戏产业发展机遇与挑战，江苏游戏产业还需与现有优势产业深度融合，深耕自身产业品牌，围绕新技术、新场景，拓界发展，走出具有江苏特色的游戏产业发展道路。

关键词： 游戏产业　政策引导　应用场景　品牌活动

一　2023年江苏游戏产业概况

截至2023年12月，"企查查"等第三方统计平台数据显示，江苏省注册资金在10万元以上、经营范围涉及游戏类业务的企业共计22028家，其中南京7323家、苏州4472家、徐州2308家、无锡1854家，位列前四，南通、常州、盐城等地分别也有近千家相关企业；江苏涉及游戏类业务登记企业占全国市场总额的6.2%，企业数量总数仅次于广东的93391家，居全国第二位。中

---

　*　本报告系江苏省重点产业学院电子竞技产业学院、教育部青年哲学社会科学项目"数字音频创意教育及产业化的研究"（19YJC760110）的阶段性成果。

　**　王贤波，博士，教授，金陵科·技学院动漫学院院长，江苏省电子竞技运动协会副会长，南京影视动漫行业协会副会长，南京电子竞技产业学院常务副院长，主要研究方向为动漫游戏、电竞产业。

国音像与数字出版协会 2023 年 12 月发布的《2023 年中国游戏产业报告》显示，中国国内游戏市场实际营业收入达到 3029.6 亿元，同比增长 13.95%。①伽马数据与全球金融科技平台 Adyen 合作发布的《中国游戏出海支付研究报告》显示，2023 年中国游戏海外营业收入为 163.66 亿美元（折合人民币约为 1176.7 亿元），同比下滑 5.65%。② 两项累加，2023 年中国游戏产业总营业收入约为 4206.3 亿元。以腾讯为代表的头部游戏企业是收入的绝对主体，2023 年，根据已公布的公司财报和网络报道统计，腾讯游戏营业收入预计超 1800 亿元，网易预计达到 800 亿元，三七互娱预计达 164 亿元，米哈游预计达 123 亿元，完美世界预计达 72 亿元，这五家企业的游戏营业收入总额预期约为 2959 亿元，约占中国游戏产业总营业收入的 70%。我国游戏产业营业收入统计主要是以腾讯、网易、米哈游、完美世界等企业的销售收入为主，而这些头部企业的业务又广泛分布于全国各地的中小游戏企业，游戏产业产值被纳入各地政府收入，成为各地方游戏产业营业收入的一部分。因此，各地对游戏产业营业收入的统计往往将游戏产业与动漫、互联网娱乐、电竞等文化产业领域一并统计，独立计算涉游戏类产业产值的统计不多。

江苏相关政府部门也没有独立的 2023 年游戏产业产值统计，已公布的数据中也是游戏产业与相关产业合并统计的数据。根据 2023 年初江苏省统计局发布的上一年度的文化产业数据，江苏数字文化事业繁荣发展。以互联网游戏服务、动漫游戏为代表的文化新业态快速发展，全年营业收入达 3412.5 亿元，同比增长 7.1%；③ 从电竞游戏产业领域统计，2023 年，江苏省体育局发布的数据显示，江苏以赛事、游戏营业收入等为代表的电竞产业营收超过 600 亿元，电竞游戏产业整体营收增速超 10%。

---

① 《〈2023 年中国游戏产业报告〉发布 国内游戏市场实销收入首次突破 3000 亿元》，https：//www.jssxwcbj.gov.cn/art/2023/12/19/art_34_77662.html。

② 《游戏出海支付报告：海外收入降 5.6%遇挑战 支付助力降本增效》，http：//ex.chinadaily.com.cn/exchange/partners/82/rss/channel/cn/columns/6ldgif/stories/WS65815bb0a310c2083e4139df.html。

③ 《【交汇点】乘"数"而上！2022 年数字江苏建设"成绩单"发布》，https：//jszwb.jiangsu.gov.cn/art/2023/10/24/art_81695_11049953.html。

二 江苏游戏产业基本格局和特征

综观江苏游戏产业的总体发展情况，结合已有的数据，江苏游戏产业发展格局呈现五个特点：一是缺乏头部企业，中小企业占据主体；二是产业布局以南京、苏州、无锡、常州等苏南地区为主，优势企业较为集聚；三是游戏产业以代工型和平台型企业为主体，原创游戏产品较少；四是地方政府对游戏产业关注度高，政策引导性强；五是高校资源密集，产业人才基础好。

（一）缺乏头部企业，中小企业占据主体

在江苏2万多家涉游戏类业务的企业中，注册资本和实缴资本在5000万元以上的企业仅有193家，其中南京55家，苏州57家，无锡25家；而这些企业中真正以游戏开发和运营为主体的企业较少，主要有中国电信的炫彩互动网络、中国移动的咪咕互动娱乐、南京网眼信息技术、苏州叠纸网络科技、苏州蜗牛数字科技、无锡宝通科技、江苏甲子网络科技等少数企业，其他公司如江苏有线、江苏现代快报传媒、江苏凤凰数字传媒、诚迈科技、美力达电子等均是从事文化产业或游戏硬件制造类的企业，游戏内容生产和运营业务占比较低。在江苏的头部游戏企业中，炫彩互动网络和咪咕互动娱乐均属于移动游戏平台类企业，自有开发产品的影响力有限，无法与三七互娱、莉莉丝、九城游戏等旗下产品的影响力相比较，更无法与腾讯、网易、米哈游等行业龙头企业相提并论。南京网眼信息技术是一家游戏推广服务类公司，主要承担游戏发行业务；苏州蜗牛数字科技、江苏甲子网络科技等企业虽有自己研发的成熟产品，但是产品行业影响力以及营收水平还很有限，因此，江苏的游戏公司注册数量虽在全国排名第二，却没有一家在全国有影响力的头部游戏生产类企业，也没有如《王者荣耀》《原神》《梦幻西游》等全国知名的游戏产品，这使江苏在游戏产业领域面临产业有"高原"，没有"高峰"，缺少"领头羊"和旗舰产品的困境。获取的产业报告数据显示，咪咕互动娱乐拥有全场景用户约1.2亿人，2023年的年收入约为10亿元；炫彩互动网络2023年累计注册用户上亿人，主要聚焦云游戏，用户付费规模超200万元，会员收入达到8000万元，业务较上年度约增长50%。由此看来，即使是江苏的游戏类头部企业，与

上海、广东、北京、四川等游戏产业发达地区的行业头部企业相比，仍存在较大差距。

（二）产业集聚度高，梯队布局特征尚不明显

从江苏的游戏产业布局来看，南京、苏州、无锡等地为游戏产业第一阵营，集中了江苏游戏产业的主体，规模以上优势企业也大都集中在这一区域。三地在游戏产业布局领域发展较早，并以园区为中心形成了产业的集聚区，成为江苏现有游戏产业的高地。

南京的游戏龙头企业主要集中在建邺区的中国（南京）游戏谷，该园区从2013年开始建设，历经十年成为江苏游戏产业最为集中的区域，咪咕互动娱乐、炫彩互动网络、哔哩哔哩江苏总部等均落户于此，截至2023年，中国（南京）游戏谷已有游戏相关企业200余家，产业规模超百亿元。南京另外两个游戏产业较为集中的区域分别是位于雨花台区的中国（南京）软件谷和位于玄武区的南京徐庄软件园。中国（南京）软件谷始建于2011年，涉软类企业超4000家，从业人员超35万人，诚迈科技、南京中兴、华为软件技术等知名软件类企业均在此落户，虽然这些企业并不以游戏为主营业务，但是公司运营范围均涉及游戏处理方法、视觉算法、网络游戏安全控制等领域，为游戏产业提供基础性软件信息服务；南京徐庄软件园始建于2002年，是中国规模最大的软件产业园区之一，2018年升级为省级高新区，南京苏宁易购、途牛科技等企业均落户于此。

苏州的优势游戏企业大多集中在苏州工业园区，苏州叠纸网络科技、苏州七元素游戏、苏州蜗牛数字科技、苏州市苏报文化投资等都集中在苏州工业园区，该园区始建于1994年，为国家级经济技术开发区，是中国、新加坡两国政府重要的合作项目。无锡高新区（新吴区）是无锡地区优势游戏企业集聚地，无锡第七大道科技、江苏今日头条信息科技等产业内头部企业均落户于此，其中无锡第七大道科技2023年游戏类销售收入预期超7亿元。此外，无锡高新区（新吴区）也是游戏产业衍生产业电竞产业优势企业集中落户地点，2023年无锡鲨客、无锡KONE两家电竞俱乐部落户该园区，在2023年10月举行的杭州亚运会上，有4名来自无锡的电竞队员入选国家集训队，代表中国出战。

此外，位于常州武进区的江苏甲子网络科技、常州环球动漫嬉戏谷等，与常州动漫产业融合，打造线上线下一体的娱乐产业，形成"虚实相容"的体验型游戏产业基地，2022年底，占地约13.3万平方米、总投资超30亿元的江苏常州网络视听游戏产业园投入使用，江苏三九互娱网络科技、江苏雷牛网络科技、苏州雄霸网络等6家游戏公司签约入驻该产业园。2023年，常州网络视听游戏产业园所在的天宁经开区成功承办第三届中国·江苏游戏产业高质量发展论坛、第二届全球游戏运营交易大会，600余家游戏企业参会，常州成为江苏游戏产业发展最为活跃的城市之一。在江苏，除以上地区以外，其他区域的游戏产业集聚特征并不显著，以数字经济、智慧经济等为代表的综合性园区中一些涉游戏类业务的中小型甚至微型企业为主，规模效益并不明显。

（三）代工型、平台型游戏企业多，原创性优质游戏产品少

在江苏各游戏产业集聚区中，尽管许多游戏类企业产值较高，企业规模也较为可观，但是居江苏游戏第一阵营的企业大多数属于代工型或者平台型游戏企业。许多全国知名甚至全球知名的游戏往往选择将游戏美术类加工等环节放在江苏，研发和发行环节并不在江苏。如位于南京建邺区的江苏原力数字科技成立于2010年，拥有员工3000多人，为美国艺电、索尼、腾讯、网易等公司的多款产品提供内容制作服务，参与制作了包括美国艺电的FIFA、索尼的《蜘蛛侠2》、暴雪的《暗黑破坏神》、西山居的《剑侠情缘》等知名产品，主要承担游戏的CG部分的业务。2023年，该公司以游戏美术等为代表的游戏承制业务营收2.76亿元，同比增长2.53%。咪咕互动娱乐主要承担云游戏业务，为《原神》、"崩坏"系列、《王者荣耀》等上百款热门游戏提供云游戏服务。炫彩互动网络旗下的"天翼云游戏"平台也以云计算为基础，采用云游戏的运行模式，压缩渲染完毕的游戏画面，并通过网络传送给用户，该平台成功为《拳皇14》《世界汽车拉力锦标赛6》《生生不息》《影子里的我》等产品提供服务。

在原创产品方面，江苏部分游戏企业的产品在市场上特别是在一些细分领域中的销售和口碑均较为出色，如苏州蜗牛数字科技的《武林志》《黑暗与光明》等作品，2023年苏州蜗牛数字科技自研游戏《九阴真经》《九阴真经3D》分别荣获2023年度中国游戏行业优秀网络游戏与优秀手机游戏两项

金手指奖。[1] 金手指奖被誉为中国游戏行业"金鸡奖"，是中国游戏行业权威、公正、含金量高的专业奖项之一。无锡第七大道科技在 2023 年分别推出《弹弹堂复古版》《弹弹堂大冒险》《神曲 H5》等产品，其中《弹弹堂大冒险》上线首月流水超 1.5 亿元，跻身 App Store 榜单 Top3；截至 2023 年，南京呆萌猫网络科技的《天天爱掼蛋》注册用户已达 3500 万人。然而，当前网络游戏竞争已进入新的"红海"，自 2022 年 4 月游戏版号常态化发放以来，每个月新发放的游戏版号平均可达到 85 个左右，2023 年 12 月发放的新游戏版号更是实现首次破百，2024 年 1 月，新游戏版号达到 115 个，数量超过 2023 年所有单批次版号数量。除《王者荣耀》《英雄联盟手游》《开心消消乐》之类的现象级手游产品垄断了手游市场外，2023 年如《鹅鸭杀》《完蛋！我被美女包围了！》等产品异军突起，引发了市场关注，受到玩家热捧。但在已公布的 2023 年各大游戏排行榜中，江苏出品的游戏还难觅踪影。

（四）政府关注度高，政策引导性强

江苏作为中国经济的"排头兵"，各地政府经济发展的竞争意识强，对游戏等新经济业态的接受程度高，围绕游戏、动漫、电竞等数字经济领域出台了一系列产业政策，一些地方政府还将游戏、电竞等作为数字经济发展的重要支撑，打造特色园区和发展先导区。2021 年南京市发布了《南京市"十四五"数字经济发展规划》，提出"加大对动漫游戏、传媒娱乐、数字精品内容创作及新兴数字资源传播平台的扶持力度。支持在南京举办国家级高水平电子竞技大赛，扶持电子竞技产业龙头企业，提升南京城市电竞品牌影响力"。[2] 2022 年，无锡市高新区出台《无锡高新区关于支持电子竞技产业发展的若干政策意见（试行）》对从事电竞游戏、电竞俱乐部、赛事运营等业务的企业给予最高 200 万元、最低 20 万元的补贴。

2023 年，南京各地区在原有产业政策基础上，又出台了多项措施推动游戏动漫和电竞产业发展。2023 年 2 月，苏州市发布了《苏州市推动文化创意

---

① 《2023 年度中国游戏行业金手指奖揭晓，数字武侠网游〈九阴真经〉获殊荣》，https：//www.sohu.com/a/738917254_121119410。

② 《市政府办公厅关于印发〈南京市"十四五"数字经济发展规划〉的通知》，https：//www.nanjing.gov.cn/zzb/zfxxgk/fdzdgknr/szfjbgtwj/202111/t20211111_3187004.html。

产业高质量发展三年行动计划（2023—2025年）》，把"支持动漫游戏原创研发"作为发展的重点任务，提出到2025年，实现规上游戏企业数量和动漫游戏行业营业收入翻番，打造全国动漫游戏产业研发生产基地。① 3月，第三届中国·江苏游戏产业高质量发展论坛在常州举行，江苏游戏产业高质量论坛连续三届在常州举办。5月，南京建邺区举办了2023数字经济大会，进一步深化了数字经济发展专项扶持政策在内的"1+6"政策。6月，南京江宁区发布了《江宁高新区加快元宇宙产业发展三年行动计划（2023—2025）》，7月发布了《关于激发高校创新活力支持校友经济发展的若干政策》。11月，首届游戏IP生态大会在苏州工业园区成功举办，为进一步激发苏州数字文化企业的发展活力，推动游戏产业高质量发展，在全省首创出台《苏州工业园区对外文化贸易企业库管理办法》，鼓励游戏产品及服务出口海外，首批评定13家企业入库，其中9家为游戏企业。并在2023年底出台了《苏州工业园区重点游戏企业库管理办法》，推动培育一批核心竞争力强、市场影响力大的游戏企业，对园区重点游戏企业实施入库管理，分级分类支持企业发展。12月，第二十届中国（常州）国际动漫艺术周暨数字伙伴生态链接大会在常州举办，会上发布了《常青行动——2024—2028常州市数字文创产业促进计划》，提出优化数字文化产业布局、推动数字技术研发应用等七大主要任务和加强统筹规划、加大政策支持、加快人才引育三项保障措施。此外，扬州、镇江、徐州等地也出台了相关产业政策，推动游戏、动漫、电竞等数字创意经济的发展。

政府的政策支持和优良的营商环境，推动了江苏游戏、电竞产业的快速发展，近年来，先后有李宁LNG英雄联盟职业战队、Hero久竞王者荣耀职业战队、苏州KSG快手王者荣耀职业战队落户江苏，其他一些优质电竞游戏企业也在2023年与江苏各地园区开展洽谈合作，推动项目落地，2023年KPL王者荣耀职业联赛夏季赛总决赛在南京建邺区的奥林匹克体育中心展开，江苏成为KPL联赛的重要举办地，独特的区位优势和优良的营商环境正在成为推动江苏游戏电竞产业新一轮快速发展的动力源。

---

① 《苏州市推进数字经济时代产业创新集群发展领导小组办公室关于印发苏州市推动文化创意产业高质量发展三年行动计划（2023—2025年）的通知》，http：//fg.suzhou.gov.cn/szfgw/zcwj/202301/37d6cf5a477c430d9057174668342961.shtml。

（五）优质高校资源多，产业人才基础好

江苏与全国各省份相比，除经济优势明显之外，另一个优势就是高校资源丰富，特别是优质高校资源多。截至 2023 年，江苏现有本科层面高校，包括民办、独立学院等共计 78 所，全国排名第一，其中双一流高校 16 所，在校生超过 170 万人。南京作为中国现代教育的发源地、全国重要的科研教育基地，拥有各类高校 51 所，每万人中在校大学生数量在同类型城市中位列全国第一。江苏许多高校在游戏、电竞等产业发展所需的动画、数字媒体、设计和计算机类人才方面都具有领先优势。其中，在动画领域，南京信息工程大学、金陵科技学院等 4 个学校的动画专业获批国家一流专业。在数字媒体艺术领域，江南大学、南京艺术学院等 4 个高校建设有国家一流专业。在电子竞技教育领域，2016 年，江苏成为全国首批开展电子竞技教育的省份之一，2016 年南京传媒学院成立了电竞学院；2018 年金陵科技学院成立了首个电子竞技产业学院，并在 2020 年获批为江苏省重点产业学院，成为全国唯一的电子竞技类现代产业学院。围绕电子竞技、游戏动漫等人才培养的专科、中高职院校众多，全国首批开设电子竞技教育的常州纺织服装职业技术学院、南京高等专科学校的办学模式和人才培养理念得到全国各地学校的认可。2023 年 6 月，作为省内游戏设计领域第一阵营的高校，南京艺术学院举办了 2020 级游戏艺术与 2021 级中英合作办学课程联展，展出课程联合作业 6 组、专项作业 18 组，中外合作课程作业 13 组，以多种形式呈现了游戏创意的设计与实现。

此外，江苏各地市一直以来都非常关注人才的引进和培育，把人才作为推动城市发展的重要动力，出台了许多优惠政策吸引和留住高端人才。2023 年 9 月，南京作为一座坐拥 50 多所普通高校、120 多个国家级研发平台、1 个 5000 亿级和 4 个千亿级新兴产业集群的城市，推出"人才强市 25 条""重点产业人才 7 策"两项人才新政，推动教育、科技、人才"三位一体"融合发展；2023 年 6 月，总面积约 24 万平方米的苏州国际人才港开港，以产城人融合发展持续打响"人到苏州必有为"品牌，向全球招引优秀人才。2018 年无锡高新区（新吴区）发布《关于实施"飞凤人才计划"的意见》，引进优秀人才落地无锡工作创业。《中国城市人才吸引力排名：2023》报告显示，无锡在中国最具"95 后"人才吸引力 50 强城市排名中跻身前十，位列全国第九，南

京、苏州也在榜单前十。人才的集聚优势成为江苏开展游戏、动漫等现代服务业的基础，青年人口的集聚也让江苏成为游戏、电竞人口大省，为江苏游戏产业的发展提供了强有力支持。在 2023 年江苏省 5A 级社会团体评选中，江苏省电子竞技运动协会、无锡市电竞协会均被认定为 5A 级协会，这从另外一个层面也反映出江苏良好的游戏电竞产业氛围。

三 江苏游戏产业的发展思路

2023 年，全国游戏产业发展迎来了新的变化，一方面游戏版号的进一步放开推动了更多游戏产品进入市场，打造了一些游戏精品，推动了游戏市场快速迭代；另一方面，国家新闻出版署在年末发布了《网络游戏管理办法（草案征求意见稿）》，规定网络游戏不得设置每日登录、首次充值、连续充值等诱导性奖励，使大批游戏公司的股价出现跳水式下跌。叠加国内外经济下行等压力，腾讯、网易等游戏大厂在 2023 年大规模裁员，产业发展态势收缩。因此，未来游戏产业既面临新一轮发展机遇，又将遭遇诸多不确定性因素。作为制造业大省、经济强省的江苏，游戏产业的发展需要结合自己的产业特色和区位优势，坚持走出一条江苏道路。

（一）发展游戏与文旅产业的融合，发挥"游戏+"赋能功能

江苏拥有丰富的文旅资源，随着国内大循环发挥经济带动作用，文旅产业成为推动地方经济的重要力量，也是当前各经济领域最为活跃的板块之一。文化和旅游部统计数据显示，2023 年国内出游达 48.91 亿人次，较上年增加 23.61 亿人次，同比增长 93.3%。国内游客出游总花费为 4.91 万亿元，较上年增加 2.87 万亿元，同比增长 140.7%。① 在欧维数据发布的 2023 年暑期国内旅行目的地综合热度排行榜中，江苏排名第二，仅次于山东；在旅游城市热度指数前 20 强城市中，南京、苏州分列第 7 位和第 9 位。据江苏省文化和旅游厅公布的数据，2023 年江苏文旅消费总额达到 5366.36 亿元，同比增长

---

① 《文化和旅游部：2023 年国内出游人次 48.91 亿，同比增长 93.3%》，https://travel.cnr.cn/dj/20240210/t20240210_526591535.shtml。

40.1%，占全国文旅消费总额的9.7%，继续位居全国第一。① 根据银联商务公布的数据，2024年春节前7天，江苏文旅消费额达153.75亿元，占全国文旅消费总额的11.5%，位居全国第一。美团平台数据显示，江苏接待国内游客量和文旅消费收入均居全国第二。丰富的文旅资源和良好的体验模式成为江苏吸引国内外游客重要的因素。

近年来，江苏文旅出现的数字化、智慧化体验模式，也给游客提供了更加舒适便捷的旅游体验。博物馆中的数字藏品、景区的虚拟数字人、夜游景点的灯光交互展示等数字化手段给游客带来了更沉浸的体验，赋予了旅游资源新的科技属性。而游戏化思维，让更多年轻游客获得新的旅游体验。2023年春节期间，颇受年轻玩家喜爱的《倩女幽魂》手游，携手秦淮灯会推出"倩女主题国风灯会"，开创了用游戏让传统文化"活"起来的新玩法。秦淮灯彩携手《梦幻西游》手游，精心设计的"神兔"灯组，首次亮相夫子庙北牌坊和南京水平方。2023年，南京德基艺术博物馆采用数字艺术形式展出清朝冯宁的《金陵图》，以游戏方式让参观者扮演独立角色进入《金陵图》街景。参观者与画中人物互动，实现沉浸式游览。2023年，常州环球动漫嬉戏谷乐园二期嬉戏海与国内知名游戏公司合作，开展线下游戏主题旅游线路，与完美世界联袂打造华东超级"完美水世界"，与腾讯首度合作推出线下儿童体验区"洛克王国"区、还原秘境探险、神魔传说的"幻想森林"区等。游戏与文旅产业的结合，不仅创新了游戏产业的发展模式，还以内容和表现形式赋能文旅产业，为传统文旅产业数字化、智能化转型提供了支持，丰富了内容场景和新消费模式。目前，江苏的文旅产业正全力发展智慧旅游，要在强化数字科技赋能中实现传统与现代的有机衔接，让深厚的文旅资源借助科技手段活起来、动起来、用起来，以创造性转化、创新性发展，焕发传统文化的魅力，持续满足人们不断更新的文旅需求。这恰恰也是江苏游戏产业发展的重要方向，发挥游戏本身的赋能属性，以"游戏+"模式推动游戏产业与文旅产业融合发展，打造更多智慧文旅应用场景，进而带动游戏产业自身的发展。

---

① 《2023年江苏文旅消费总额继续位居全国第一》，http：//www.jiangsu.gov.cn/art/2024/1/15/art_84322_11124794.html。

（二）推动游戏向影视动漫和电竞产业拓界，打造全游戏产业

游戏作为现代娱乐手段的一种类型，并不仅限于网游、端游、手游等产业领域，动漫、电竞、影视等都与其有着不可分割的关联。从江苏注册的涉及游戏类业务的企业来看，大多数企业的主营业务还涉猎影视、动漫和电竞、文创、出版等领域，如江苏原力数字科技的主要业务板块是影视动漫，以制作动画内容为主；江苏有线虽然涉及游戏业务，但主体业务还是电视节目运营；常州远东文化主营业务为广播影视娱乐制作；常州环球动漫嬉戏谷以打造动漫主题乐园为主营业务。与江苏的游戏产业相比，江苏在影视动漫领域的全国影响力更大、产业地位更高，得天独厚的影视动漫和电竞产业资源为江苏游戏产业开展综合性、全游戏产业发展模式提供了支撑。

在电影领域，2023年江苏企业领衔出品的电影共有14部，占全国已上映影片数量的3%；总票房超过53.92亿元，为电影市场贡献10.7%的票房。其中《封神第一部：朝歌风云》《八角笼中》分别列全国上映影片票房第5、6位。此外，江苏的影视基地在全国具有竞争力，无锡国家数字电影产业园、无锡影视城、扬州影视基地电影世界、华谊兄弟（南京）电影小镇等都具有独特的影视制作资源。电影与游戏融合发展已经有30多年历史，从1993年美国的《超级马里奥兄弟》《超级街头霸王》到后来的《生化危机》《魔兽》，游戏改编电影带来了大量商业成功案例，2018年斯皮尔伯格的《头号玩家》、2021年肖恩·利维的《失控玩家》、2021年路阳的《刺杀小说家》等都是影游融合推出的新电影。2023年公布的《中国电影蓝皮书2023》提到，面对以Z世代、千禧一代为代表的新观众群体，在电影中融入游戏化思维必然也成为常态，因此，游戏产业向影视动漫领域拓界，是未来游戏产业发展的重要方向之一。

近年来，电竞产业的兴起为游戏产业发展提供了更为广阔的空间。以游戏为内容的电竞产业成为当下最为时尚的数字体育内容，借助电竞的竞技效应和全民参与效应，许多游戏产品获得长久的生命力。如《英雄联盟》是美国Riot（拳头）公司于2009年开发的多人竞技类电脑游戏，随后由腾讯代理运营，在全球设立赛区，成为电竞领域关注度最高的游戏项目。2018年，在雅加达亚运会上，该游戏被列入表演项目；2022年，该游戏成为杭州亚运会正式比

赛项目；2023 年，《英雄联盟》手游项目推出，进一步扩大了该游戏的玩家群体规模。2009 年至今，该游戏历经 15 年长盛不衰，除了本身游戏可玩性强和不断更新升级外，电竞赛事的推广是最为重要的因素之一。目前，主流的电竞赛事均由游戏厂商运营和推广，电竞赛事是延长游戏生命周期最有效的方式，游戏电竞化是游戏产业发展升级的重要路径。江苏是电竞大省，2017 年在国家体育总局信息中心主办的 2017 全国电子竞技公开赛中，江苏获"电竞最强省"的称号。目前，在全国电竞产业布局中，上海以独特优势位居全国第一，江苏依托雄厚的经济基础和完善的赛事体系位居全国第二阵营的前列。2023年，全省举办近千场各类电竞赛事，打造标准化电竞场馆超过 20 个，电竞产业从业人员超 10 万人，南京、苏州、扬州、无锡等地拥有电竞产业园区 10 多个，电竞正在成为江苏数字体育的重要组成部分，成为江苏体育强省的重要支撑。因此，无论是影视动漫产业还是电竞产业，江苏都有着非常丰富的资源，也在全国居于领先地位，这些为江苏游戏产业的拓展提供了可能，也是未来江苏游戏产业进一步提档升级的重要支撑。

（三）推动游戏在元宇宙等新场景的应用，打造数字经济新支撑

游戏产业是一个以信息技术应用为主体的产业，世界最早的游戏诞生于大学的实验室中，1952 年剑桥大学计算机科学家 A. S. Douglas 开发出历史上第一款电脑游戏 *Noughts & Crosses*，也就是"井字游戏"。该游戏借助当时最先进的大型计算机完成运行。游戏产业的核心是计算机技术，包括计算机图形技术、计算机硬件技术等，从电脑端到手机端，游戏的载体发生了变化，用户得以更加便捷的参与和使用游戏，因而游戏的参与人群也在发生变化，可以说，游戏是现代科技最重要的演练场。随着元宇宙时代的到来，虚拟与现实相融合的跨界空间将成为人们未来生活、工作和娱乐的重要场景。2023 年 8 月，工业和信息化部办公厅、教育部办公厅、文化和旅游部办公厅、国务院国资委办公厅、广电总局办公厅发布《元宇宙产业创新发展三年行动计划（2023—2025 年）》，提出"构建先进元宇宙技术和产业体系""培育三维交互的工业元宇宙""打造沉浸交互数字生活应用"等 5 项具体发展任务，元宇宙产业是新一代信息技术的典型应用场景，向内涵盖了游戏、影视、设计等多个产业领域，向外对接了现实世界的经济系统、社交系统、身份系统等多样化生活场

景，具备下一代互联网形态特征。围绕国家元宇宙发展，2023 年，江苏省工业和信息化厅、教育厅、文化和旅游厅、国资委、广播电视局五部门联合发布《江苏省元宇宙产业发展行动计划（2024—2026 年）》，提出到 2026 年，元宇宙产业要实现产值 1000 亿元，年均增速超过 20%，工业元宇宙应用水平全国领先，成为元宇宙产业融合创新发展高地。[①] 可以说，对于江苏游戏产业下一步发展而言，主动拥抱元宇宙，为元宇宙产业发展提供丰富应用场景，创作更多交互内容是江苏游戏类企业未来业务的重要增长点。在 2023 年公布的《2023 胡润中国元宇宙潜力企业榜》中，大量游戏类企业成为元宇宙细分场景里的代表性企业，如三七互娱成为生态应用领域代表企业，网易、腾讯成为平台技术领域代表企业，米哈游成为元宇宙领域最具潜力 Top50 企业，莉莉丝成为元宇宙领域最具潜力 Top100 企业，中旭未来成为元宇宙领域最具潜力 Top20 企业。可以看到，游戏类企业布局元宇宙领域、主动拥抱元宇宙产业是其下一步发展的重要方向。2023 年，江苏省委书记在南京调研元宇宙产业时，走访了硅基智能科技公司、艾迪亚动漫艺术公司、原力数字科技公司，提出透过这三家具有较为明显游戏类基因的企业，看到了元宇宙这片"新蓝海"的广阔前景。[②] 因此，作为未来产业的元宇宙产业，将会给江苏的游戏产业升级提供广阔空间，成为推动游戏产业发展的新质生产力。

（四）培育和引入龙头游戏企业，形成头雁效应

一个地区的产业要占据行业的前端，就需要有围绕龙头企业组建的产业集群，如本报告前文所述，作为经济强省的江苏，虽然游戏类企业数量排名全国第二，游戏产业的布局链条也非常完整，但是缺少如腾讯、网易、完美世界、米哈游、莉莉丝、三七互娱等龙头游戏企业，这使江苏的游戏产业呈现"多而不专、大而不强"的局面。从目前江苏游戏产业整体状况来看，还无法与江苏经济强省、文化强省、体育强省的定位相匹配，也无法企及在全

---

① 《省工业和信息化厅等五部门关于印发〈江苏省元宇宙产业发展行动计划（2024—2026 年）〉的通知》，http://gxt.jiangsu.gov.cn/art/2023/10/31/art_6278_11057518.html。
② 《信长星在南京调研元宇宙产业时强调 强化集成创新 拓展应用场景 积极抢占新赛道塑造新优势》，http://www.jiangsu.gov.cn/art/2023/10/26/art_89079_11052784.html。

国"走在前、做示范"的发展定位。面对当下新一轮全国游戏产业布局调整，江苏的游戏产业发展亟须引入和培育本地龙头型游戏企业，培育和打造全国现象级游戏产品，在全国游戏产业布局中体现江苏优势。从引入龙头企业角度来看，目前位居全国游戏产业前端的公司总部均位于北京、广州、杭州、上海等一线城市，且发展时间较长，已经在所在城市形成了自己的生态，企业外迁的可能较小，但是，一些头部企业的部分游戏项目研发与发行部门的外迁可能性更大。例如，腾讯游戏的总部在深圳，但是承担腾讯移动端游戏研发的天美工作室设在成都，并开发了现象级手游《王者荣耀》。依托这款游戏，成都成为全国游戏研发与生产的主要城市，也成为王者荣耀电竞赛事的主要运营地。2023 年，2023 年王者荣耀世界冠军杯总决赛、CFS 2023 世界总决赛、2023 腾讯开悟人工智能全国公开赛、2023 永劫无间世界冠军赛、2023 IVL 秋季总决赛五大电竞赛事落户成都，让成都一跃成为全国电竞头部城市。除了引入国内头部游戏公司工作室之外，引入国际知名游戏公司的中国分部也是一个不错选择，例如法国育碧公司是世界知名游戏开发企业，旗下产品如《刺客信条》《波斯王子》等在全球都非常有影响力，有众多忠实玩家。法国育碧公司在中国设有多家分支机构，1996 年在上海成立中国分公司，作为中国区总部，此后在 1998 年、2007 年又分别在北京和成都成立分公司和游戏制作工作室，带动了两地游戏产业快速发展。除了法国育碧公司外，拳头、艺电、艺铂等国外知名游戏公司都在国内设有分公司或工作室，但大多集中在上海、北京、成都等地，其他城市布局较少。因此，依托江苏南京、苏州、无锡等城市游戏产业集聚度高、业态成熟的资源优势以及人才优势，引入国外知名游戏公司设立分部或工作室是打造江苏游戏产业龙头企业的思路之一。另外一个途径是培育本地游戏龙头企业，相较于引入，这一发展方式可变性较大、培育周期较长。上海米哈游的发展历史是近 10 年中国本土游戏龙头企业成长的缩影。目前市值达 2000 亿元的米哈游由上海交通大学 4 名研究生于 2009 年创立，2011 年，米哈游工作室正式成立，开发了第一款游戏《泡泡英雄》。9 个月后，他们在 App Store 上线了第一款付费游戏 *fly me 2 the moon*。到了 2012 年 2 月，米哈游公司正式成立，此时的初创团队平均年龄仅 24 岁，成员由最初的 5 人扩展到 7 人。同年 12 月，米哈游上线了《崩坏学园 1》，但市场反响不大，直到 2014 年《崩坏学园 2》

上线，才让团队成功赚到"第一桶金"，年营收超过了 1 亿元。2016 年《崩坏学园 3》上线，米哈游仅 1 年就完成了 11 亿元流水，公司进入了发展的快车道。2017 年 2 月，米哈游第一次申报上市 A 股。2018 年，公司发布《原神》漫画序章，2020 年，《原神》正式上线。截至 2023 年 1 月，《原神》总收入达 41 亿美元，约合 270 亿元人民币，并且依旧保持上线第一年即在 27 国应用商店下载榜居首位的纪录。10 年的时间，近 7 年的成长与孵化期，这是创业型游戏公司成长的一个轨迹，很多地方政府希望能够复制形成下一个米哈游，时间成本是考验地方政府耐心的一个利器。只有不断营造和完善创业环境，培育游戏产业发展的生态体系，制订优质企业长线培育计划，才有可能推动本地游戏企业成长为行业龙头企业。

（五）创办活动品牌，形成江苏版 ChinaJoy 模式

2023 年 7 月，上海举办第二十届中国国际数码互动娱乐展览会（ChinaJoy），本届 ChinaJoy 共有约 500 家企业参展，占据 11 个展馆，整体展出面积突破 12 万平方米。展会 4 天合计入场 33.8 万人次。2023 年 12 月 14 日，中国游戏产业年会和中国国际数码互动娱乐展览会二十周年庆典在广州举行。① 中国游戏产业从无到有、从弱到强，从世界范围来看，任何成熟的行业都有自己独特的、标志性的赛事、品牌活动，如电影领域的奥斯卡、音乐领域的格莱美、动漫领域的昂西动漫节等。作为一个以青年人为主要群体的领域，游戏动漫领域开展了许多有代表性的活动，如东京电玩展、电子娱乐展览会等，这些展览是全球游戏爱好者和研发者交流和展示的阵地，是整个产业不可或缺的生态环节。二十年来，ChinaJoy 虽然在发展中遇到诸多问题，包括一些舆论危机，以及一些商家恶意炒作、使用不恰当营销手段等带来了许多负面影响。2015 年，为了制止展会中的乱象，主管部门出台了相关规定，让大众的关注度从各类猎奇新闻回到游戏产品上，让展会重回发展的正轨。上海 ChinaJoy 的成功和行业品牌的树立，为上海游戏产业发展环境的营造提供了强大的助力，让上海成为全国游戏产业的第一方阵。对于江苏而言，打造江苏版

---

① 《顺网科技副总裁韩志海：ChinaJoy 是新技术与游戏融合的见证者》，https：//baijiahao. baidu. com/s？id=1785865279036488251&wfr=spider&for=pc。

的 ChinaJoy 模式非常有必要。江苏作为制造业大省和经济强省，动漫游戏类企业众多，产业链上下游企业齐全，不仅有众多游戏内容开发商、运营商，而且在游戏周边相关的硬件生产、电竞赛事服务、游戏直播平台、游戏数据服务等领域有许多全国知名的企业。此外，江苏许多城市在国际性、全国性会展活动方面有着非常成熟的经验和成功的案例，如从 2005 年至今举办了 18 届南京软博会，通过打造自己的特色展会活动品牌，为南京软件名城建设提供了强力支撑。2009 年，中国唯一的国家传感网创新示范区在无锡建立，无锡担起了在物联网领域先行探路的使命。随后从 2010 年开始，无锡市每年举办中国国际物联网博览会，2016 年，为进一步提升办会层次和水平，中国国际物联网博览会更名为世界物联网博览会，无锡"产业+展会"的模式逐步成熟。可以说，无锡物联网产业与世界物联网博览会相伴而生、相伴而行、相伴成长，展会推动了无锡物联网产业进入全国产业发展第一梯队。因此，围绕江苏游戏产业打造江苏版的 ChinaJoy，是发挥江苏已有产业优势，营造游戏产业氛围，聚焦世界眼光，让江苏游戏企业和游戏产品"走出去"、打造品牌的重要举措。

四 江苏游戏产业展望

面对新一轮游戏产业发展机遇与挑战，江苏游戏产业还需要理性确立在全国的定位，通过与现有优势产业有机融合，深耕自身产业品牌，围绕新技术、新场景拓界发展，培育良好产业生态环境，走出具有江苏特色的游戏产业发展道路。

（一）理性确立江苏游戏产业在全国的定位

自 20 世纪 50 年代电脑游戏问世以来，游戏至今已经发展了 70 多年；从 1972 年美国人布什内尔创办世界上第一家电子游戏公司至今，游戏产业的也已有 50 多年的历史。中国的游戏产业起步可追溯至 1984 年第一家电脑游戏开发公司"上海岛风电子计算机工作室"的成立，至今，游戏产业在中国已经有 40 年历史。从最初游戏领域的尝试，到现在中国国内游戏产业年营收超过 3000 亿元，中国的游戏产业已经从萌芽期进入了一个相对成熟的阶段，游戏产业在中国整体布局已经初步确立。上海、广东、北京、四川等地因拥有众多游戏头部企业和较为完善的游戏产业集群及上下游供应链体系，成为中国游戏产业的第一方阵，而且随着产业的稳步发展，产业生态集聚效应的发挥，这一阵营的地位会更加稳固，其他区域短期内都无法超越。江苏作为拥有游戏类企业数量全国第二的经济强省、制造业强省、体育强省，省内13个设区市经济较为发达，未来在全国游戏产业格局中的定位应该落到致力于打造全国游戏产业第二阵营的"排头兵"上，通过打造自己的龙头游戏类企业，培育全国知名的现象级游戏产品，结合江苏丰富的文旅产业资源，发挥江苏新技术领域的发展优势，形成江苏特有的游戏产业发展模式，成为全国游戏产业重要的生产基地。

（二）培育良好的江苏游戏产业发展生态环境

在未来的游戏产业发展中，江苏有着可以"弯道超车"的机遇，与此同时，要推动江苏游戏产业在全国地位的提升，也面临许多亟待解决的问题。列在首位的就是政府的整体产业布局和推动游戏产业发展的决心。2023年，江苏游戏产业发展基础较好的南京市发布了"2+6+6"的《南京市推进产业强市行动计划（2023—2025年）》，游戏产业并没有被提及；2023年11月，江苏省人民政府发布了《省政府关于加快培育发展未来产业的指导意见》，提出要"加快构建现代化产业体系，形成新质生产力，增强发展新动能"，① 而游戏产业也未作为发展的内容被提及。由此看出，政府发展游戏产业的信心和决心目前还不明确，在对游戏以及电竞产业的发展上，政府在决策和舆论引导方面的态度仍模棱两可，企业全身心布局和发展游戏产业的底气不足。与政府的决心不强相对应，在作为全国教育强省的江苏，社会大众对发展游戏的态度也是模糊的，社会大众还普遍存在"谈游色变"的情况，对游戏、电竞仍保留着"精神鸦片""电子毒品"的偏见。2020年以来，未成年人在家长不知情的情况下给游戏充值、给直播打赏成了消费投诉方面出现的新热点，江苏省消费者权益保护委员会启动了"未成年人游戏充值、直播打赏消费调查"，对相

---

① 《省政府关于加快培育发展未来产业的指导意见》，http：//www.jiangsu.gov.cn/art/2023/12/11/art_64797_11095091.h:ml。

关平台和游戏企业公开约谈。① 2018 年，扬州邗江区教育局成立了中小学生典型问题和流行现象课题研究组，对中小学生开展问卷调查，发现近50%的受访者家长因手机与孩子产生过矛盾，其中重要的原因就是学生使用手机玩游戏。之后，邗江区教育局出台了《关于做好预防中小学生手机成瘾教育引导工作的意见》，明确学校各岗位责任人，落实预防学生沉迷手机、沉迷网络工作责任。② 因此，在社会层面，如何引导大众正确对待游戏、解决家长关切、营造良好的社会氛围是江苏发展游戏产业同样不可回避的问题。

① 《江苏省消保委约谈腾讯等：未成年人沉溺游戏、过度消费频发》，https：//baijiahao. baidu. com/s？ id＝1665911928519844807&wfr＝spider&for＝pc。

② 《邗江发出倡议"放"下手机亲情陪伴更多些》，https：//jsnews. jschina. com. cn/yz/a/201812/t20181204_2086603. shtml。

B.8
2023年江苏微短剧产业发展报告[*]

魏 佳 谭沁洁[**]

摘　要： 2023年仍是江苏微短剧高速发展的一年。在顶层设计作用的推动下，长短视频平台蓄势发力，江苏微短剧的创作数量与质量齐头并进，展现出创作题材多元化的态势。通过数据统计分析发现，江苏微短剧虽在创作内容、宣传营销、专业人才、国际传播等方面与微短剧产业头部省份相比仍有一定差距，但逐年增长的良好势头表明了江苏微短剧的后劲十足。本报告总结了江苏微短剧产业发展的模式与特点，厘清现存问题，并在推进行业标准化建设、精品化创作助力高质量发展、打造"文旅+"新模式、促进微短剧"扬帆出海"等方面指明江苏微短剧产业发展的未来突围方向。

关键词： 微短剧产业　内容生产　文化消费

　　2020年以来，中国微短剧市场高速发展，江苏作为中国的经济和文化大省，对微短剧产业给予了充分的重视和支持。伴随着时代潮流，江苏微短剧产业逐浪向前，跻身行业前列。面对由"迈上新台阶"提升到"高质量走在前列"的文化强省发展要求，及谱写"强富美高"新江苏建设实践篇章的期许，江苏微短剧产业积极展现文化担当，呈现创作数量与质量齐头并进，题材丰富度提升、集数产量扩大，年轻女性用户占主导，元宇宙助力技术赋能等发展态势。

---

　*　本报告系江苏省社会科学基金项目"新时代江苏电视剧高质量发展研究"（23TYD016）的阶段性成果。

　**　魏佳，博士，南京艺术学院传媒学院教授、博士生导师，主要研究方向为网络视听、影视艺术；谭沁洁，南京艺术学院传媒学院硕士研究生，主要研究方向为网络视听、影视艺术。

一 江苏微短剧产业的现状

江苏省作为中国东部的经济强省，近年来在文化产业尤其是微短剧领域展现出强劲的活力和潜力。微短剧以其短小精悍、易于传播的特性，在移动互联网时代迅速崛起，成为文化消费的新宠。江苏微短剧产业不仅在能级上位居行业前列，而且在创作数量与质量、题材丰富度以及集数产量等方面均呈现积极的发展态势。此外，年轻女性观众居主导地位以及元宇宙技术赋能，为江苏微短剧产业的未来提供了广阔的发展空间和更多的创新机遇。

（一）产业能级位于行业前列

艾媒咨询发布的《2023—2024年中国微短剧市场研究报告》显示，2023年中国微短剧市场规模为373.9亿元，同比增长267.65%。伴随着时代潮流，江苏微短剧产业逐浪向前，跻身行业前列。企业存续数量全国排名第五，有接近两万家。[①] 江苏广播电视节目制作经营许可证持证单位现共有2116家，[②] 其中以无锡渡渡鸟影视有限公司、江苏广电荔枝网络发展有限公司、江苏星光国韵影视科技有限公司、南京中略亿盛影视文化传媒有限公司等为代表的一众影视传媒公司加入了微短剧创制的行列。

（二）创作数量与质量齐头并进

微短剧是单集时长在几十秒到15分钟左右、有着相对明确的主题和主线以及较为连续和完整的故事情节的网络视听节目。[③] 与播放媒介主要为电视的电视剧相比，微短剧主要通过手机、平板电脑、计算机等网络设备播放。同时，与网络剧相比，微短剧更注重紧凑和高潮迭起的剧情设计且制作周期相对较短，成本也较低。

---

① 《〈2023年短剧产业区域版图〉：超30万家企业"入局"，江苏省位居全国第五》，http://njcb.xhby.net/pc/con/202312/29/content_1281511.html。
② 数据来源：江苏省广播电视局广播电视节目制作经营许可证持证单位名录。
③ 《国家广播电视总局办公厅关于进一步加强网络微短剧管理 实施创作提升计划有关工作的通知》，https://www.nrta.gov.cn/art/2022/12/27/art_113_63062.html。

2023年江苏重点微短剧规划备案70部左右，较2022年增长约40%。2023年江苏微短剧上线备案通过8部，较2022年增长约33.3%。① 2023年，中国微短剧拍摄备案共3574部，江苏省占比约为2%。② 虽然江苏微短剧拍摄备案数量占比不算大，但其数量整体排名居全国前列。其中《司法所的故事》入选国家广电总局2023年网络视听节目精品创作传播工程，反诈刑侦网络剧《我是猎手》入选江苏省广播电视局网络视听精品库，乡村振兴主题微短剧《青山绿水那朵云》为江苏省广播电视局精品扶持项目，海洋生态保护主题微短剧《我等海风拥抱你》为2023长三角白鱀豚原创网络视频大赛特别单元作品参赛作品。

（三）题材丰富度提升，集数产量持续扩大

2023年江苏备案微短剧的题材多为"都市"和"传奇"，同时，"脱贫攻坚""古典文化""科幻""反诈"等丰富了江苏微短剧产业的题材，展现出江苏微短剧产业的创新尝试，满足了不同观众的需求，丰富了江苏微短剧的内容。在集数分布上，24集的微短剧数量较多，占比接近50%。与2022年相比，24集及以上微短剧的产量比重明显提高，从5%左右上涨到近13%，这为故事提供了更广阔的发展空间。江苏微短剧通过不断引入新的故事结构、表现手法和艺术元素，在艺术创新方面迎来突破，为微短剧带来更多的可能性。2023年江苏重点微短剧规划备案约70部，总计近1800集，上线备案通过8部，总计138集。③

（四）年轻女性观众占据主导

数据显示，微短剧观众以女性为主。当前全国短视频用户规模超过10亿人，2023年上半年热播微短剧的观众中，Z世代（15~29岁）占比高达64.8%，Y世代（30~39岁）占比达到24.2%。在微短剧观众中，女性占比达到73.04%，④ 可见年轻女性是微短剧的核心观众。微短剧通过女性的情感纠

---

① 数据来源：重点网络影视剧信息备案系统。
② 数据来源：《2023年度短剧报告》、重点网络影视剧信息备案系统。
③ 数据来源：重点网络影视剧信息备案系统。
④ 数据来源：美兰德传播咨询视频网络传播监测与研究数据库。

葛、职场挑战、友情矛盾等情节来引发观众的思考和共鸣，吸引年轻女性观众关注。超过80%的微短视观众拥有本科及以上学历，年轻人的话语权明显提高，伴随用户群体规模的不断扩大，提高微短剧的内容质量刻不容缓。此外，由于小程序短剧内容"接地气"，其观众主要集中在35~55岁群体。除了传统年轻女性观众之外，男性、青少年等观众群体亟待探索。

（五）元宇宙助力技术赋能

元宇宙是当今世界各国科技创新最热门、最具活力的领域之一。近年来，随着元宇宙的不断升温，利用元宇宙为传统文化注入新的活力，已成了一种新的潮流，在元宇宙等相关技术的支持下，文化内容生产蕴藏着无限的创新发展空间。由江苏星光国韵影视科技有限公司出品的《跨越世界来见你》是全网首部元宇宙恋爱微短剧，该剧通过元宇宙技术，创造出了一个全新的虚拟世界。此外，由晨曦影业无锡有限公司牵头的元宇宙系列剧《我的老婆是打更人》《梦回梁溪》也即将在无锡开机。元宇宙的"大世界观"构造使故事能够跨越时空，在现实与虚幻中交错展开。在元宇宙浪潮的影响下，微短剧的场景和人物创作将获得更大的自由度和创新空间，拥有更多的故事背景和情节线索，从而进一步丰富微短剧的内容。

二 江苏微短剧产业的模式与特点

江苏微短剧产业在模式创新和产业发展方面具有鲜明特点，成功构建了多元化表达、顶层设计统筹以及多平台协同发展的复合型发展模式。内容上注重多元化的探索，适应不断变化的市场需求；政府部门和行业协会致力于搭建平台，促进资源共享，推动产业链上下游的整合；长视频平台为江苏微短剧产业提供重要支撑，短视频平台凭借其社交属性和传播优势，可助力微短剧触达更广泛的观众群体。江苏微短剧的产业模式不仅推动了微短剧内容的多样化发展，还促进了整个产业链的高效运作和市场竞争力的提升。

（一）多元表达呈现市场主流，微短剧叙事牢抓主线

"爱情+"题材仍占绝对主流，在统计中，"爱情+传奇/古装/都市/女性"等复合类微短剧占比超50%，备受观众追捧。在此基础上，江苏微短剧也有自己的创新尝试，"脱贫攻坚""古典文化""科幻""反诈"等题材的加入让其呈现不一样的面貌。例如，无锡兔狲文化传媒有限公司出品的13集微短剧《山野异事：卷贰》，展现了中国古代文化的情趣与诗性想象，该剧取材自中国经典著作《聊斋志异》《阅微草堂笔记》《子不语》《醉茶志怪》《酉阳杂俎》等，在借鉴古典文学IP的基础上，融入中国古典美学基因，展开志怪新表达。故事虽然以古代志怪为蓝本，但呈现的"人"的情感的复杂性是不分时代的。在当前青年群体成为主要观众的背景下，《山野异事：卷贰》将古典元素、文化符号与当下青年的价值观念相结合，表面上讲述古代的志怪故事，实际蕴藏着对现代情感和现实的观照，为现实问题提供了解决方案。无论是《恒娘》《婴宁》中的夫妻相处之道，还是《归乡》中对于家乡的思念之情，都能引起当下观众共鸣，助力价值观的传递。

由江苏省广播电视总台网络产品部、南京市栖霞区文化和旅游局联合出品的脱贫攻坚主题微短剧《青山绿水那朵云》表现不俗。此外，科幻题材微短剧《壹零》、反诈刑侦题材微短剧《我是猎手》、非遗文化题材微短剧《一梦枕星河》也反响较好。

强情节、高密度是一部微短剧的基本要件，微短剧篇幅短小精悍，必须在短时间内将故事情节、人物性格、情感变化展现出来。微短剧受制于时长限制，平均每个场景的展开时间不超过5秒，镜头切换速度极快。同时，微短剧将人物关系网与叙事线索精简为一条清晰的主线，将所有的情节全部围绕这条主线展开，设计更为紧凑集中。《我等海风拥抱你》通过18集9~15分钟的剧情讲述了男主和女主一起为了维护灵岛的海洋生态而努力的故事。微短剧是集摄影、声效、后期制作为一体的视听盛宴，它要求在短时间内带给观众强烈的感官冲击，通过紧张的情节、激烈的冲突、典型的人物等，打动人们的心灵，引起观众强烈的情感共鸣。

（二）发挥顶层设计，探索统筹协调

江苏一直高度重视文化工作，致力于加快建设文化强省，构筑文化高地，提升江苏文化软实力。根据国家《"十四五"文化发展规划》和《江苏省国民经济和社会发展第十四个五年规划和二〇三五年远景目标纲要》，江苏省制定了《江苏省"十四五"文化发展规划》。为了促进文化艺术的创作和生产，更好地满足人们对美好生活的追求，江苏省在顶层设计上加强规划。如，强化对创作的规划和指导，把提高文化艺术作品的质量作为重点，探索建立名家大师领衔创作机制，推出一批现象级作品，突出抓好大运河、长江、海洋等题材文艺创作；建好、用好江苏省剧本创作孵化中心，推出一批优质剧本，培养一批优秀编剧人才；开展"文学+影视"创投计划，推动跨界融合转化，打造高质量影视精品；建立健全现代文化体系，完善市场机制，推动江苏省文化产业向更高层次发展；优化文化产业布局，制订文化产业竞争力提升计划，强化规划引导，打造特色集群，建设长三角文化产业一体化发展示范区；加快江苏（国家）未来影视文化创意产业园、扬州光线、常州西太湖等影视基地建设，充分发挥大型国有文化企业龙头作用，做大做强民营文化企业；等等。

江苏微短剧产业想要实现从无到有、从有到优、从优到强的发展，离不开政策的支持、推动、引导和巩固。2022 年 6 月，国家广播电视总局颁发的《网络剧片发行许可证》是具体针对网络剧、微短剧、网络电影等多种类型影视产业的行政许可，要求在其上线播放的过程中，必须在节目开头醒目处标出发行许可证号码。刑侦题材网剧《对决》成为第一部获得"网标"的网络剧，发行许可证为"（总局）网剧审字（2022）第 001 号"。这种"网标"类似电影片头播放的"龙标"，《网络剧片发行许可证》的发布，标志着网络剧的监管进一步加强，步入新的发展阶段。2022 年 12 月，国家广播电视总局发布《关于进一步加强网络微短剧管理 实施创作提升计划有关工作的通知》，提出要严格管理网络微短剧，引领微短剧朝着规范有序的方向前进，推动微短剧向专业化、精品化发展。并且提到在内容创作上应充分发挥各类媒体、专业组织机构在微短剧领域的创作潜力与表率作用，壮大正能量供给体系，支持制作更多受大众喜爱的微短剧作品，塑造更多具有感染力和鼓舞效果的人物和故事。国家广播电视总局再次公布针对微短剧治理的七大举措，包括加快制定《网络微短剧创作生产与内容审核细则》、研究推进微短剧 App 和微短剧小程序等进入机构日常管理体系等等。随后，抖音、快手、微信等平台陆续发布公告，接连下架违反规定的微短剧，并对微短剧营销号进行处置。江苏微短剧在发展过程中，紧跟国家步伐，注重对接国家政策、江苏政策，积极响应关于推动影视产业高质量发展的号召，并因地制宜地发挥顶层设计的优势，促进各方面的统筹协调，维护良好的微短剧市场秩序，推动江苏微短剧产业健康发展。

（三）长视频平台支撑发力，短视频平台蓄势待发

2023 年长短视频平台共上线 1125 部微短剧，相比 2020 年 103 部、2021 年 420 部、2022 年 442 部的上线量，实现阶梯式增长。① 目前播出的江苏微短剧多集中于长视频平台，在短视频平台播出的较少，未来仍有较大增长空间。

与短视频平台相比，长视频平台更擅长专业内容制作，凭借专业性和标准化的制作流程，其出品的剧集在市场上的影响力更大，对观众的吸引力也更强。《一梦枕星河》是苏州广电传媒集团和芒果 TV 强强联手制作的一部微短剧，也是精品微短剧的一次全新尝试。该剧以非物质文化遗产苏州苏扇的传承为创作题材，融入苏绣、宋锦、缂丝、评弹、昆曲等非物质文化遗产，展现中秋、除夕等传统节日的文化氛围，探索了微短剧与非遗文化的融合之道，使两者相得益彰。2023 年，《跨越世界来见你》《应有长风倚碧鸢》《初吻 33 次》《青山绿水那朵云》等江苏微短剧在腾讯视频上线，《山野异事：卷贰》在百视 TV 首播，《阳光漫漫皆为你》则在乐视 TV 播出。长视频平台作为微短剧的重要发布和传播平台，资源丰富、创作空间广阔，能够展现丰富的故事情节和高质量的制作水平。通过提供内容展示、资源整合、品牌合作和社交互动等各方面的支持，长视频平台为微短剧的创作和传播创造了良好的环境和条件，也为观众提供了更加丰富多样的内容选择和观影体验。

作为微短剧的原生平台，短视频平台以其自身的优势，汇聚了众多的精品

---

① 数据来源：德塔文数据库。

IP和头部创作公司，持续促进微短剧的多样化和精品化。MCN机构在短视频领域扎根时间长，内容创作的网络意识强，很早就占领了微短剧市场，而抖音、快手也为微短剧提供了成长的平台。在短视频平台中，用户可以通过评论、点赞、分享等多种方式和他人互动，从而增强作品与观众的互动性，扩大微短剧的传播范围。而目前，为给微短剧发展创造一个更长久稳定的环境，长短视频平台也正从在各自领域发光发热逐步转变为"强强联手"。之前，抖音已经和腾讯、搜狐、爱奇艺等多家平台签署了合作协议。2023年底，芒果TV与抖音达成合作并举行签约仪式，双方宣布把微短剧的共同研发当作切入点，就二次创作、品牌营销等多个领域进行深入的合作，让双方平台充分利用各自优势，满足广大用户对网络视听的多样需求。这为江苏微短剧未来的发展模式提供了更加广阔的发展舞台。

三　江苏微短剧产业的现存问题

江苏微短剧产业虽然发展迅速，但仍存在一些问题和挑战，涉及创作质量、市场竞争、营销策略、人才培育以及国际传播等多个方面，制约着产业的发展。江苏微短剧产业在追求更高质量发展和更大影响的过程中，需要正视和解决这些现存问题，通过加强内容创新、提升营销能力、构建人才体系以及深化国际交流合作等措施，促进产业的持续健康发展。

（一）创作刻板：主题呈现泛泛，低俗内容屡禁不止

为了迎合大众的口味和市场需求，许多微短剧的内容主题往往集中在流行的趋势和话题上，这种集中化的主题选择导致了微短剧内容的同质化，容易使观众产生审美疲劳。江苏微短剧在创作过程中也面临同样的问题。2023年江苏备案的微短剧中，《恋爱美味值》《恋爱企划》《山楂树之恋》《多巴胺恋爱指南》《一百二十分喜欢你》等一众微短剧都以"爱情"为创作主题，内容同质化现象严重。虽然爱情题材通常具有吸引力并能引发观众情感共鸣，但观众的兴趣和喜好是多样的，若将大部分微短剧集中在爱情题材上，将会忽视其他观众群体的需求，影响观众对江苏微短剧整体的评价。

除此以外，低俗题材往往能够吸引大量观众，并引发热议，进而促使制作方出于商业利益考虑选择这种题材，提高点击率和增加粉丝量，从而带来更多的广告收入和商业合作机会。以丑为美、哗众取宠的低俗题材微短剧传递了不良的价值观和道德观念，对社会公共修养和共同价值的提升产生了负面影响。2023年3月至今，国家广播电视总局督导多个平台累计对外发布公告40余期，清理低俗有害微短剧35万余集（条），分级处置传播低俗有害微短剧小程序429个、账号2988个。① 随着审查制度不断完善、政府监督和行业自律的不断加强，微短剧中的此类问题已经大量减少，但仍有部分小制作的剧集存在"打擦边球"的现象，给市场带来了负面影响，对网络传播秩序造成了严重冲击。

（二）瑕瑜互见：与头部省份相比存在较大差距

云合数据、清华大学影视传播研究中心、腾讯视频联合发布的《2023年度短剧报告》显示，2023年，中国短剧拍摄备案共通过3574部、97327集，部数同比增加9%、集数同比增加28%，部均集数增至27集/部。② 据统计，其中头部省份浙江全年备案585部、北京全年备案618部，与之相比，江苏微短剧存在较大差距。根据灯苔提供的数据，以腾讯视频平台为例，2023年在此平台播出的《跨越世界来见你》《应有长风倚碧鸾》《初吻33次》《青山绿水那朵云》4部江苏微短剧累计播放指数分别为2121、4619、1481和657，而同平台《盲心千金》《烈爱》《见好就收》等爆款微短剧的累计播放指数均为3万以上。尽管2023年江苏微短剧也涌现出几部题材较新颖的作品，但总的来说，数量仍然相对较少，且缺少一批社会知名度高、社会关注度高、舆论导向明显的现象级作品。江苏微短剧亟须提升创作数量和质量，激发创作者的竞争意识，增加吸引更多的投资和关注的机会，从实践中不断吸取经验和教训，不断提升创作的质量，从而促进整个微短剧行业的快速发展。

---

① 《广电总局多措并举 持续开展网络微短剧治理工作》，http://www.cnsa.cn/art/2023/11/15/art_1955_43807.html。

② 《2023年我国短剧拍摄备案通过3574部，同比上涨9%》，https://baijiahao.baidu.com/s?id=1788328948803510317&wfr=spider&for=pc。

（三）营销薄弱：渠道不足与宣传能力不高

江苏微短剧目前在宣传渠道、宣传力度、品牌合作、剧集延伸、明星效应等方面均存在一些薄弱环节，导致观众对微短剧的互动和参与度偏低。首先，在2023年江苏播出的微短剧中，并非每一部剧集都配备官方微博账号以承担宣传工作，且宣传推广渠道较少，仅局限于个别的平台或媒体，难以覆盖广泛的观众群体，无法形成较高的曝光度。同时，相关话题讨论度也不尽如人意，《跨越世界来见你》的话题阅读量最高达1623.9万次，《阳光漫漫皆为你》却仅有9694次，与2023年高热度微短剧《逃出大英博物馆》6.5亿次的话题阅读量相比，存在较大的差距。① 其次，在宣传力度方面投入的资源和精力不够，缺乏有效的宣传策略，未能充分展现江苏微短剧的亮点和特色，导致观众对江苏微短剧的关注度不高。再次，品牌合作可以为微短剧带来更多的宣传渠道和资源，提升宣传效果。但江苏微短剧目前缺乏与相关优质品牌的合作，在通过品牌的宣传资源和渠道来提高曝光度和影响力方面存在不足。最后，江苏微短剧在剧集的延伸方面存在不足，缺乏连续推广的效果。同时，缺乏知名演员或艺人的加盟，无法借助明星的知名度和粉丝基础来进行宣传推广。

（四）人才短板：缺乏"领头羊"式从业者

根据江苏省广播电视局公布的名录，江苏广播电视节目制作经营许可证持证单位共2116家，但2023年参与微短剧备案申报的仅47家。② 江苏影视产业缺乏"领头羊"式的企业，除极少数几家具有一定影响力的电影和电视剧制作公司外，大多数是中小规模的公司。此外，同时精通技术和理论两项内容的高端人才稀缺，尤其是缺乏创意人才、编剧人才、高端市场运营人才和品牌策划营销人才。随着微短剧行业的"爆炸式"发展，专业人才储备跟不上行业的发展速度，也无法满足行业对复合型专业素质的需求。近年来，西安成为微短剧重镇，且有了专属的微短剧拍摄场所——空港自贸大都汇影视拍摄基地，

---

① 数据来源：根据新浪微博超话话题阅读量整理。
② 《江苏省广播电视局 广播电视节目制作经营许可证持证单位名录》，http：//jsgd. jiangsu. gov. cn/col/col71520/index. html？uid=268312&pageNum=0。

已经开始正式承接微短剧拍摄制作项目。与之相比,江苏既缺乏面向社会的微短剧创制项目,也缺乏微短视"领头羊"式企业,微短剧人才"造血"功能低,从业者少。

(五)"出海"反思:国际传播存在障碍,文化价值缺失

目前,江苏微短剧在国际传播方面也存在障碍。简单地将国内流行的微短剧作品翻译成英语并不能成功"出海",虽然英语是全球通用语言,但是很多国家和地区的观众并不能流利地掌握英语,这会影响他们对于中国微短剧内容的理解。如果没有提供合适的语言选项或者字幕翻译,那么国际观众将难以真正理解作品的内涵和情感,无法跨越文化差异。中国微短剧"出海"需重视文化差异,同样江苏微短剧想要"出海"也同样面临这样的问题。

考虑到商业利益和市场需求,一些平台和内容创作者可能更倾向于迎合当下的流行文化和时尚趋势,而忽视传统文化的挖掘和传承,缺乏对主流价值观的关注和挖掘,这导致微短剧缺乏独特性,中国传统文化和价值观在微短剧中得不到体现和传播。江苏微短剧作为文化领域重要的组成部分,也面临类似的挑战,存在过于迎合大众口味而导致文化价值缺失的问题。

四 江苏微短剧产业的发展策略

为了应对当前面临的问题与挑战,江苏微短剧产业需要创新与升级产业发展策略,应致力于通过标准化建设、精品化创作、IP 新生态构建、政策支持以及国际传播等手段,推动江苏微短剧产业的高质量发展。通过综合性的策略,不仅可以增强江苏微短剧产业的内生动力,还能促进产业外延的扩大,进而实现在全球文化市场中的深度链接,并产生广泛影响。

(一)全局观:推进行业标准化建设

鼓励推动微短剧行业建立有关标准,通过标准化推动政策的完善,形成良好的行业生态。成立江苏微短剧行业组织或协会,集结行业从业者和相关利益方,共同推动行业的发展和标准化建设,并加强对从业者的指导、培训和管理。从源头上规范影视公司、平台等的内容、产品及服务标准,制定诸如

《微短剧创作生产细则》《微短剧内容审核细则》《微短剧内容分级要求》《微短剧播放平台管理规范》等地方标准。通过举办行业峰会、论坛和展览等活动，搭建行业交流平台，分享经验和资源，促进江苏微短剧行业内的交流和合作，推动企业、创作者和相关部门之间的互动。

探索标准"走出去"，争取设立微短剧国家化标准研究基地，成立长三角地区内容创作联盟或合作机构，构建微短剧行业的良性发展生态圈，实现资源整合、互利共赢，进一步推动行业的创新发展。

（二）聚核心：精品化创作助力高质量发展

目前，微短剧行业正处在高速发展的初期，高质量发展将是未来的必然趋势，而精品化创作则是实现高质量发展的关键路径。通过深入挖掘人性、社会、文化等主题，致力于打造兼具独特故事和高品质的微短剧作品，提升作品的思想性和艺术性，真正实现微短剧微而不弱、短而不浅的艺术追求。江苏作为文化大省，传统文化积淀不可胜数，无论是大运河文化、长江文化等水文化与吴文化、金陵文化等区域特色文化，还是苏州昆曲、南京绒花、宜兴紫砂壶、泰兴花鼓等非遗文化，都为江苏微短剧的精品化创作提供了支持。2023年，原创网络微短剧《逃出大英博物馆》唤醒了中华儿女们心底对于中华传统文化的深深眷恋。其成功不仅在于巧妙地融合了文化、历史和艺术，更在于它与全网"归还文物"的愿望相契合。《中国电影报道》评《逃出大英博物馆》"小短剧也有大情怀"，其为江苏微短剧的发展提供了内容创新、情感共鸣激发等方面的启示。江苏微短剧可以借鉴这些经验，不断提升自身品质，为观众带来更加优质的体验。

未来，江苏应坚持用微短剧的形式传递正能量和社会价值观，通过精品化创作助力微短剧行业向高质量发展转型，提升行业的整体水平，更好地满足观众的需求，推动微短剧行业更好地融入社会文化发展，为社会提供有意义和有价值的文化产品。

（三）重衍生：构建 IP 新生态，打造"文旅+"新模式

IP 化是目前微短剧内容生产的重要趋势，IP 化是微短剧能够在激烈的市场竞争中脱颖而出的重要因素之一。无锡渡渡鸟影视有限公司出品的微短剧

《应有长风倚碧鸢》改编自同名漫画，原作品在"快看"App发布时，就已经获得相当高的热度，屡次登上少女榜和人气榜。目前，江苏微短剧处于改编小说、漫画的阶段，未来IP改编来源将更加丰富，形式将更加多样。例如，腾讯视频《下一站你的世界》改编自韩剧《W两个世界》，《盗门八将》改编自同名热门剧本杀，《灵猫捕君心》改编自漫画《猫妖的诱惑》等。在2023年抖音发布的年度片单中，电影《消失的她》的衍生微短剧位列其中，电影《雄狮少年》、电视剧《唐朝诡事录》也都拥有自己的衍生微短剧。微短剧的创作越来越趋向于与电影和长剧集相互借力、双向衍生，打造内容IP，通过开发优质IP，生产符合大众需求的文化产品，提高微短剧作品的社会影响力。

此外，国家广播电视总局办公厅发布"跟着微短剧去旅行"创作计划，力争到2024年，打造100部以"跟着微短剧去旅行"为主题的精品微短剧，推出一批随微短剧"出圈"的实体景区，引领"一部作品带火一座城"的新潮流，形成一批辉映古今、贯通中外的文化符号。采用"文旅+微短剧"的新模式，江苏微短剧的创作可以与全省各地的文化、旅游资源相融合，以传统文化、美景、美食、风景名胜为基础，细分内容创作的主题与风格，并通过开设专题、专区等形式，助力好作品的传播。在目前文旅融合的大环境下，微短剧跻身最为火热的艺术形式行列，与当下最受大众欢迎的旅游市场融合，既为微短剧创造了更多的机会、提供了更广阔的空间，又为文化旅游市场增添了新的活力。毫无疑问，这将成为微短剧和旅游的一场"双向奔赴"。

（四）搭把手：推行帮扶计划，制定奖励机制

首先，推出扶持鼓励政策，季度性开展江苏优秀微短剧作品推选活动，年度推出江苏微短剧精品创作传播工程。作品一经入选，便可获得一笔资金资助，相关部门对其进行全程跟踪，提供特别指导，对制作完成并通过审核的作品，发放二期扶持资金，并给予宣推和播出支持。学习借鉴北京市广播电视局举办的北京大视听·网络微短剧"首亮微光"作品发布活动，引导和培养更多具有时代性、社会效益并能引起受众共鸣的精品，助推江苏微短剧高质量发展。

其次，学习各大长短视频平台，推行微短剧创作扶持、微短剧人才扶持等

计划，建立微短剧专属板块，助力江苏微短剧发展。例如，芒果 TV 在 2019 年推出的"大芒计划"扶持短剧；爱奇艺 2018 年 12 月推出的"竖屏控剧场"；优酷 2021 年 9 月正式推出的"扶摇计划"；抖音 2023 年推出的"辰星计划"；快手 2023 年开启的"星芒优秀人才扶持计划"；等等。通过制订类似的江苏微短剧专属帮扶计划，激发更多创作者的热情，为江苏微短剧产业的不断创新提供有力的保障和支持。

（五）新浪潮：中国故事引领微短剧"扬帆出海"

党的二十大报告提出："增强中华文明传播力影响力。坚守中华文化立场，提炼展示中华文明的精神标识和文化精髓，加快构建中国话语和中国叙事体系，讲好中国故事、传播好中国声音，展现可信、可爱、可敬的中国形象。"中华文化如何在世界范围内找到正确的定位，怎样有针对性地进行有效传播，是各个创作主体要积极探索的话题。中长剧集在讲好中国故事、传播中华文化方面已有显著的成效，而像微短剧这种大众更加喜闻乐见的形式，未来必将对中华文化传播起到更大的推动作用。虽然目前中国微短剧的制作还处于初级阶段，但随着时间的推移，随着中华文化在国际上的影响力越来越大，讲好中国故事的微短剧将成为助力中华文化和价值观协同"出海"的中坚力量。

而对于江苏微短剧而言，讲好江苏故事、体现江苏特色正是实现"出海"的重要途径。江苏历史悠久、文化底蕴深厚，有着众多的文化符号和传统故事，通过微短剧将这些故事和文化元素以生动形象的方式展现出来，可以让全国乃至全世界的观众更好地了解和感受江苏的文化魅力，让江苏出类拔萃的水文化、区域特色文化、非遗文化"走出去"，在国际舞台传播江苏声音。

专题报告 ⏵

B.9
江苏媒体融合十年考：演进历程
与创新实践

丁和根　左雯榕　岳启祯*

摘　要：　本报告从政策引领、架构优化、流程再造、平台建设、功能拓展、内容创新等六个方面，对十年来江苏媒体融合发展进行了全景式扫描，认为江苏传媒产业在过去十年中迅速融入媒体融合大潮，虽然各家媒体内部融合进程快慢不一，在平台、技术、信息、人才等媒介资源获取与分配方面也各有侧重，但报（台）、网、端、微、屏"多位一体"的融合传播矩阵已基本成形，在推进制度改革、产品创新、经营拓展等方面，也取得不少成绩。当然，传统媒体与自建新媒体"两张皮"的问题仍没有彻底解决，深度融合的内生性机制还有待进一步完善，新型主流媒体的构建及其影响力提升还需假以时日。

关键词：　媒体融合　新闻生产　政务服务　传播效果

---

* 丁和根，博士，南京大学新闻传播学院教授、博士生导师，南京大学媒介经济与管理研究所所长，江苏紫金传媒智库高级研究员，主要研究方向为新闻传播理论、媒介经济与管理、传播符号学；左雯榕，南京大学新闻传播学院硕士研究生，主要研究方向为媒体融合；岳启祯，南京大学新闻传播学院硕士研究生，主要研究方向为媒体融合。

一 江苏媒体融合十年状况概览

2013 年 8 月 19 日，习近平总书记在全国宣传思想工作会议上强调："加快传统媒体和新兴媒体融合发展，充分运用新技术新应用创新媒体传播方式，占领信息传播制高点。"① 2014 年 8 月 18 日，习近平总书记在中央全面深化改革领导小组第四次会议上再次强调，"推动传统媒体和新兴媒体在内容、渠道、平台、经营、管理等方面的深度融合，着力打造一批形态多样、手段先进、具有竞争力的新型主流媒体，建成几家拥有强大实力和传播力、公信力、影响力的新型媒体集团，形成立体多样、融合发展的现代传播体系。要一手抓融合，一手抓管理，确保融合发展沿着正确方向推进"。② 这次会议审议通过了《关于推动传统媒体和新兴媒体融合发展的指导意见》（以下简称《指导意见》）。至此，媒体融合上升为国家战略，中央对传统媒体与新兴媒体融合发展进行了顶层设计，给传统媒体转型发展指明了方向。在这样的大背景下，江苏的媒体管理部门连同省内各级媒体积极响应政策号召，迅速投入媒体融合大潮。媒体融合十年来，江苏传媒产业勇于创新、砥砺前行，既已取得了丰硕的成果，又仍在不断探索的进程中。与全国同行一样，江苏媒体的融合创新只有进行时，没有完成时。

2014 年底，江苏省委宣传部出台了《关于推进传统媒体和新兴媒体融合发展的实施意见》③（以下简称《实施意见》），各主管部门也陆续出台了一系列对应的融合政策措施，从整体上把握并指导着媒体融合的方向与路径。强调宣传文化部门要切实履行好组织、指导、协调责任，把好媒体融合发展方向，切实推动解决功能重复、内容同质、力量分散等突出问题。做好一体化的顶层设计，从放大媒体融合潜在优势、实现融合传播最大效应出发考虑事情、处理问题，彻底改变不同传播单元各搞一摊、各推一套、相互竞争的格局，有

---

① 《习近平谈媒体融合发展：关键在融为一体、合而为一》，http://jhsjk.people.cn/article/30242991。

② 《习近平：推动传统媒体和新兴媒体融合发展》，http://media.people.com.cn/n/2014/0818/c120837-25489622.html。

③ 《【治国理政新实践·江苏篇】江苏发力媒体深度融合！2017 拿出"匠心""读秒"竞争》，https://news.jstv.com/a/20170221/1487725814362.shtml。

效推动媒体资源整合，使媒体发展布局更加科学合理。① 按照《实施意见》以及各主管部门的分类指导意见，省内各级各类媒体积极行动，努力探索融合发展新路径，媒体融合全方位、多领域持续向前推进。

在省级媒体层面，江苏主要由新华报业传媒集团（以下简称"新华报业"）、江苏广播电视总台集团（以下简称"江苏广电"）、江苏有线、凤凰出版传媒集团四大传媒集团构成。

新华报业的融合进程主要围绕以下几个方面进行：一是推进体制机制改革，重设组织架构，再造策、采、编、发、传、控、馈的采编流程，构建覆盖全媒的考核体系；二是建设并升级改造融媒体指挥中心，推出"交汇点新闻"客户端、"紫牛新闻"、"新江苏"等新媒体平台，形成由报纸、网络、"两微一端"组成的全媒体传播矩阵，构建党报求"深"、客户端求"快"、网站求"全"、全媒体求"融"的现代传播体系；三是整合驻外机构和人员，在各设区市成立分社，建立新华报业全媒体运营中心；四是实现报、网、端、微一体化运作，将《新华日报》、中国江苏网、"交汇点新闻"客户端等各类新媒体彻底打通；五是加强全媒体人才队伍建设，更新思想观念，提高工作技能。

江苏广电重点围绕五个方面推进融合工作：一是充分发挥"荔枝云"平台的集成效应，进一步完善"公有云"，建设"私有云"，拓展"专属云"，为省内外各媒体机构提供云服务；二是强化全台资源整合，成立统筹协调小组，不断完善融媒体指挥调度中心建设，确保新媒体内容优先发布；三是加强全媒体传播下的产品创新，扩大内容产品的社会影响力和网络影响力；四是大力拓展新兴传播渠道，形成网络电视、IPTV、手机电视和"荔枝新闻"客户端、"我苏"客户端等全媒体传播矩阵；五是自主研发和不断完善"荔枝云"平台，为全省县级融媒体中心建设提供技术支撑平台。

江苏有线将融合着力点放在实现由"看电视"向"用电视"的转变上，借助家庭无线网络，将服务延伸至智能手机、Pad、笔记本电脑等多终端，把失去的年轻用户群体重新"拉"回来。

隶属于凤凰出版传媒集团的《现代快报》，致力于打造全媒体传播矩阵，

---

① 王燕文：《抢占媒体深度融合发展制高点》，《学习时报》2019 年 3 月 27 日，第 1 版。

将信息发布平台拓展到除报纸之外的集网站、客户端、微信、微博、抖音号、视频号等于一体的综合性传播矩阵。

在市级媒体层面，江苏共有 13 个设区市，每个设区市均有自己的报业集团和广电集团。十年来，江苏大多数市级党媒虽然面临诸多困难与挑战，但它们难中求进，充分调动内在的积极因素，在融合发展方面做了不少有益的探索，主要体现在以下几个方面：一是努力打破在观念、体制等方面的藩篱，推动资源要素的有效整合，进而建立适应全媒体生产传播的一体化组织架构，形成集约高效的内容生产体系和传播链条；二是采用"报业+新媒体"或"广电+新媒体"的融合转型模式，建设自有的集传输、生产、分发、考核于一体的智能化数字传播平台，形成以"两微一端"以及各种公众号为代表的多媒体传播矩阵；三是再造生产流程，实现采编流程再造、生产方式变革，进行一次采集、多层制作、多元分发、多平台互动，集约高效利用资源。

通过与中西部其他省份市级媒体的横向比较可以发现，江苏市级媒体的融合优势主要表现在：一是具备较高的经济与技术投入水平，为下一步媒体的深度融合打下了较为坚实的物质和技术基础；二是领导层和普通员工都具有较强的媒体融合意识，融媒体平台的建设走在全国前列；三是不断推出媒体内部管理改革创新举措，营造媒体融合转型的良好氛围。江苏市级媒体与央媒、省级媒体和县级融媒体进行纵向比较，其融合发展中存在一些明显的劣势，主要表现是：广告收入持续下滑，收支难以平衡；受众不断流失，影响日益减弱；人才出多进少，队伍严重老化；技术存在短板，投入遭遇瓶颈；体制机制固化，深度融合困难。

在县级媒体层面，江苏县级媒体融合虽然起步较晚，但在全国县级融媒体中心建设中后来居上，形成整体布局合理、稳步推进、典型示范突出、全国领先的良好局面。在中宣部统一要求下，江苏省委宣传部及相关管理部门相继出台工作方案，颁布一系列政策，对县级融媒体中心建设进行整体规划，明确时间表、路线图、重点任务、建设方式、配套措施等，全面推进县级融媒体中心建设。2019 年，江苏省委宣传部、江苏省网信办等 8 部门印发了江苏省《关于加强县级融媒体中心建设的实施意见》，确定"荔枝云"平台为江苏县级融媒体中心建设唯一的省级技术支撑平台，明确了在机构、内容、平台、管理等方面的目标任务。江苏大部分县级融媒体中心按照各自实际情况开展机构调整和资源整合工作，第一批县级融媒体中心于 2019 年第三季度完成建设，第二批县级融媒体中心于 2020 年底完成建设，至 2021 年 3 月，全省已建成 64 家县级融媒体中心，这项工程开始进入建强用好的新阶段。

纵观十年来江苏媒体融合的发展历程，江苏传媒产业的创新实践主要是围绕体制机制改革、技术平台搭建、融媒体矩阵打造、产品内容创新、人才队伍建设等几大方面展开的。

第一，深化内部改革，激发创新活力。江苏各级各类媒体在融合发展过程中，首先重视开展媒体（集团）内部管理制度的改革，以此激发融合发展的创新动力。从其过往的实践来看，各级各类媒体服务于融合转型的体制机制改革创新主要表现在以下几个方面。一是人事制度改革，打破事业单位与企业的壁垒，员工的事业和企业身份都只作为档案资料存档，退休后再兑现编制待遇。采用在编人员、聘用人员、公益岗人员相结合的方式，混岗使用、人择其岗、人岗相适、人尽其才。二是薪酬制度改革，细化激励措施，做到同岗同酬、定编定额。根据各个部门的定编数和相应岗位人员的系数，核定年度薪酬总量，增人不增资、减人不减资，由部门按"业绩导向、优绩优酬"原则进行二次分配，合理拉开收入差距。三是完善人才晋升通道，鼓励多通道模式发展。突破管理岗和技术岗的晋升界限，提供更多有利于员工发展的平台，满足不同岗位人员的职业发展需求，让员工能充分发挥自己的专业特长，为媒体创造更大的价值。四是发挥物质与精神的双向激励作用，激发单位员工自我发展的内驱力。

第二，搭建技术平台，形成融合支撑。随着媒体融合的不断深入，江苏传媒产业充分认识到，技术已经由媒体融合的支撑要素变为引领要素，5G、大数据、云计算、区块链、人工智能、算法推荐、用户画像、场景传播、全息影像等新传播技术的不断发展，使媒体的信息生产和传播进入前所未有的新阶段。江苏各级各类媒体在融合进程中，不断探索这些新技术在信息生产与传播过程中的具体应用，让优质的内容不只是停留在报、刊、台，而是能第一时间进入网、端、微，从而不断提升用户体验。要达到这样的目标和效果，前提是要有一个强大有效且自主可控的技术平台。十多年来，江苏不少媒体尝试建立了自己的技术平台并以此为支撑开展自身的融合实践。这方面最具代表性的是江苏广电，其自主研发的"荔枝云"平台，采用多种最新的传播技术，建立起"公有云"、"私有云"和"专属云"三层级的架构体系，不仅全面支撑江苏广电的日常传播运营，而且支撑着全省64家县级融媒体中心和6家市级融媒体中心的日常传播和技术服务，使省、市、县三级媒体联动效应不断放大。

第三，构建融媒体矩阵，再造传播流程。传统媒体传播受限的主要原因之一是渠道失灵，在互联网尤其是移动互联网的影响下，受众越来越聚集到新的传播平台和传播终端，报纸的发行量、广播电视的收听、收视率处于持续下滑状态。因此，重建与受众的连接成为传统媒体融合转型的当务之急。传统媒体在融合转型过程中，无论是报业还是广电业，除了坚持原有的主传播渠道外，还普遍建立了自己的网站、客户端，开通了官方微博和微信公众号。除此之外，一般还会再开设多个由部门甚至员工个人管理运营的"两微"账号。不少媒体还开通了抖音号、头条号、百家号和其他视频网站的账号，形成了多元联动、综合立体的融媒体矩阵。大多数报业和广电集团建立了自己的融媒体指挥中心，基本实现了集团内部媒体间、部门间、频道间、栏目间信息内容的共享，构建起集信息采集、内容生产、产品分发、传受互动、效果分析于一体的融合传播体系，形成了不同于传统媒体单一固定传播流程的"一次采集、多样生成、多元发布"新流程。这种以互联网思维为导向的融媒体矩阵的建立，重构了传统媒体的运行机制，一方面推进了资源的统一调配，再造了新闻生产流程，使新闻采集和分发的效率和效果得到一定的提升；另一方面，建立在互联网基础上的融媒体矩阵更容易搭载各种新型的服务功能，使传媒开展"政务服务"和"生活服务"具备了一定的硬件和软件基础。

第四，加强内容生产，坚守舆论阵地。十年来，江苏各级党媒虽然普遍面临不同程度的困境，但都始终坚持其作为党和政府及人民喉舌的角色，坚持履行相应的责任，在不断探索媒体融合的过程中，努力打造传统媒体与新媒体一体化的内容生产和管理平台，利用报（台）、网、端、微、屏多终端协同一致的优势，打破策、采、编各个不同环节内容生产的壁垒，提升重要会议、重大突发事件、重大主题报道中集中作战、快速传播的响应速度和传播质量，在巩固和壮大主流舆论阵地，提高主流媒体的传播力、引导力、影响力和公信力，充分发挥党媒的舆论引导功能等方面，做了大量切实的努力。随着新传播技术的不断发展，短视频、移动直播等成为传播行业的新风口。江苏各级各类媒体紧跟新技术的步伐，在短视频制作、移动现场直播和内容精准推送等方面频频发力，致力于打造好看、好听、好用的党端平台、政务信息发布平台、生活服务平台、移动直播平台，在传播新闻资讯的同时，还大量推送当地的风土人情、人文历史、生活时尚等方面的内容，不仅大大丰富了传播的内容和形式，也优化了受众的体验，对主流舆论阵地的巩固和发展起到促进作用。

第五，重视人才培养，增强融合后劲。媒体融合十年来，江苏各级各类媒体的新闻采编已全部转型为全媒体记者，在媒体融合的主战场上不断打开新局面。例如，新华报业始终把人才队伍建设作为媒体发展的关键要素，通过业务大练兵、岗位大比武、名师结对带徒、创新实验厂工程等方式，引导编辑、记者强化互联网思维，培养更多业务精、管理强、经营优的复合型人才。新华报业还专门成立了新华传媒管理学院，加速培养骨干人才队伍。江苏广电通过组建融媒体新闻中心，强化全媒体培训和实践训练，整合电视新闻、广播新闻、新媒体新闻等新闻板块，加速推动"各自为战"的新闻生产模式向一体化的全媒体融合生产模式转型。各级各类媒体通过改革考核评价、评先评优和薪酬奖励等制度，激发了人才转型。如，加大新媒体发稿考核力度，在薪酬总额中设置新媒体发稿和移动端首发的权重；为了鼓励编辑、记者主动向新媒体平台多发稿、发好稿，各级媒体对点击量高、影响力大的稿件予以相应奖励；培养编辑、记者"右手执笔、左手掌镜"的能力，并进行出镜训练。除构建内部全媒体人才新优势外，各级各类媒体还加强了与高校之间的产学研融合，通过部校共建新闻传播学院，为媒体融合储备人才。

总体而言，江苏传媒产业在过去十年中迅速融入媒体融合大潮，虽然各家媒体内部融合进程快慢不一，在平台、技术、信息、人才等媒介资源获取与分配方面也各有侧重，但报（台）、网、端、微、屏"多位一体"的融合传播矩阵已基本成形，在推进制度改革、产品创新、经营拓展等方面，也取得不少成绩。当然，传统媒体与自建新媒体"两张皮"的问题仍未彻底解决，深度融合的内生性机制还有待进一步完善，新型主流媒体的构建及其影响力提升还需假以时日。尤其需要指出的是，当前的媒体融合多局限于媒体自身内部，在整合各类资源实现跨界融合的步伐不大，新的有效运营模式还要进一步探索，融媒体赢利能力低的问题还需要下大力气解决。

二 政策引领：江苏媒体融合的方向指引

在党管媒体的体制下，政策设计通常被视为影响行业发展的首要因素。2014年《指导意见》在中央全面深化改革领导小组第四次会议上正式通过，标志着中国正式迈入政策主导的媒体融合新时代，这一年也成为公认的"媒体融合元年"。江苏省委、省政府把握正确政治方向、价值取向，结合省内实际，出台各类政策文件，细化目标任务、具体举措，逐渐构建起有江苏特色的政策体系。

（一）系统布局：江苏省政策文本计量考察

表1　江苏省省级层面媒体融合政策

发文机构	名称	发布时间
江苏省广播电视局	《江苏省广播电视媒体与新兴媒体融合发展行动计划（2016—2020年）》	2016年
江苏省广播电视局	《江苏省广播电视媒体深度融合发展三年行动计划（2021—2023年）》	2021年
江苏省人民政府办公厅	《江苏省国民经济和社会发展第十三个五年规划纲要》	2016年3月18日
江苏省人民政府办公厅	《省政府关于加快推进"互联网+"行动的实施意见》	2016年3月31日
江苏省广播电视局	《推进县级媒体深度融合试点方案》	2017年8月
中共江苏省委办公厅、江苏省人民政府办公厅	《关于促进移动互联网健康有序发展的实施意见》	2018年9月6日
江苏省人民政府办公厅	《省政府办公厅关于推进政务新媒体健康有序发展的实施意见》	2019年6月7日
江苏省科学技术厅、中共江苏省委宣传部、中共江苏省委网信办、江苏省财政厅、江苏省文化和旅游厅、江苏省广播电视局	《关于促进文化和科技深度融合的实施意见》	2020年4月28日
江苏省广播电视局	《江苏智慧广电建设行动计划》	2020年7月6日
江苏省广播电视局	《关于加快推进全省广播电视和网络视听产业高质量发展的实施意见》	2020年9月14日

续表

发文机构	名称	发布时间
江苏省工业和信息化厅	《江苏省加快推进工业互联网创新发展三年行动计划(2021—2023年)》	2020年11月6日
江苏省人民政府办公厅	《江苏省国民经济和社会发展第十四个五年规划和二〇三五年远景目标纲要》	2021年2月19日
江苏省人民政府办公厅	《江苏省"十四五"数字政府建设规划》	2021年8月31日
江苏省人民政府办公厅	《江苏省广播电视公共服务实施办法》	2021年12月20日
中共江苏省委办公厅、江苏省人民政府办公厅	《关于全面提升江苏数字经济发展水平的指导意见》	2022年4月8日
江苏省广播电视局	《江苏省广播电视公共服务标准化建设规范(2022年版)》	2022年11月4日
江苏省广播电视局	《江苏省广播电视和网络视听行业信用承诺工作实施办法》	2023年8月16日

1. 政策文本发布主体

江苏省媒体融合政策发布主体主要为省委办公厅、省人民政府办公厅、省广播电视局等，主体层级高、范围广泛、联动明显。这在具体的政策文本中更加显著，省政府2015年发布的《省政府关于加快推进"互联网+"行动的实施意见》在"重点行动"中明确指出"'互联网+'创业创新""'互联网+'先进制造"等多项行动的具体责任主体，其中囊括省科技厅、省发展改革委、省经济和信息化委等多个部门。这些外部特征释放出两个信号：一是江苏省将媒体融合战略视作经济社会发展的重要任务，精心设计、系统布局；二是媒体融合并非媒体传播领域单一议题，而是关乎社会发展全局的重要战略设计，需多部门形成合力，才能有效推进。

除发布主体外，具体规划同样体现出联合推进的重要性。以对省内国民经济和社会发展进行总体布局的"十三五"规划、"十四五"规划为例，媒体融合始终与"战略性新兴产业""智慧政府"等词汇紧密相连。由江苏省广播电视局独立发布的《江苏智慧广电建设行动计划》强调积极拓展广播电视在农业、教育、医疗等行业的综合信息服务和智能化应用等新业态。由此可见，江苏省内对于媒体融合战略的布局具有全方位、多层面等特点，多主体共同布局、多领域细致规划，将媒体融合渗入社会生活每个角落。

2.政策文本涉及领域

从媒体融合政策文种结构分布来看，"行动计划""实施意见"平分秋色，"行动准则""建设规范"较少，省内对媒体融合发展的宏观把控、整体布局较为重视，在统一发展的原则、方向下给予相关单位适度自由，使其按照发展实际自行设计、自我统筹。

在采集到的媒体融合政策中，技术与产业是重点关注方向，以科技促融合以及媒体自主"造血"被高度重视。在技术层面，过半政策强调"积极运用新技术新产品"①"利用5G、物联网、云计算、大数据、人工智能、区块链等新技术对公共文化服务和文化产业进行全方位、全链条的改造"② 等。在产业层面，"培育发展广电大数据产业""大力培育文化领域创新型企业""推动产业生态体系建设和协同创新" 等频繁被提及，显示出媒体融合并非简单的阵地迁移、内容改进与技术应用，而是关乎社会经济发展的重大战略举措。

（二）稳中求进：从"智慧江苏"到"数字江苏"

整体上，江苏传媒产业总体政策布局展现出从"相加"到"相融"的阶段性特征，媒体融合的主体性、独立性作用愈发显著。

2016年江苏省人民政府办公厅发布的"十三五"规划，强调建设智慧江苏，提出建设新一代信息产业基础设施、实现"互联网+"行动计划、强化大数据深度应用等举措聚焦技术发展及其应用，但表述相对笼统粗略。2016~2019年，省内其他政策较少提到"融合"，更多倾向于用"互联网+"来表述，对于媒体融合的认知相对初级化，将"媒体"等同于"互联网"，"媒体融合"等同于"互联网+"，尽管将新兴媒体技术应用于社会发展新布局的探索已然启动，但尚未形成"融合"之势。

2020年，中共中央办公厅、国务院办公厅印发的《关于加快推进媒体深度融合发展的意见》被视为媒体融合进入县级融媒体发展新阶段的界

---

① 《省政府办公厅关于转发省广电局江苏智慧广电建设行动计划的通知》，https://www.jiangsu.gov.cn/art/2020/7/16/art_46144_9309624.html。

② 《江苏省科学技术厅等部门印发〈关于促进文化和科技深度融合的实施意见〉的通知》，https://ghc.jit.edu.cn/info/1043/2453.htm。

碑。相应的，江苏省内政策中"融合"的出现频率逐渐上升。江苏省科技厅、江苏省委宣传部等6部门联合发布的《关于促进文化和科技深度融合的实施意见》强调，推动媒体融合向纵深发展。"全媒体矩阵""媒体云平台"等取代"互联网+"成为政策文件中的高频词汇。这一变化也昭示着以"互联网"为主体的"相加"式发展变为由政府与传统媒体为主导的"相融"式发展，传统媒体不再处于被动状态，转变为这场变革的主力军乃至主导者。

2021年，江苏省人民政府颁布的"十四五"规划纲要更为清晰地体现了媒体从"相加"到"相融"的转变。在这一纲领性文件中，"数字江苏"作为一个重要的独立篇章被重点阐述，江苏省"十三五"规划中的"实施网络强省战略，推进信息技术与经济社会发展深度融合，建设网络泛在普惠、技术创新活跃、服务丰富全面、资源开放共享、安全保障有力的信息网络体系"转变为"紧紧抓住以新一代信息技术为核心的科技和产业创新机遇，充分发挥数据资源丰富、物联网发展先行和应用场景多元优势，加快构建数据驱动发展新模式，高水平推进网络强省建设，培育经济发展新动能，优化社会服务供给，提高政府治理效能，打造数字中国建设江苏样板"。江苏省"十四五"规划对融合的阐述更加深入、布局更为宏观，将"互联网+"扩展为"数据驱动发展新模式"，这都反映出媒体融合战略广度和深度的延伸。

从"互联网+"到"深度融合"、从"智慧江苏"到"数字江苏"，政策文件文字上细微变化的背后是战略的深化，是媒体融合成为社会发展重要驱动力的清晰化。着力推动媒体融合战略纵深发展，让新兴媒体更好更有力地助力社会经济发展，将是长期不会改变的社会目标之一。

（三）落地实施：江苏省媒体融合政策实施状况反思

在政策指引下，江苏省媒体融合十年来成绩斐然，但在看到发展成效的同时，也需进行一定反思。

1. 重技术应用，轻体制创新

现有政策大力强调前沿科技的重要性，但应注意媒体融合不是简单的技术应用，而是一场颠覆性的社会创新，其改造应该是多维度、全方位的。《国家创新驱动发展战略纲要》明确指出，创新驱动成为引领发展的第一动力，科技创新与制度创新、管理创新、商业模式创新、业态创新和文化创新相结合，推动发展方式向持续的知识积累、技术进步和劳动力素质提升转变。[①] 目前，省内政策对于制度创新的相关规定尚有不足，应将探索更加适应新社会环境的制度纳入接下来政策制定的考虑范围。

2.细分领域发展不均

江苏省内媒体融合相关政策既包含技术、管理、服务、经营等细分领域，也关注广播电视以及新媒体等领域，但对出版、广告等行业缺少具体布局。此外，当前的政策缺少对省内市县级媒体融合发展的统一宏观性战略规划，横向连接相对不足。

三　架构优化：为媒体融合提供组织保障

媒体的组织架构是媒体运作的核心。有学者指出，主流媒体进行组织机制再造的重点突破路径在于管理机制创新、组织架构重组、用人机制重构。[②] 综合而言，架构优化需要考量三个维度：一是横向的媒体间、部门间的资源优化与重组；二是纵向的领导班子和业务部门的垂直分工和管理；三是配套机制的完善，主要是用人机制和考评机制的完善，以配合媒体整体架构的调整。

（一）横向改革：从部门的增设到因地制宜调整

改革是一个过程，而非终点。21世纪初中国传媒产业转企改制、制播分离等改革为媒体融合奠定了基础。在媒体融合建设的初期，江苏省各级媒体拓展新传播渠道，建设全媒体传播体系。架构的调整主要体现在媒体为新兴的微信公众号、微博等渠道配置相关的人员，引进新媒体人才。例如，《扬子晚报》在2014年成立了一个40余人的新媒体部门，从集团内部原有的体系中独

---

① 《中共中央 国务院印发〈国家创新驱动发展战略纲要〉》，https：//www.gov.cn/zhengce/2016-05/19/content_5074812.htm。

② 韩晓宁、陈军燕：《主流媒体组织机制再造的核心逻辑与路径分析》，《青年记者》2023年第9期。

立出来。① 同时，调整经营部门组织架构，引入市场机制，将条件成熟的行业分离出来进行公司化运作。至 2016 年，《扬子晚报》已经布局教育、旅游、文化产业等九大行业。②

南京广电自 2018 年起启动实施"融媒体+"战略，开始了因地制宜地架构改革。③ 对于内部而言，南京广电形成了"分灶吃饭"模式，将各业务部门不断分解，进行二次升级。按照业务整合、板块运营的方式，完成了"两圈一链"的整体规划，即一个新媒体"生态圈"、一个都市"生活圈"和南京广电融媒体"传媒服务产业链"。对于外部而言，南京广电和其他地市级主流媒体合作。2018 年，南京、镇江、扬州三地开启了广电战略合作的"报团取暖"模式，互通有无、资源共享。在内容合作方面，由南京广电牵头，三地广电系统共同谋划选题，统一包装、制作。在技术合作方面，2019 年三地广电系统共同完成了电视剧网络分发平台的设备部署和配置。"报团取暖"放大了三地的人口红利，形成了良好的传播效果。④ 随着媒体深度融合目标的提出，媒体的组织架构改革正式进入"深水区"，突破以"部门的增设"为代表的物理融合，江苏省内媒体构建了适应移动互联网传播、本地发展模式的组织架构和工作机制。

（二）纵向调整：从"栏目制"到工作室与事业部

除了媒体内部和媒体间的资源横向整合，各级媒体也积极开展特色化、垂直化的改革。2015～2016 年，传媒行业开始流行一种更为市场化的"栏目制"，该制度以核心创意和带头人为主要驱动因素，适应了初期媒体矩阵建设的需求，为后续更多的创造实践奠定了基础。

2018 年前后，"两微一端"的建设推动了工作模式的进一步创新，以业务为主要导向，分门别类地进行部门化设置成为架构优化的重要方案。无论是工

---

① 王少磊、马青：《精神、理念与技术：媒介融合的热点背后》，《南京邮电大学学报》（社会科学版）2014 年第 4 期。
② 顾燕：《〈扬子晚报〉 多种经营的路径探索》，《传媒》2015 年第 16 期。
③ 秘春茜、李宏刚：《南京广电的融媒体创新与升级策略》，《传媒》2021 年第 11 期。
④ 李沁：《善用无边界的双刃剑 探索新型主流媒体形态——地市级主流媒体小区域合作模式分析》，《当代传播》2020 年第 4 期。

作室制还是项目制、孵化制，都借鉴了企业的市场化运营模式，聚合传统媒体中的人才和内容优势，打造核心团队和垂直类目。如，新华报业整合集团各单位的地方资源，建成全省 13 个设区市分社，全新组建财经传媒中心、健康传媒中心和江苏 Now 国际传播中心，在集团范围内整合同类资源、深耕垂直领域。① 扬州报业传媒集团在 2019 年开启了摆脱"大中心"制的内部改革，突出产品研发思维，推出 18 个融媒工作室，以"主理人"的形式专注内容生产。② 比如，客户端、网站和报纸三个平台同步互动的民声爆料工作室"马上办"，专注于健康新闻的"萍安健康"工作室……此外，无锡日报报业集团进行的"频道制"改革也颇具成效，各新闻部门创新打造了类型多样的10 多个产品或栏目，在"未来媒体中心"中以"重度垂直、深耕社交"为特色建设多个垂直类融媒中心。③ 如，教育融媒体中心聚合无锡教育类媒体资源，形成学校记者团与传统媒体的联动机制。垂直领域的融媒体工作室、事业部在原有架构的基础之上，实现人员和资源的充分流动，更加符合互联网的优化逻辑。

（三）调整配套：完善薪酬管理和考评机制

在架构进行调整优化时，管理机制也需要根据市场化的要求进行相对应的改革。媒体融合初期，各级媒体特别是县级融媒体存在一些历史遗留问题，虽然对体制机制做出改革，但是配套的管理体制和用人机制仍然落后，导致单位内部的活力不足。④ 对于考评机制而言，过去的媒体往往把发行量、发稿量、访问量等作为指标，但在媒体融合的环境下需要逐渐构建与新的工作机制相匹配的评价体系。⑤

---

① 双传学：《建设现代新型主流媒体的思与行》，《青年记者》2023 年第 7 期。
② 《推出 18 个融媒工作室，扬州报业这样推动采编人员"IP"化打造~》，https://www.sohu.com/a/386809707_99916165。
③ 黄楚新、曹月娟、许可：《创新与引领——华东四省地市级党报媒体融合发展实践》，《中国出版》2022 年第 13 期。
④ 丁柏铨：《坚持全面创新、遵循客观规律、优化内容生产——关于县级融媒体中心建设与发展的调研报告》，《新闻爱好者》2022 年第 7 期。
⑤ 黄楚新、任芳言：《试论媒体融合发展综合评价指标体系的构建》，《新闻论坛》2017 年第 4 期。

由于项目制、工作室制的出现，组织结构的人力资源体系需更加灵活，同时也需要对项目组、融媒中心进行适当的授权，让其可以自主运营并进行自我考核。新华报业引入点击、评论等客观因子，促进一体生产覆盖 N 级传播；设立年度奖金为 400 万元的创业创新奖、规模为 5000 万元的新媒体发展专项资金，不断做大"E 起学习""少年志"等 12 个融媒体工作室。① 江苏广电的考评机制建立在事业部的基础上，进行内部绩效考核，将 KPI 量化标准落实到组织架构中的个人。且内部各事业部管理层和事业部内部的频道、频率、部门、公司的管理层之间存在委托代理关系，委托和代理之间的关系也通过激励机制和约束机制来管理。② 2018 年，无锡日报报业集团的"未来媒体中心"建设项目，在划分垂直融媒体中心的基础上，加强对融媒体中心的频道制考核、评选融媒体好稿、评选纸媒好稿，全面覆盖融媒体产品考核管理，促进融媒体考核机制实践、创新管理决策，激发采编人员提供优质原创内容的动力。③ 南京广电针对"分灶吃饭"后的内部架构，也改进了薪酬分配制度，"以奖促创，激励创新创业；以罚促优，警示业务优化"，依据业绩进行考核。同时还需要引进更多全媒体人才，完善薪酬考评制度。

综上所述，组织内部存在的经营惯性、经验固化问题，会在媒体融合过程中形成阻碍，架构优化成为媒体深度融合最需要突破的难点之一，也是必须面对的挑战。江苏媒体在融合的十年间，不断突破固有的架构模式，更好地适应技术环境和市场环境的变化，为媒体融合发展注入了充分的内部活力。

四　流程再造：适应融媒体策、采、编、发一体化需要

新闻生产中，重构策、采、编、发网络，再造策、采、编、发流程是

---

① 双传学：《坚定精品战略不动摇 提升主流媒体首位度》，《中国记者》2024 年第 3 期。
② 李晓霞、吴淑冰：《传媒机构"走出去"的制度建设与路径探索——以江苏广电为例》，《青年记者》2022 年第 19 期。
③ 马正红、吴晓亮：《打造未来媒体中心，推动城市党报占据传播制高点——以无锡日报报业集团的实践为例》，《新闻战线》2019 年第 23 期。

媒体融合最需要突破的又一难点。生产流程的再造需要突破以往的惯例，建立新的生产机制、新的管理机制、寻求新的技术支撑，同时还需要不断思考如何顺应时代的发展趋势创新生产模式，让技术更好地为媒体生产服务等问题。

（一）发展趋势：从线性流程到网状一体化流程

顶层设计是生产流程再造的基础，一系列管理办法、规划方案为融媒工作指引了操作方向。2014 年 8 月，经中央全面深化改革领导小组审议通过的《指导意见》指出，要一体化发展，坚持以先进的技术为支撑，其中特别指出要创新采编流程。[①]

媒体融合初期，江苏省内媒体积极响应中央建设新型主流媒体和融媒体中心的号召。2015 年，南京日报社对沿袭多年的报业采编流程进行改造，引入了全媒体采编平台，尽管进行了排班模式的变更和办公方式的变革，但采编流程仍有人力和时间的局限性。[②] 2016~2017 年，南京日报社先后经历了传统媒体建设新媒体、传统媒体与新媒体互动两个阶段，媒体融合逐步迈入更加深层的打破壁垒、重构流程阶段，智能化程度也大大提高，"中央厨房"模式已经在全省范围内运作。2017 年，连云港报业传媒集团实现了"前端一体、终端多元"的新闻生产运作流程，进而达到新闻信息一次采集、多渠道发布的效果。2018 年后，各县级融媒体根据策、采、编、发融合传播的要求，结合自身架构状况制定媒体融合方案。邳州市在 2019 年率先试点，和"荔枝云"平台签署战略合作协议，形成了新的生产流程。随后非试点单位也开启了融媒体中心建设，苏北地区普遍将"邳州模式"作为学习样板。2020 年后，智能化技术的发展更加迅速，平台开发和运维关键性不断显现，江苏省内媒体开始广泛建设具有大数据分析、人工智能学习能力的智慧媒体数据中台，兼顾内容和技术，持续提升内容的影响力。[③]

---

① 胡正荣：《传统媒体与新兴媒体融合的关键与路径》，《新闻与写作》2015 年第 5 期。
② 丁辉宇、金耀：《南京日报社的融合实践：五大层面结构重整》，《传媒》2016 年第 5 期。
③ 左宝昌、金燕博：《尊重规律：融媒体中心发展的重要遵循——以昆山市融媒体中心改革发展实践为例》，《新闻爱好者》2022 年第 7 期。

（二）早期探索："中央厨房"的建设历程

江苏省在调研分析的基础上，将"中央厨房"模式作为全省主流媒体实现自身融合发展的一项重要措施，将信息、采集、加工、技术、推销、指挥六个子系统组合成一个统一体系，实现资源的调配与共享。[①] 江苏省最早一批具有"中央厨房"雏形的"试水"的媒体之一是《苏州日报》，该报于 2014 年9 月开始搭建"中央厨房"，依靠 38 名编辑实现信息的统一采集和分发。[②] 虽然已经在时间和流程上尽力地追赶和协调，但这一阶段的生产流程智能化程度不高，很多设想仍需大量的人工成本做出补充。2015 年，扬州报业传媒集团的"扬州发布"客户端实现了"三个打通"，即打通了网站与手机客户端的后台、采编与移动发稿的后台、媒体微博和微信公众号的后台，从技术上实现了一个中央控制台控制的采编新格局。[③] 在之后的几年中，扬州报业传媒集团继续对技术应用进行拓展，在 2017 年基本实现了报网融合、新闻采编流程再造，搭建了多媒体采编一体化采集和共享数据平台，完成了"中央厨房"平台的搭建。南京广电在 2018 年开启了"融媒体+"的战略，采用内部协同生产、地方信息融合的新模式，重点发挥融媒体指挥中心的"中央厨房"功能，在分工上不断推进集约化和精细化。此外，江苏省县级融媒体也积极开展"中央厨房"建设，例如江阴市融媒体中心，打造"一朵云、五个功能区"，将大数据、云计算、人工智能融入策、采、编、发全流程。总体而言，江苏省建成的"中央厨房"不但实现了策、采、编、发一体化，更发挥了不同部门之间的优势，不断开拓经营与服务上的更多功能，实现媒体自身的不断"造血"。虽然这一阶段"中央厨房"的建设带来了生产流程的革新，但也存在一定的局限。如，"中央厨房"建设初期主要被应用在全国两会等重大报道场合中，出现了模式化和同质化的问题。目前，越来越多媒体将"中央厨房"升级为融媒体中心，更好地服务于媒体融合战略。

① 刘峰：《江苏媒体深度融合实践研究》，《传媒》2018 年第 19 期。
② 《我国媒体融合步入深水区 各媒体"中央厨房"建设一览》，http://www.xinhuanet.com//zgjx/2017-08/11/c_136517090_19.htm。
③ 王晖军：《地方媒体的"中央厨房"路径选择——以扬州报业传媒集团为例》，《新闻与写作》2017 年第 5 期。

（三）创新升级：融媒体中心指导工作

再造媒体策、采、编、发流程虽然是牵一发而动全身的举措，但也是媒体融合过程中必须啃下的"硬骨头"。面对"中央厨房"建设汇集的素材、线索、人员，融媒体中心有效升级"中央厨房"媒体融合功能，对策、采、编、发流程进行更优质高效的管理，确保在重大活动、重大事件、重大舆情期间，主流媒体能更好的发挥舆论引导作用。

融媒体中心的工作理念在媒体融合的早期就有体现，并在"中央厨房"的建设过程中不断显现，逐渐成为"中央厨房"的升级方案。《新华日报》"中央厨房"和融媒体中心建设较为典型。2014 年，为响应中央建设新型主流媒体的号召，新华报业开始整合所属各类媒体，统一记者身份、统一指挥调度、统一发稿平台，打造融媒体矩阵，并在同年搭建成了"中央信息厨房"系统平台。① 2016 年，"中央信息厨房"正式升级为新华报业融媒体采编平台。② 经历了 2017 年的转型发展和 2018 年的服务提升，新华报业建立了丰富的媒体矩阵，急需一个能够统合和指挥各类媒体生产和业务的机构。2018 年，新华报业启动了全媒体指挥中心项目，建设项目涵盖了超级门户系统、实时指挥系统、融合运营管理系统等，升级"中央厨房"的融合功能，从原有的采、编、发的线性结构转变成策、采、编、发、控的网状结构，不但可以对接多个自媒体的网民投稿或 UGC 内容，还可以通过大数据模型分析稿件的传播效果，并依次实现一键签发和一稿多发。③ 再如，无锡日报报业集团为了打破原有策、采、编、发"各自为战"的状态，自 2021 年起建立总编宣传策划调度会机制，自主开发了集一体化采集、手机采编、微审片和微审稿等功能于一体的选题报送及总编调度系统，保障了新闻信息的智能化生产和实时响应。

---

① 《峥嵘岁月八十载，历经风雨写辉煌——从新华日报报史馆看"新华树"成长的光辉历程》，http://media.people.com.cn/n1/2018/0111/c14677-29758624.html。

② 王海军：《全媒体背景下报业集团创新发展策略研究——以新华报业传媒集团为例》，《市场周刊》2019 年第 10 期。

③ 杨更修：《构建全媒体指挥中心推进媒体深度融合——新华日报社全媒体指挥中心解决方案》，《中国传媒科技》2019 年第 9 期。

突破策、采、编、发流程再造这个关键环节，需要在模式、管理、技术等多方面下功夫。实现生产一体化，不仅是把各个环节"相加"或者"统合"，而是更进一步破除各个部门、业务和环境之间的藩篱，分层级构建新型策、采、编、发网络。

五　平台建设：为媒体融合提供技术支撑

智能融媒体平台建设既是传媒生态进化的基本路径，又是顶层设计要求的必然选择。[①] 对于不同等级的媒体而言，建设技术平台也有着差异化的目标和手段。省级媒体是中国重要的腰部媒体，必须不断优化平台资源的配置，提升服务能力。县级融媒体不仅需要衔接省级平台，实现用户数据和内容数据的互通，还需要在省级平台的基础上开展本地平台建设，打通媒体融合的"最后一公里"。

（一）云端共联模式：节省成本与共享资源

对于缺乏技术平台建设经验的县级融媒体而言，接入省级媒体的云平台实现"云端共联"，是一种节省成本、共享资源的有效路径。2018 年是全面纵深推进县级媒体融合建设的一年，全国范围内广泛开展了县级融媒体接入省级平台的探索实践。江苏县级融媒体和省级平台"荔枝云""云端共联"有以下优势：一是降低成本；二是参照"荔枝云"平台的融媒体发展经验，更好地推进县级融媒体中心业务开展；三是实现更有效的内容共享；四是培育更强的技术支撑能力，确保多端内容的发布安全。[②] 江苏省县级融媒体接入省级技术平台后共享媒体和党群的各类服务，以及计算、存储等多项资源，并且立足地区实际，面向中心用户提供多元化、弹性化的服务，推动县级媒体"跨地组合、区域联动、成片发展"。[③]

---

① 周静宜：《智能融媒体平台推进媒体深度融合探析》，《传媒》2022 年第 3 期。
② 《荔枝云：省级平台助力县级融媒体中心建设》，http：//www.cac.gov.cn/2019−12/04/c_1576994219695725.htm。
③ 《【ICTC2019】江苏吴昊：媒体融合技术平台服务的思考与实践》，https：//mp.weixin.qq.com/s/V8QxXUYmVMmF3auGPLo5ow。

2021年3月，江苏省内64家县级融媒体中心省级技术平台顺利通过竣工验收。以"荔枝云"为核心的技术平台在技术上投入近10亿元，服务了江苏广电、全省64家县级融媒体中心和6家市级媒体，支撑媒体从业人员6200余名，覆盖用户1500余万人。[①] 2023年，"荔枝云"平台继续升级了"中心云+边缘云"的技术架构，"中心云"和"边缘云"连接的计算节点满足县级融媒体的内容制作要求，帮助县级融媒体形成了新体系下的"移动端+本地"生产传播体系。

无论将哪一种发展模式应用于前沿技术，在各级媒体的平台建设当中，都应该牢牢把握住"技为人所用"而非"人为技所役"这一理念，坚持技术服务于内容、服务于人民群众，切实跟上信息化社会的发展趋势，创造新的媒体融合生态。

（二）技术合作模式：技术互补与共赢

据不完全统计，江苏省共有各级报刊、电台媒体50多家，各媒体的发展状况、基础设施、人员队伍差异较大。为适应媒体融合逐步发展的要求，搭建或者接入匹配的技术平台，各级媒体需要因地制宜做出不同决策。有学者指出，当前县级媒体技术平台建设主要存在三种模式，分别为纵向联动的"云端共联"模式、横向合作的"技术合作"模式和自主探索的"自主技术"模式。[②]

对于技术合作模式而言，早期媒体与技术公司的合作模式主要为技术购买和外包，但是自媒体融合进入"深水区"以来，技术购买已经无法满足媒体融合的需求。江苏省部分媒体开始寻求和技术企业、实验室的深度合作，这种合作不仅限于技术外包，而是侧重在更广泛的领域和业务范围拓展合作，更好地实现优势互补与共赢共享。2020年，南京市江宁区上线了小微融媒工作站，下沉至街道和社区，是国内首次尝试的"媒体毛细血管"。江宁小微融媒体工作站向新华智云购买技术，定制和开发了基层新闻线索及时上报、内容传播与分析、热点舆情监测等一系列功能。江苏有线淮安分公

---

① 顾建国：《强化技术创新 构建全媒体传播体系》，《中国广播电视学刊》2023年第12期。
② 刘永坚、王子欣：《县级融媒体中心技术平台建设的模式及发展建议》，《传媒》2022年第11期。

司与中国铁塔淮安分公司合作签约，双方在 5G 建设、智慧城市建设等方面开展了全方位深度合作。① 技术力量相对较强的媒体同样也需要技术支撑。2023 年江苏广电和江苏移动签署战略合作协议，这份协议一方面助力江苏广电成为更具融合性的广播电视平台；另一方面提升江苏移动的品牌知名度、美誉度和影响力。此外，二者还将在共建的中国（江苏）广播电视媒体融合发展创新中心基础上建设荔枝云智 5G 实验室，推动媒体融合和 5G 的深度结合。②

（三）自主研发模式：把握技术核心竞争力

自主可控的平台是媒体机构建设的未来方向。省内最为典型的两个案例是新华报业的两大平台和江苏广电的"荔枝云"平台。

新华报业搭建了完整的技术体系。2017 年，新华报业启动了智库共享平台新华传媒云智库，标志着媒体从传统的新闻生产方式向以深度研究为核心的智力产品生产模式转变。2019 年，新华报业开始使用"交汇云"赋能内容生产，全媒体指挥中心、"交汇点新闻"客户端陆续入驻，并逐渐成为新华报业信息化系统的基础云平台支撑。为实现旗下各团队间媒体资源、素材、数据的互通、共享，2023 年，新华报业在原有"交汇云"混合云基础平台的基础上，建立了 5G 超高清暨智能媒资管理平台。该平台使用 AI 和 5G 技术辅助记者开展视频制作、直播等工作，并打通各业务子系统，有效降低了成本，入选 120 个中国报业深度融合发展创新案例。③ 同年，新华报业还上线了江苏网络舆情 5G 专报平台，在智能化、数字化媒体的道路上行稳致远。最终，新华报业形成了"基础存储平台""融合中台"两个底座、"5G 超高清平台""智能媒资库"两大平台的技术格局。④

---

① 周安琪：《全媒体时代省级广电媒体融合发展之路——以江苏省广播电视总台为例》，《出版广角》2020 年第 19 期。
② 《数媒融合 发展共赢 江苏广电与江苏移动签署战略合作》，https：//view. inews. qq. com/k/20231031A08AOG00? no-redirect=1&web_channel=wap&openApp=false。
③ 《媒资库，不只是提高工作效率那么简单》，https：//jres2023. xhby. net/index/202306/t20230627_7989575. shtml。
④ 余仲侃、徐航：《突破数字媒体资源管理与运用的技术壁垒——新华报业 5G 超高清暨智能媒资管理平台建设初探》，《传媒观察》2023 年第 S2 期。

2013 年，"荔枝新闻"客户端上线。在建设的初期，"荔枝云"就思考了三个关键的问题：如何打通各板块、如何打通生产流程以及如何面对不可预知的未来。① 2014 年，经过反复讨论，江苏广电做出打造"云·组团·多终端"新型传播体系的决定。2015 年，江苏广电承接了国家课题，转化和运用研究成果，于 2016 年正式启用了"荔枝云"平台。上线之初的"荔枝云"平台借助 4G、大数据、云计算技术，初步具备了内容汇聚、智能分析等六大基本功能，不但走在了全国前列，也达到国际领先水平。2018 年，"荔枝云"平台获得年度广播影视科技创新奖突出贡献奖。同年，全国范围内启动了县级融媒体建设，江苏省委宣传部将"荔枝云"平台确定为省内县级融媒体中心建设唯一的省级技术支撑平台。② 从 2020 年开始，江苏广电持续加强"荔枝云"平台的资源承载力度和服务能力，并结合 5G、人工智能等新技术发展趋势完善业务内容。

六 功能拓展："媒体+服务"达成融合社会目标

为人民服务是媒体融合的目标，媒体深度融合是一个从最大化追求传播效果向系统化提升服务能力转型的过程，"服务"在此过程中被细化为党政、商务和生活三个具体层面。③

（一）"媒体+政务服务"拉近政民距离

近年来，"媒体+政务服务"模式成为群众了解政务信息、办理政事业务的主要方式。④ 2014 年，网信办颁布的《即时通信工具公众信息服务发展管理暂行规定》指出，鼓励各级党政机关、企事业单位和各人民团体开设公

---

① 顾建国：《强化技术创新 构建全媒体传播体系》，《中国广播电视学刊》2023 年第 12 期。
② 《专访江苏广电总台台长卜宇：做好媒体融合这篇大文章，江苏广电一直在路上》，https://news.jstv.com/a/20191107/1573100615181.shtml。
③ 姬德强、朱泓宇：《传播、服务与治理：媒体深度融合的三元评价体系》，《新闻与写作》2021 年第 1 期。
④ 路鹃、张君昌、农淑禃：《政务新媒体用户体验与发展对策研究——以国务院 APP 为例》，《中国出版》2019 年第 13 期。

众账号，服务经济社会发展，满足公众需求。① 2019 年，国务院办公厅秘书局制定的《政府网站与政务新媒体检查指标》和《政府网站与政务新媒体监管工作年度考核指标》更是将政务新媒体建设与运营纳入量化考核。江苏省高度重视响应国家政策，把政务新媒体规范发展作为落实网络意识形态责任制的重要举措，深化拓展全省政务公开和"互联网+政务服务"的广度和深度。

政务新媒体可被视为"全党办报"的新时代实践革新。江苏省政务媒体建设步伐迈出较早，由省委、省政府组建的省级综合性门户网站——中国江苏网早在 2001 年便已上线，2011 年组建为江苏中江网传媒股份有限公司，目前已发展为"学习强国"江苏学习平台在内的集 163 家党务政务媒体于一体的全媒体矩阵。2023 年，新华报业旗下"苏声汇"党媒数智政务云平台正式上线。"苏声汇"以赋能江苏数字政府建设为目标，目前已与各政府部门、高校学者、智库专家等展开紧密合作，发布权威信息、提供智汇服务、打造沟通窗口，一种特色鲜明、服务功能强大、品牌效应显著的党媒数智政务新形态正在形成。

地市层面政务新媒体同样有着不俗表现。"南京发布"于 2011 年开通微博，2013 年开通微信公众号，拟人化的"小布"形象成为南京市委、市政府的新媒体发言人；2016 年，常州市委宣传部、腾讯大苏网联合搭建"企鹅号"矩阵，成为省内第一个城市"企鹅号"矩阵。县级层面，2018 年上线的苏州常熟市政务媒体"常熟'政能量'"成为省内第一个政务宣传类小程序应用。各层级政务媒体的建设与探索各具特色。截至 2023 年 12 月 25 日，省内政府系统共开设政务新媒体 3049 个，其中省级部门单位 122 个，设区市政府及其部门 1153 个，县（市、区）政府及其部门、所属乡镇（街道）1774 个，② 形成由上而下、贯通全局的政务媒体矩阵。

然而，在发展初期，政务媒体一度出现属性认知不明的问题，针对此情况，《省政府办公厅关于推进政务新媒体健康有序发展的实施意见》中明确提

---

① 《即时通信工具公众信息服务发展管理暂行规定》，https：//www.gov.cn/xinwen/2014-08/07/content_2731606.htm。

② 《2023 年第四季度江苏政务新媒体检查抽查结果公布》，https：//baijiahao.baidu.com/s? id=17877933656555354513&wfr=spider&for=pc。

出省内政务新媒体四大功能定位：强化政务公开、放大信息传播、增强政民互动、提升办事服务。[①] 该意见鼓励各级各类政务媒体调整功能定位，明确政务认知。政务公开是政务媒体的基本职责，依托党政系统自身媒体部门的可靠性和权威性，能够有效保证信息不受外界力量的影响，同时，通过政策引导等方式支持媒体融合建设，践行政治使命。[②] 江苏通过政务媒体向社会各界发布最新政务信息并开设"政务问答台"等栏目，帮助居民更快更好知晓身边的大事，并与媒体合作直接对话受众。如，新华报业旗下"苏声汇"通过留言的方式让受众与有关部门直接沟通，更好更快更精准地解决群众"急难愁盼"问题。"网信江苏"发布的榜单显示，近3年，省内大部分政务微信发文量稳定在日均2篇，微博发帖日均30条，成为省内居民获取信息的主要来源。增强政民互动、提升办事服务水平是近年来政务媒体的重要发力点。以数据共享、技术赋能提高办事效率、加强统筹融合，让人民生活更加便捷，是新时代政务媒体义不容辞的责任。

（二）"媒体+产业服务"推动经济发展

在"事业性质，企业管理"的媒介体制下，提升市场竞争力，实现自我哺育是媒体单位不可忽视的议题，中共中央办公厅、国务院办公厅出台的《关于加快推进媒体深度融合发展的意见》强调发挥市场机制作用，为媒体融合语境下的产业经营指明了方向。[③] 基于此，江苏省各媒体单位转变经营思路，探索新型营业方式，助力传媒产业蓬勃发展。

省级媒体发挥着联动各方、合理调配资源的作用。近年来，新华报业牢固树立跨界共生发展理念，不断提升服务水平，强化"合纵连横"，放大品牌效应，经营结构持续优化。充分发挥资管公司和资金结算中心的作用，开展股权投资、理财、基金、保理等业务，各类投资收益连年增长。2021年，新华报

---

① 《省政府办公厅关于推进政务新媒体健康有序发展的实施意见》，https：//www.jiangsu.gov.cn/art/2019/6/13/art_46144_8360701.html。

② 姬德强、朱泓宇：《传播、服务与治理：媒体深度融合的三元评价体系》，《新闻与写作》2021年第1期。

③ 陈锡初、吴晓亮、秦宇：《传统媒体融合经营新模式的五个维度——无锡日报报业集团垂直类媒体融合改革浅析》，《传媒观察》2023年第S2期。

业新增货币金融与资本市场业务，进一步拓展投资理财业务。2023年2月7日，新华报业与深圳证券交易所签署战略合作协议，全国首单革命老区资产支持专项计划敲钟挂牌。推动跨界融合，与多家重点企业达成战略合作，其中，与江苏交通控股有限公司共建的江苏交通文化传媒公司，是全国首个"传媒+交通"的融合案例。推动传媒智库化，新华传媒智库成为全省首家由主流媒体创办的高端智库。"红色李巷"、新媒体创新中心等各类多元项目进展顺利。发挥主流媒体品牌优势，与政府部门、企事业单位和社会组织紧密合作，担当各类相关活动的策划者、组织者、传播者。2018年以来，平均每年举办各类品牌活动超过130场。"交汇点公开课""新年诗会""城门挂春联"等系列活动助力思想文化建设，"新华高峰会""江苏资本市场峰会"等系列活动服务经济主战场。①

江苏广电探索多元运营模式，以优质内容为依托，强化内容IP开发与变现，打造内容产业价值链，推动《非诚勿扰》《最强大脑》等在国内有极强传播力、影响力的老牌IP与算法、大数据等新技术融合，释放爆款价值;② 新节目《我在岛屿读书》《野挺有趣》带动旅游、文创事业发展，为文化产业注入新能量。③ 江苏广电还与服务业、金融业深度融合，一方面整合"达人"、商品、用户、渠道等资源，打造新零售产业板块；另一方面完善投资布局，国际租赁公司资产规模超百亿元，参投公司、基金收益不断提高。此外，江苏广电做强文化产业，推进电视剧投资和电影全产业链经营业务，建设运营荔枝广场、荔枝文创、荔枝文旅三大品牌载体，并进军国外，推动国际版权销售、合拍合作持续深化。④

地市级媒体联动上下，可进一步整合及优化域内较成熟的媒体资源。南京广电与无锡日报报业集团等跳出单一的广告业务，通过发展MCN等业务、承

① 双传学：《建设现代新型主流媒体的思与行》，《青年记者》2023年第7期。
② 《经典节目推陈出新，音综节目重点发力，2024江苏卫视20余档新综先睹为快》，https://baijiahao.baidu.com/s? id=1781966250596451454。
③ 《〈我在岛屿读书2〉〈野挺有趣〉……江苏卫视发布22档节目》，https://m.cyol.com/gb/articles/2023-05/10/content_ AjpXzmCzLN.html。
④ 《江苏省广播电视总台：聚焦"媒体+"构建文产发展新业态》，https://jsgd.jiangsu.gov.cn/art/2022/5/19/art_69984_10455430.html。

接全市各类新闻宣传外包服务等方式实现自我"造血"。① 此外，地市级媒体充分发挥能够深入接触地方特色的优势，传承地方文化，保留历史文脉，深挖文化资源。盐城市加强对淮剧资源的线上数字化整理保存和线下实景展示，上线"中华淮剧"App；无锡市开发全球首个紫砂元宇宙平台，搭建线上线下一体化的非遗文化体验空间；南京市聚焦新街口商圈"数字文化艺术"消费场景、夫子庙"穿越千年古风"文旅场景等，推出定制化 IP 内容和沉浸式旅游产品，新兴数字文化产业迅速发展。②

县级媒体深度下沉地方，与用户深度接触，盘活用户资源。邳州市打造新型电子商务模式，推出"银杏直播"主直播平台，形成"一镇一品""一校一品"等特色直播活动品牌，经营创收近千万元。③ 昆山市融媒体中心组建文化传播、影视发展、数字传媒等子公司，多业态运营，积累产业化经验，增强"造血"功能。④

总之，省内三级媒体横向发现、纵向联动，拓展了传统媒体与新兴媒体融合发展的范畴和渠道，充分展现了媒体融合战略对于社会经济发展的现实意义。

（三）"媒体+公共服务"便利群众生活

"媒体+公共服务"是媒体融合战略实施以来各级媒体的发展重点，让群众通过媒体享受"指尖上的便利"，足不出户完成各类事务。江苏省、市、县各级媒体与政府、企业展开合作，吸纳各类资源，打造"惠民窗口"。

在全省范围内，"苏服办"聚合缴税纳费、证件办理等政务服务，还为居

① 《台长专访 | 南京广播电视集团（台）：大踏步进行媒体融合改革》，https：//jsgd. jiangsu. gov. cn/art/2021/9/13/art_69984_10012323. html；陈锡初、吴晓亮、秦宇：《传统媒体融合经营新模式的五个维度——无锡日报报业集团垂直类媒体融合改革浅析》，《传媒观察》2023 年第 S2 期。

② 《我省文化类高企突破 1000 家 前 8 月文旅消费占全国近 10%》，https：//www. jiangsu. gov. cn/art/2023/9/4/art_60095_11003269. html。

③ 《【优秀案例】邳州融媒：培育土壤 培育人才 激发银杏融媒青春创新活力》，https：//www. ourjiangsu. com/a/20210924/163245410065. shtml。

④ 《今天，把我们的故事讲给你听》，http：//www. ks. gov. cn/kss/ttxw/202311/3ae713dff1fb 4e85a4b3d0a8fce1c454. shtml。

民提供路况查询、天气查询等生活服务，并与地市、县市展开合作，实现地方公共服务平台与"苏服办"互联互通，各地区居民均可在小程序或 App 上查询需要的信息，做到使居民足不出户知天下事。除政务媒体开设的公共服务外，专业媒体在垂类赛道上亦有亮眼表现，如《新华日报》健康传媒中心打造了集"新华日报健康"App、《新华日报〈健康周刊〉》、"交汇点健康"频道、"新华日报健康"微信公众号、视频号等于一体的报、网、端、微、屏全媒体矩阵。健康号邀请医院联盟、名医名家、基层卫健、药企联盟、产业联盟入驻平台，发布权威医学科普。目前，已有百余位行业专家及百余家三甲医院、学术组织、药企、研究院入驻，[①] 为广大居民提供权威科普、案例分析等服务。

市县级融媒体贴近百姓生活，了解"民声"和"民情"，承担着引导服务基层群众的重任。[②] 市级融媒体融通上下，可与省、县级媒体实现有效互动，实现服务精准触达、有效落实。如淮安市一体化政务服务平台与县级融媒体 App 对接项目包含 43 类便民查询、咨询类应用，26 类镇村事项办理类应用及 11 类财政奖补集成服务办理类应用；[③] 江阴市打造线上城市超级入口"最江阴"App，集成全市 80 多个部门（镇街）的 2000 多项功能，实现一端阅尽天下事、解决民生事。[④] 各级媒体让市、县、区、镇、村联通，全方位打通引导群众、服务群众的"最后一公里"。

七　内容创新：检验媒体融合成效的重要标尺

加强主题宣传、守护舆论阵地是主流媒体的重要战略立足点之一。十年间，江苏省媒体立足实际，用高质量主题宣传唱响时代强音。在媒体融合战略深度实施的生态下，江苏省内媒体遵循传播规律，用新媒体的思维和理念

---

① 蒋明睿、张琳：《以大健康 IP 化融媒创新实践构建"内容+服务"发展格局》，《传媒观察》2023 年第 S1 期。

② 陈欣好、范以锦：《"新闻+政务服务商务"：做大做强主流媒体的运营模式》，《新闻论坛》2022 年第 6 期。

③ 《近 600 项功能指尖办理！淮安打造融媒体"超级 APP"》，https://www.ourjiangsu.com/a/20201225/1608880687706.shtml。

④ 《"最江阴"城市入口》，http://www.zgjx.cn/2023-07/09/c_1310731541.htm。

传播新时代的主旋律。新华报业抓住庆祝改革开放 40 周年、新中国成立 70 周年、中国共产党成立 100 周年等时机，组织系列报道，聚焦党的二十大的《江河湖海 见证担当》特刊入选《二十大宣传舆情要览》，外宣产品 Home Story in Jiangsu 入选中国记协"党的二十大报道融创精品十大案例"，并获第 33 届中国新闻奖一等奖。① 江苏省广电系统聚焦"举旗帜、聚民心、育新人、兴文化、展形象"使命任务，围绕决胜全面小康、三大攻坚战等重大主题，推出《马克思是对的》《壮丽 70 年·奋斗新时代》等作品，唱响时代主旋律。②

2014 年 2 月 27 日，十二届全国人大常委会第七次会议通过决定，以立法形式将 12 月 13 日设立为南京大屠杀死难者国家公祭日。10 年来，围绕国家公祭日这一重大主题，江苏主流媒体推陈出新，以翔实的资料、多元的传播方式延续国家记忆、唱响和平之声，诞生了新闻稿《南京大屠杀再添史料新证！亲历者回忆录手稿首度公开》、纪录片《铭记》等优秀作品，生动展现了媒体融合 10 年的成效。

此外，江苏主流媒体坚持以人民为中心，把新闻报道的焦点对准人民，《新华日报》开设"百姓故事""平凡人不平凡事"等专题专栏，③ 讲述人民的故事，以小见大展示中国式现代化建设新成就。

（一）采纳新方式：多元聚合创新内容生产

在生产方式上，江苏省内媒体在全国范围内较早尝试探索"一盘棋"的聚合式内容生产方式，实现多元主体共通共享的内容"聚合"与"分发"。

新华报业积极探索跨区域、跨行业、跨平台的内容生产联动。2017 年以来，新华报业将跨界融合作为改革发展的新"蓝海"，聚力打造"传媒+"泛媒体产业圈，以更大视野、更大格局在更高层次上推进融合发展，深耕"传媒+政企+政务+……"产业链。目前新华报业创建了江苏省内首家主流媒体高端智

① 双传学：《坚定精品战略不动摇 提升主流媒体首位度》，《中国记者》2024 年第 3 期。
② 《江苏省广播电视和网络视听"十四五"发展规划解读》，https：//www.jiangsu.gov.cn/vipchat/home/site/1/185/article.html。
③ 《新华报业传媒集团：守正 深融 跨界 共生》，http：//media.people.com.cn/n1/2020/0425/c40606-31687422.html。

库——新华传媒智库，汇聚国内外诸多领域的领军企业、行业翘楚和权威学者，通过提供优质高效的智库服务，"以库聚智""以报传智"，实现价值增值。新华报业还与武汉烽火普天科技公司强强联合，成立新华烽火数据技术公司，打造新华传媒云智库平台，推出"蜂鸟"大数据舆情服务产品。①

江苏广电于 2013 年自主开发上线的"荔枝新闻"，开创了国内省级广电媒体涉足新闻资讯客户端的先河。②"荔枝新闻"内容生产方式有两大改革亮点：一是赋权用户，组织近百名荔枝特约通讯员与近千名热心网友为"荔枝新闻"提供新闻素材，开设"在现场"栏目与"投票"板块鼓励网友上传消息、参与相关报道；③二是重组内容生产部门，完善融媒体内容产品一体化策划、一体化生产机制，打破部门隔阂，推进融合化生产。

（二）探索新形式：互动链接拉近受众距离

在媒体融合大环境下，江苏省各级各类媒体顺应全新的内容生产环境，采用多元内容形式，力图以新内容吸引受众、拉近距离。

直播作为一种拥有较强互动性的内容形式，近年来颇受受众喜爱，江苏省的直播探索在媒体融合战略开展之初便已开始。2014 年，江苏卫视与其公共频道在国家公祭日期间推出"国之祭"活动，网络和电视同步直播点亮"世界最高和平之树"，吸引 215 万网友参与。2017 年，江苏广播电视总台"荔直播"正式上线，将电视直播、移动直播融为一体，深度发挥传统媒体与新兴媒体融合的"叠加效应"，《神奇宝贝在江苏》等喜获中国新闻奖。④ 除直播以外，短视频也乘着新型主流内容形式的东风迅速发展。新华报业在微纪录片领域成绩斐然，*Home Story in Jiangsu*、《"宁"聚微光——寻访约翰·拉贝的"中国朋友们"》等荣获中国新闻奖的纪录片，以故事化叙述和场景化表述，让"硬"故事"软"着陆，以小见大描绘发生在江苏大地上的种种动人故事，

---

① 《新华报业传媒集团：守正 深融 跨界 共生》，http://media.people.com.cn/n1/2020/0425/c40606-31687422.html。
② 王智勇：《广电新媒体融合的"变与不变"——以江苏广电荔枝新闻为例》，《中国广播电视学刊》2021 年第 3 期。
③ 卜宇：《强化平台意识 传播主流声音——"荔枝新闻"客户端的探索和思考》，《新闻战线》2015 年第 13 期。
④ 《神奇宝贝在江苏》，http://www.zgjx.cn/2023-10/31/c_1310747259.htm。

体量虽小，却讲述了最动人心弦的故事，得到受众一致好评。

　　H5 作品以场景化的设计，成为当前融媒体中最具原创性的产品类型之一。① 新华报业第 33 届中国新闻奖获奖作品《拼出我们的现代化》将短小精悍的视频、细致翔实的数据资料、VR 纪实影像等多元形式巧妙融合，方寸之间展示江苏近年来的多项重大建设成就。"拼图"形式更是加强了作品与受众的互动，生动展现了人民对现代化建设的参与作用，将重大主题宣传与现代技术手段深度融合，兼具趣味性、教育性，大大增强了传播效果。②

---

① 王方、朱婕宁：《媒体融合的创新路径与生态重塑——以江苏省新媒体创新互动产品为例》，《传媒观察》2022 年第 3 期。
② 《重大主题报道：〈拼出我们的现代化〉》，https：//jsnews. jschina. com. cn/zt2023/ztgk＿2023/202305/t20230511_3213103. shtml。

B.10
信息枢纽与新质融合:
江苏地区县级融媒体中心的路径探索[*]

高山冰^{**}

摘 要: 江苏县级融媒体中心将融合意识贯穿高质量发展的始终,通过平台创优、阵地固本、技术驱动及服务提升,有效增强了传播力、引导力、影响力、公信力。同时,江苏县级融媒体中心也面临制度制约、人才短缺、内驱力不足等现实困境。作为贴近群众的"最后一公里",县级融媒体中心可以通过驱动新质融合、加强队伍建设、强化科技支撑、赋能基层治理及提高自身"造血"能力,在服务全局中深融真融,为中国式现代化建设贡献县级媒体力量。

关键词: 媒体融合 舆论引导 媒介化治理 媒介经营

随着媒体融合的深度推进,县级融媒体中心建设迎来了高速发展期。江苏县级融媒体中心通过平台化建设、流程管理优化、人才质量提升等路径,实现县级融媒体中心的横向联结与纵向整合,真正扎根基层,形成社会效益和经济效益结合的融合模式,为县级媒体深度融合贡献了江苏经验。

一 江苏县级融媒体中心创新实践

江苏县级融媒体中心着力推进深化改革,聚焦主责主业、强化互联互通、

---

* 本报告为国家社科基金一般项目"乡村治理视域下县级融媒体中心建设效能评估及模式创新研究"(22BXW059)的阶段性成果。

** 高山冰,博士,南京师范大学新闻与传播学院教授、博士生导师,南京师范大学网络与新媒体系主任,紫金传媒智库研究员,主要研究方向为新媒体传播。

不断学习探索，在提升融媒传播的质量与效果上率先实践、形成特色，发挥了基层宣传阵地作用，在引导群众、服务群众上取得新成效。

（一）打造综合信息枢纽，提升融媒发展质量

江苏县级融媒体中心经过近几年的建设，在组织结构与硬件设施方面取得可观的成效，依托平台化建设与新技术驱动进行垂直整合，促进融媒体高质量发展，成为本土化、区域化的信息枢纽。

一是平台化引领媒体架构调整。媒介是一种介于不同事物之间的"传递装置"，具有联结顶层设计与具体实践的重要功能。在全媒体建设与媒体融合的趋势下，县级融媒体中心需要顺应平台化趋势，搭建互联网生态平台，发挥好基层宣传的阵地功能。邳州市融媒体中心打造以"邳州银杏甲天下"客户端为核心的"两微一端一抖"多平台移动传播矩阵，成立银杏融媒智慧港，创新开展专业化、一体化传播平台运维。移动端总用户量突破300万人，超过邳州城市人口总量。"一县一端"推动解决功能重复、内容同质、力量分散等突出问题，建立起协同高效的全媒体传播生态系统和"一站式"服务平台。依托客户端的平台优势，邳州市融媒体中心设计研发"政企云"服务项目，开通"政务信息平台"服务，服务市、镇、村近200家政企事业单位。推出"嗨邳"生活服务品牌，打造集社群、社区、活动、服务等多样生态于一体的服务平台。实现全天候、全平台、全覆盖的传播模式，在推进县域社会治理现代化中切实发挥了县级融媒体"定海神针"的作用。

二是全媒化驱动媒体资源整合。媒体融合发展既是一场由技术迭代推动的媒体内生转型活动，也是一场由国家层面谋划和推动的深刻变革，县级融媒体中心建设则是这一变革的具体体现。新兴传播技术的发展和传播平台的建设改变了传统的传播业态和传播关系，如何整合现有媒体形成资源集聚，真正实现全媒化融合，是县级融媒体中心高质量发展必须面对的现实问题。常熟市融媒体中心依托新的广电发射塔基础设施，将新塔及配套区域定位为"城市新地标，时尚发布场"，利用景观建筑的独特作用和融媒技术、人才、业务优势，建成以"小蛮腰"为标志性元素的常熟融媒体"2万平方米直播场""102观景台""5G云客厅""湖畔沉浸式直播区"等新设施，构建集新闻发布、政务服务、商务活动等功能于一体的常熟"小蛮腰"城市云客厅。"小蛮腰"城市

云客厅通过举办一系列群众喜闻乐见的活动，关注民生、服务市场，取得良好的社会效益和经济效益。

（二）巩固基层舆论阵地，形成群众情感联结

县级媒体处于四级链条的最后一环，承担着引导群众、服务群众的重要使命，成为全媒体传播体系中不可或缺的一环。江苏县级融媒体中心依托高质量全媒体传播矩阵，打通信息传播渠道、优化内容制作流程、整合行政与社会资源、深入了解辖区内基层群众需求，创新融合电视台、应急广播、短视频、网络直播等多元形式，提升信息内容的密度、精度与准度，及时传递政策文件，发布本地人民群众关切的权威信息。通过巩固主流媒体权威性、凸显地方媒体人文性与发挥基层媒体能动性，实现与群众的感情联结。

一是坚持价值引领，把牢正确传播导向。新闻媒体兼具意识形态属性和产业属性，在中国舆论结构中扮演重要角色。县级融媒体作为主流舆论下沉基层的触手，是对传统县级媒体舆论引导功能的继承与创新。因而，在工作中坚持党性原则、树立主流媒体权威、占领传播阵地的最前线是其应有之义。2023年3月9日，江阴市委、市政府以"敢为、敢闯、敢干、敢首创"为主题召开江阴市产业强市暨争创民营经济高质量发展示范市动员大会，全面贯彻落实党的二十大精神。会后，江阴市融媒体中心全媒体新闻中心迅速推出"'敢'字当头看项目"系列短视频。其中，《玩"转"新能源》将镜头对准恒润股份大型风电轴承生产线，通过讲述企业研发核心产品、打破进口垄断的奋斗故事，展现江阴企业"敢干"、江阴企业家"敢首创"的精神风貌。姜堰区融媒体中心《莲湘传"洋"》展示了外国友人与中国民间艺人之间的文化交流与融合。观众不仅能够欣赏到"滚莲湘"这一独特的民间艺术表演，还能感受到中华文化的博大精深。该纪录片在 YouTube、Instagram、Telegram、VKontakte、Yandex 等平台播出，总浏览量超过 50 万次。东台市融媒体中心《繁忙的条子泥·鸟类国际机场》聚焦中国首个滨海类湿地自然遗产核心区"条子泥湿地"，综合运用短视频、音频、手绘、动漫等手段以及拟人化手法，形象生动地展现了条子泥湿地的生态保护成果，充分展现了构建保护鸟类命运共同体的中国担当。

二是贴近百姓生活，凸显地方媒体人文性。县级融媒体中心是媒体融合理念在场景化应用上的升级，具有贴近用户日常生活场景的优势。作为主流

媒体触达百姓的"最后一公里"，讲好地方故事，凸显基层主流媒体的人文关怀，是提升县级融媒体中心传播力的重要因素，也是江苏县级融媒体中心内容生产的一大优势。为了更好展现中国式现代化江苏新实践的美好图景，大力传承弘扬长江文化，2023 年 3 月，张家港、常熟、太仓三市融媒体中心在苏州日报社的联合下，策划推出"我家住在长江边"大型融媒体行动，深入挖掘与长江有关的人、事、物，形成音频、视频、海报、图书等全媒体系列产品，充分展现沿江地带深厚的文脉、诗意的风光、独特的风物，系统阐发苏州地区长江文化的精神内涵，深入挖掘了长江文化的时代价值。泗阳县融媒体中心推出的系列报道《我的村庄我代言》围绕产业兴旺、生态宜居、乡风文明、治理有效、生活富裕五个方面，走访乡村、寻找代言人，并通过"代言人"第一视角进行最一线的观察，以精彩、生动、灵活的短视频形式，讲好振兴路上一个个具有浓郁地方特色的乡村故事。太仓市融媒体中心创作的融媒体作品《助浴师：不只是帮忙洗澡那么简单！》聚焦新职业从业者——助浴师，展现了他们如何让老人在夕阳余晖之中更洁净、更有尊严地"沐浴"。作品从细微之处入手，生动诠释了每个职业都有其独特的贡献和价值，引导时代新人树立积极健康的就业观念，带动更多人一起追求美好生活，推动了社会主义核心价值观的弘扬。

三是丰富内容形式，壮大主流思想舆论。随着媒体技术的不断发展，新媒体不再只是一个信息传递的"装置"，而逐渐成为一个创意集聚的平台。2023 年是改革开放 45 周年、太仓对德合作 30 周年。太仓市融媒体中心选取"九个一"，小切口展现太仓对德合作在经贸、教育、人文各领域的可观可感的成果。系列报道推出后，太仓融媒体中心运用 SVG 动态图文创新页面展示形式，与用户进行互动。网友可在页面上点击一幢楼、一条路、一条街等城市地标，如充满德式生活场景的风情街、串联起数十家德企的南京路、不断扩容的德资产业园、容纳服务机构助力中德双向投资的德国中心办公楼等，回顾 30 年来太仓深耕对德合作的成果，每回顾一项便可获得一枚勋章，集齐即可打开太仓对德合作的"密码"。昆山市融媒体中心作品《写在苏州轨道交通 11 号线开通运营之际》聚焦长三角一体化基础设施互联互通示范工程——苏州轨道交通 11 号线投入运营关键节点，从城市能级提升、产业创新、经济融通、人才流动等视角深度挖掘、全方位展示长三角核心城市间首次实现地铁系统跨省互联互通，进入地铁同城化时代的深远影响与重大意义。作品语言精练、主题鲜明、结构清晰，运用鲜活故事和生动例证阐发前沿观点和深入思考，兼具新闻性、思想性与可读性，既是"轨道上的长三角"的真实记录，也是长三角一体化发展国家战略的具象写照，具有很强的新闻价值和现实意义。泗洪县上塘镇垫湖村首开江苏农村实行"大包干"先河，被誉为"江苏农村改革第一村"。泗洪县融媒体中心推出融合报道《春满上塘》，作品以"一镜到底"的形式，生动展现了江苏农村改革的精神风貌。作品中的照片拍摄精美、文字故事挖掘深入、同期声音效果生动鲜明，将优秀的题材、故事和制作完美地融合在一起，产生了很好的传播效果。

（三）驱动技术创新引领，抢占网络传播制高点

媒体深度融合离不开对新技术的理解与应用。数据分析、AI 模型、云服务等多维度技术正不断向前发展。江苏县级融媒体中心不断尝试新技术、新应用，以新技术探索媒体场景创新应用，打破了公众对县级媒体能力的刻板印象，在内容生产、数媒融合及综合服务等领域起到先导作用。

首先，系统平台建设，实现安全高效。江苏县级融媒体中心在省级技术平台的支撑下，积极开展云计算、大数据、智能技术等关键技术研发和应用，完善以云平台、大数据等先进技术为核心的支撑体系。以内容生产为根本，以先进技术为支撑，突出实用性，确保让有限的资金发挥最大的效能。一是进一步深化与"荔枝云"平台的无缝对接，实现原本技术系统平台与省级技术平台的互联互通和新媒体客户端与省级技术平台内容数据、用户数据的互通；二是依托"荔枝云"平台建设了移动发布系统，整合原有网站、客户端及编辑制作系统，建设了专门的媒资管理系统，强化了大数据、人工智能等新技术的赋能；三是高标准建设安全保障系统，规划设计了网络安全保障方案，对业务和技术系统进行有效监测监管，具备安全播出和网络安全防护的三级保障能力和重大任务和突发事件的应急保障能力，建立了信息发布审核、公共信息巡查、应急处置等信息安全管理制度，确保安全生产、精准高效、优质播出。

其次，新兴技术赋能，拓展"媒体+"综合功能。江苏县级融媒体中心将新技术积极运用到媒体深度融合发展中，以新技术开拓新战场，以新平台增值

新服务，在新时代凸显新作为。江宁区融媒体中心开发的户外大屏联网联控联播平台，利用环境感知、智能识别、分时分段投放等技术手段让大屏"智"起来。同时，积极对接广电5G技术，严格执行"三审"制度，构建AI审核、库存管理、数据统计发布和运维管理系统，抢占智慧传播等技术的风口。吴江区融媒体中心参与搭建吴江历史文化资源数字采集平台，该平台以知识图谱为核心技术，充分利用数字技术手段，运用大数据、区块链、数字建模、虚拟仿真等技术手段，促进区域内文化资源的关联融合再生，完成数字文化资产链构建。

再次，面向未来，积极布局"媒体+AI"应用。江苏加快推进新兴技术在县级融媒体中心建设实践中的创新应用，强化数字信息技术对融媒体平台、产品、服务、交互等方面的支撑与赋能，为推进媒体深度融合发展插上"科技翅膀"。2023年2月5日，昆山市融媒体中心倾力打造的全国县级融媒体中心首个3D超写实AI数字人主播"昆小融"，并在全网发布。与卡通、2D、真人复刻的数字人不同，数字人主播"昆小融"从形象到服装、发型、妆容等均根据自定义由AI技术生成，性格活泼开朗、阳光自信，亲和力强，热心公益，既具有江南女生的样貌特征，又符合媒体主持人和记者的形象，语音识别准确率可达到98%。针对不同的播报场景，可以变换不同的妆容风格和服装组合。数字人主播"昆小融"已被广泛用于新闻内容生产和政务场景中。昆山市融媒体中心建设百度智能云昆山融媒创新实验室，探索数字人在"媒体+政务服务商务"场景应用、数字人IP运营、元宇宙时代产业链上下游生态构建等领域的合作共建、创新共研，重点打造数字人产业基地展示体验与转化中心，包括数字人直播带货互动展示平台、融媒体3D虚拟节目制作展示平台，在高精度智能化节目制作、创新运用手语数字人向群众提供有温度的公共服务，以及在多元化直播带货精准流量转化等领域提出策划方案，建设一批典型可复制、可推广的"媒体+AI"应用场景样板案例，形成区域甚至全国性示范推广效应，以新技术强势赋能媒体智能化转型、推动融媒体产业高质量发展。

（四）实现多元跨界拓展，积极融入现代服务

2019年中宣部、国家广播电视总局联合发布《县级融媒体中心建设规

范》，要求整合县级广播电视、报刊、新媒体等资源，开展媒体服务、党建服务、政务服务、公共服务、增值服务等业务。2020 年，中共中央办公厅、国务院办公厅印发《关于加快推进媒体深度融合发展的意见》，提出探索建立"新闻+政务服务商务"的运营模式。深度融合背景下的县级融媒体中心的业务模式从以提供信息为主向信息及服务同频推进转变。随着江苏县级融媒体中心建设的不断推进，这一具有实践性、创新性的"1+3"模式得以落实，形成媒体与各方产业的联结，发挥县级融媒体在基层社会中"上天入地"的作用，将"服务群众"落在实处。

一是"媒体+政务"。数字政务建设是实现治理能力和治理体系现代化的重要路径，也是县级融媒体中心的本色。通过"媒体+政务"搭建对话协商平台，引导多元社会主体基于公共议题凝聚共识、形成合力，参与基层社会治理。作为新兴主流媒体的组成部分，江苏县级融媒体中心整合区域内与百姓生活息息相关的民生、教育、医疗、交通等资源，建设精准覆盖辖区受众的"智慧政务"平台。如泗阳县融媒体中心在客户端"互动参与"模块集成 12345 政府热线、城市问题随手拍、小微权力一点通、文明实践、数字乡村等多项服务，24 小时听民诉、解民忧。年随手拍案件数达 2000 余条、办结率超 91%。"最江阴"App 集成全市 80 多个部门（镇街）的 2000 多项功能，打破部门壁垒，连通数据"孤岛"，为市民及企业提供更为规范透明、方便快捷的网上申报办理、公共资源交易、咨询等服务，提供 24 小时"不打烊"的智慧服务，让市民动动手指便能办事务、足不出户即可享服务。

二是"媒体+服务"。延伸公共服务、激活便民惠民资源是县级融媒体中心在基层社会中发挥效用、强化增值服务的重要路径。"今日张家港"App 上线"市民诉求中心"服务平台，搭建民意诉求快捷渠道，及时回应群众关切；同时，发挥媒体监督作用，同步开设全媒体新闻监督类栏目"@张小融"，记者从平台抓取群众关心的"急难愁盼"问题，深入开展调查跟踪，倒逼职能部门整改落实见成效，助力张家港市打造物质文明与精神文明相协调的中国式现代化县域先行示范区。邳州市融媒体中心"搭把手"栏目组依托"邳州银杏甲天下"客户端打造的线上为民服务窗口，开通了民事追踪、政风热线、在线互动、帮你问、同城帮办等功能，实现服务性、互动性、新闻性的有效统一。"搭把手"栏目接诉即办，记者通过前期走访调查取证后，对问题现象进行展现，并协调当事人及相关部门单位进行问题剖析，最终推动问题的解决。"搭把手"栏目上线后，帮助群众解决"急难愁盼"问题，架起响应市民诉求的"高速路"与服务群众的"连心桥"，达成了"新闻+服务"赋能社会治理的实际目的。截至 2023 年底，栏目累计收到各类诉求近600 件，解决回复率达到 85% 以上，推送相关新闻报道 200 余条，满意率达95% 以上。

三是"媒体+商务"。2023 年，江苏县级融媒体中心积极统筹社会效益与经济效益，加快恢复自我"造血"机能。例如，昆山传媒集团及其下属子公司在平台广告、资产管理、文化活动、影视制作、智库服务、才艺培训、数字传媒等各个领域开展经营活动，全年实现经营创收超 1 亿元。溧阳市融媒体中心不断整合资源，助力锡剧团利用媒体优势、本地优势入手，积极推进体制机制改革创新，探索增强自身"造血"功能，实现舞台技术"硬功能"与演出策划"软实力"跨越式提升。锡剧演艺全年营收从过去的几十万元提升到超400 万元，创下历史新高。高邮市融媒体中心与第三方公司合作在"今日高邮" App 上建设"邮 E 人家"电商平台，开发商家入驻、活动发布、用户扫码消费等功能，合作单位通过此平台将职工餐补等福利统一充值到职工个人账户，职工使用 App 在单位食堂或加盟商家扫码即可消费，从而将融媒体客户端的影响力转化为创收能力。

二　县级融媒体中心建设发展中的困境

在取得成绩的同时，县级融媒体中心建设依旧存在体制机制陈旧、人才缺失、运营乏力等现实问题，这些问题在一定程度上影响了县级融媒体中心建设的效能。

（一）融合效能和中心生存力受顶层设计影响较大

县级媒体虽然体量小、数量少，结构也相对简单，但县级融媒体中心建设工作涉及机构番号调整、体制改革、人事变动、资源重组再分配等多方面问题，还要顾及行政体系内的上下畅通和文化体制改革的整体规划，仅以县级的行政力量很难协调好其中的利益关系。同时，改革力度不够，缺乏顶层设计，简单的机构合并无法适应新媒体时代的融合传播与发展需要。目前，部分县级融媒体中心建设过程中的融合只是将宣传部门管辖范围内的传统电视台、报纸等机构进行简单的合并，生产流程未能真正融合，也缺乏机制、体制、资金保障，内容生产、审核、传播等各个环节依然"各自为战"，平台打造、资源整合、形成合力尚需时日。

宣传主管部门对县级融媒体中心的建设在某种程度上依旧处在探索阶段，目前还没有形成一种稳定的、可快速复制的范式。例如，某县融媒体中心目前实行完全事业化管理，在推进媒体融合过程中，如何进行人力资源改革是亟待解决的问题。一方面，作为事业单位，其在人员管理上必须遵循党和国家的规定，人员的去留、薪资奖惩必须严格按既定标准执行。然而，这样的体制带来的问题是薪酬与个人贡献脱钩，导致"干多干少一个样"，结果就是很多工作人员消极懈怠没有活力。另一方面，媒体融合要求改革原本僵化的体制，激发工作人员的活力和创造力，形成灵活、包容、更具竞争力的人才招聘、留用和激励机制，为融合发展提供人才支撑。这样的改革必然会引入绩效考核、竞聘上岗的市场化规则，而这又与事业单位的性质形成了冲突。一旦引入市场化激励考核机制，便可能带来违纪风险。缺乏政策的直接支持让县级融媒体中心的建设陷入两难境地。

（二）优秀全媒体人才稀缺，队伍建设仍不够有力

目前，我国媒体人才队伍的结构不尽合理，人才状况与传媒行业的急剧变化情况并不匹配，新媒体人才、复合型人才、专家型人才、国际化人才、高层次经营管理人才等高端人才极为紧缺。仅就推进媒体融合发展而言，新媒体采编人员多来自传统媒体的编辑、记者，真正精通网络传播技术、具有互联网思维的人员并不多，一般媒体的教育和培训也与现实的人才需求存在一定程度的脱节，培养全媒体型、专家型人才任重道远。在整个媒体行业经历漫长"寒冬期"的背景下，县级媒体的处境尤其艰难，人才短缺、人才流失一直是其面临的严峻问题。

县级融媒体中心建设在原有的传统媒体平台的基础上，工作人员大多是传统媒体时期的媒体工作者，年轻人才不足。从业人员思想落后、观念陈旧是阻

碍媒体融合转型成功的重要因素之一。他们对互联网的理解不深入，创新思维的开发不足，整体能力无法适应新时代的发展需求。管理层构思设想的方案在具体落实的时候往往出现错位，导致投入巨资打造的高科技平台未能充分发挥其价值。如何引进专业的新媒体人才与相关的技术型人才，如何转变传统媒体人的思维模式，如何使传统媒体人适应新媒体生产环境等问题需要在县级融媒体中心建设过程中思考解决办法。

人才建设面临的首要问题是难以吸引优秀人才。县级媒体在薪资待遇、发展前景、生活条件等各方面为人才提供的资源条件都极为有限，这阻碍了对专业人才的吸引。绝大多数区县目前并未提供融媒体中心建设所需专业人才的特殊照顾政策或福利待遇，导致应聘人员与所需岗位要求并不完全匹配，进而影响工作进程。除了招聘环节的不利因素，即便引进了专业人才，县级媒体也缺乏长期留住人才的资源与机制。如，编制问题、晋升机制、绩效奖励机制等，都是影响人才去留的重要因素。

与此同时，人才流失问题严重。人才流失主要表现为两种类型：一是"向外走"，即人才离开地方媒体，从事企业宣传、自媒体等工作；二是"向上走"，即人才从县级媒体向市级、省级媒体、地方党政机关流动。另外，"90后""00后"步入职场并开始承担越来越多的职责。普遍在较为优越的物质和精神环境中长大的年轻一代，在面临县级媒体经济激励不足、成就感不足、任务重责任大、私生活被侵占等工作环境时，更愿意选择朝气蓬勃的自媒体行业。同时，相较于老一辈新闻工作者，他们尽管在新媒体上拥有天然的敏感性，但是在职业归属感、职业荣誉感和政治素养方面普遍较弱。

（三）内容与渠道难以适配，后续运营内驱力不足

县级融媒体中心建设是在行政力量推动下的革新举措，在融合的浪潮中，部分县级媒体因为"上级命令"而启动融媒体中心建立工作，往往为了政绩而"大干快上""一拥而上"。然而，由于体制、资金、人才等多方面的限制，辛苦搭建的融媒体中心徒有其表，难以发挥实效，背离了融媒体中心建设的初心。

在移动社交逐渐成为主流的背景下，建设新媒体矩阵成为县级融媒体中心

的工作重点之一。大多数县级媒体已开通"两微一端",入驻今日头条、抖音等时下流行的新媒体平台。从表面上看,县级媒体的新媒体矩阵已较为完善,传播渠道也较为多元化。但实际上大多数账号的更新频率低、发布内容质量不高,有些甚至只是对传统媒体内容的简单搬运,未考虑原有内容与新发布渠道的适配性等问题。盲目迷信新技术带来的新渠道,只追求渠道扩张却不关心实际传播效果,使媒体融合流于形式化。

一些县级融媒体中心依旧按照传统模式开展内容建设,缺乏互联网思维,一味根据制作者的喜好与认识进行内容策划、创作,无法满足用户的需要,造成了生产端与接收端的脱节。长久如此,不仅阅读量会持续走低,甚至可能引发用户的反感情绪。

此外,运营仍是县级融媒体中心建设的瓶颈。县级融媒体中心没有"造血"功能全靠财政"输血",失去了可持续发展的动能,无法实现建设的目标。对于县级融媒体中心自身来说,它们对新经济模式理解得不深、整合营销思维的欠缺以及数字运营人才的匮乏,导致在发展中一味复制模仿,难以探索出适合自身的赢利创收渠道。不少地方的思维模式仍停留在传统媒体时代,但传统媒体时代的广告营收方式并不完全适用于当下的新媒体环境。用户注意力成为融媒体中心用于变现的基础,如何在纷繁复杂的互联网生态中与新媒体平台、社交媒体等争夺用户注意力并结合自身条件发掘新的赢利渠道,则是县级融媒体平台需要深入思考的问题。

(四)平台建设受多方掣肘,综合力提升难度较大

互联网的逻辑是连接,县级融媒体中心"主流舆论阵地、综合服务平台、社区服务枢纽"的目标定位也体现了连接的逻辑。作为最接近群众基层的机构,县级融媒体中心具有极大的连接优势,然而在现阶段,县级融媒体中心建设综合性服务平台的难度较大,主要困难在以下几方面。

一是技术引领性不够。由于过多依靠技术外包,缺乏自主研发的核心技术力量,县级融媒体中心在新媒体快速迭代之下难以适应数字化、网络化、智能化发展趋势,难以实现引导群众、服务群众这一具体目标。例如,整合县域公共服务资源及网上各渠道数据,打造"平台型、入口型"产品,需要大量的技术人员搭建信息平台。同时,随着移动互联网和物联网在基层的逐渐普及,

根据用户的位置及需求提供场景化、个性化服务对技术的要求也日益严格，而当前县级资源在短期内难以满足这些需求。

二是其他部门协调配合难度大。综合性服务平台涉及多个部门，提供的服务范围广泛，需要大量的数据支持，而各部门的数据资源因利益和技术等因素往往并不能完全整合，垂直管理的数据资源更是如此。因此，县级融媒体中心数据资源配置要解决的问题还有很多。如何打破各政府部门间的信息壁垒，如何处理各部门间利益关系等问题都需要县级融媒体中心与上级部门协商解决。

三是管理成本高，权责不明。平台所提供的服务范围越广泛，日常管理的投入也就越大。县级融媒体中心最主要的任务还是提供媒体服务，难以在综合性服务平台方向投入足够的人力、物力资源。一旦出现问题，提供渠道的县级融媒体中心与提供相关公共服务的政府部门二者谁来解决问题、承担责任，成为影响综合性服务平台建设成效的关键。

三　县级融媒体中心建设效能提升路径

县级融媒体中心高质量建设是媒体转型之策、时代发展之需，是国家治理能力和治理体系现代化的必然要求，事关主流舆论阵地的巩固与壮大，是中国式现代化的重要组成部分。随着改革的持续深入，县级融媒体中心需要在国家战略的驱动下，直面现实困境，勇破发展桎梏，创新媒体实践，融入时代进程。

（一）提高思想认识，驱动新质融合

从中央媒体的探索，到省级媒体的实践，再到如今的县级融媒体中心建设，媒体融合作为国家战略稳步推进、一体发展。推动县级融媒体中心建设已成为中央层面部署和推进文化体制改革的重大举措，是党和国家宣传思想工作的战略任务。

首先，要认清县级融媒体中心的功能和作用。县级融媒体中心建设是宣传思想文化的重要组成部分，关系到意识形态阵地的主导权。五年来，依旧有媒体从生存的角度单方面理解县级融媒体中心建设的初衷，存在主观误读现象。

推动县级媒体转型发展只是手段，改革目的是巩固壮大奋进新时代的主流思想舆论，建设具有强大凝聚力和引领力的社会主义意识形态。

其次，要发挥顶层设计的效能。政府部门需要充分缜密地调研和规划，遵循新闻传播规律，随着改革的不断深入，有针对性地出台各类政策，从体制机制、人员配置、资金扶持等各个层面提供有力支撑，避免资源浪费、低效和自欺欺人的伪融合。特别是在媒体融合进入"深水区"，只有在政府的统筹协调下，打破部门壁垒，搭建灵活机动的工作平台，促进各种信息资源，特别是各类政务数据的充分共享，县级媒体才能够真正成为集新闻发布、资讯服务、党务政务于一身的综合性服务平台和主流舆论阵地。

再次，在思想上回归"用户本位"。建设县级融媒体中心是为了真正做到为人民服务，而绝非为了一时的政绩。习近平总书记对县级融媒体中心所提的功能要求是"引导群众、服务群众"①，用互联网思维来阐释，即以用户为中心、用户至上。县级融媒体中心想要真正地发挥其优势，就必须"放下身段"，转变话语方式、思维方式和传统媒体时期的思想观念，建立服务思维、产品思维和用户思维。要从传统媒体时代的"生产至上"转变为互联网时代的"服务至上"。传统媒体时代的评价标准是发行量、节目数量、收视率，而新媒体时代则更看重用户体验和用户黏性。要在功能服务方面发力，通过丰富县级融媒体中心的服务功能，让群众真正用起来、离不开。

最后，在融合创新中形成新质生产力。县级融媒体中心需要在实现优质信息平台建设的基础上，改革组织架构与生产流程，打破原有壁垒以适应新的生产模式。在协同发展的基础上，县级融媒体中心要充分挖掘与利用现有媒体资源，并以此为契机对自身进行改革升级，以新质生产力引领融媒体快速发展，将资源优势转化为发展优势。一方面，与政府机构、企事业单位、人民团体、社会组织等协同推进，通过数据共享、业务协同、深度融合推动转型发展。同时，与市场化媒体建立合作机制，通过技术支撑、商务合作、业务共享，在共赢的基础上，扩大社会共识，形成良好的网络舆论生态。另一方面，通过各类资源的高效汇聚，做大做强主流媒体

---

① 《习近平：举旗帜聚民心育新人兴文化展形象 更好完成新形势下宣传思想工作使命任务 王沪宁主持》，《人民日报》2018年8月23日，第1版。

综合服务平台，切实解决百姓关心的实际问题，更好地把引导群众和服务群众相结合，在提高群众满意度的同时提升影响力，发挥主流媒体思想舆论引领的强大动力。

（二）强化人才培养，建立集聚机制

在互联网时代，优秀人才成为核心竞争力，只有将有限的资源更多地投入人才培养，努力打造一支政治过硬、本领高强、求实创新、能打胜仗的宣传思想工作队伍，才能真正提升影响力，扩大传播效果。建设优秀的县级融媒体中心，要从全媒体人才的选、用、育、留全过程发力，从人才培训、人才交流、人才引进等多方面加强县级融媒体中心人才队伍建设。选拔政治过硬、熟悉新闻传播业务、具备互联网思维的人才作为县级融媒体中心骨干，并使其与懂经营、善管理的产业型人才形成合力，才能打造优秀的业务人才队伍。

一是县级媒体自身积极探索人才培养机制。首先，县级媒体对内要以效能为标准，建立全媒体人才的激励保障机制，鼓励创新、支持改革、选贤推优，调动全体成员的积极性，盘活全体成员的能动性。让有理想、有想法、敢实践、堪大任的人才成为县级融媒体中心高质量发展的中坚力量，带动整体的效率、效益提升。其次，强化组织管理，鼓励支持开展差异化、区域化融媒体实践改革探索，在融媒体中心内部形成开放式、扁平化的管理模式，鼓励建设融媒体实验小组，实现多元互动、灵活组合、协同运作，充分用好年轻员工的新媒体基因。再次，注重培养职业精神，构建多样化新闻职业精神培育空间。调动并发挥从业者的积极性，使其对职业精神有归属感。鼓励个体的创造性，充分认识弘扬职业精神对调动新闻工作者积极性的重要作用，使其产生荣誉感、获得感，进而内化为强烈的目标感。只有具有相同目标的个体组合在一起，才能创造出集体强大的综合效应。例如，海安市融媒体中心在各宣传部门的目标绩效考核中体现互联网意识的重要性，将新媒体作品生产，尤其是短视频生产写入部门的目标考核内容，同时积极推进媒体融合作品的季度评优活动，号召广大采编人员运用互联网思维讲好地方故事，大力生产"沾泥土""带露珠""冒热气"的新媒体新闻作品。

二是主管部门打造人才汇流体制机制。首先，加强与高校的合作。一方面，为媒体人提供深度学习的机会，使其掌握前沿的理论成果和技术，拓宽

眼界、补齐短板。另一方面，着力促进融媒体实践与新闻传播教育结合、业界与学界互动，通过建立实践实习基地等方式，为吸纳年轻人才打下基础，充分发挥资源红利叠加效应。其次，打造县级新媒体平台运营管理人员到市级或省级平台锻炼学习，省、市级媒体优秀新媒体人才下沉至县级融媒体中心交流指导双向培养通道，通过培训、交流、挂职等方式整合人力资源，为县级融媒体中心储备人才。例如，为加强县级融媒体中心人才培养和队伍建设，实现党中央提出的建强用好县级融媒体中心的目标，2023 年 7 月，由江苏省委宣传部、江苏省新闻工作者协会主办持续 6 期的全省县级融媒体中心业务骨干省媒见习培训在南京开班。在为期一个月的见习培训中，学员们不仅详细了解了省级媒体的工作制度、运行机制和思维方式，也与指导老师们一起参与编前会、出差采访、制作节目、报道大型活动等，培养了新思维，提升了新技能，拓宽了新视野，制作出一系列有深度、有思想、有温度的融媒体产品。

三是坚持"新闻+"和"+新闻"相统一。新的媒体格局和传播形态对媒体人的综合能力提出前所未有的要求，人才引进和培养工作也应该有新思维、新路径。一方面，要加强"新闻+"的培养。促进传统媒体基础好、素质高的新闻采编队伍适应移动优先传播媒体融合的变化，使其拿起话筒能讲，对着镜头能说，精通"十八般武艺"，就要充分运用体制推动、待遇促动、示范带动，让更多的编辑记者观念更新、手段翻新、技术创新。另一方面，要转换"+新闻"的思维。改变传统的引才模式，运用与新媒体发展更接轨的选拔模式，不局限于新闻、广告等传统专业，针对新媒体发展特点，吸引和聚集一批具有前沿思维、掌握前沿技术的优秀人才，继而通过新闻采编实战的培养，形成兼具理论知识与实践经验的"+新闻"传播人才。

（三）坚持创新驱动，强化科技支撑

随着 5G 等新兴技术的不断发展与应用，智能化给社会生产带来全新的应用场景，过去由专业媒体主导的传播，已经转变为全民参与的传播。掌握着智能机器和传感数据的 IT 企业、物联网企业，也将成为新闻生产系统中的成员。县级媒体普遍没有跟上科技发展的步伐，在大数据的采集获取、价值挖掘等方面都相对落后。处在技术革新风口的县级融媒体中心建设，应该抓住人工智能为传统媒体赋能的契机。运用大数据、云计算等技术手段，推动县级媒体转型升级，建设"智能+"县级融媒体中心，推进媒体内容生产供给侧结构性改革，将县级媒体打造成具有强大数据处理能力的平台，推动内容、平台、人才、管理和服务的深度整合。建设科技赋能的县级融媒体中心可以从以下几方面予以探索。

一是加强技术创新。大数据、人工智能已逐渐融入媒体内容生产、传播、分发等流程之中。机器人写作、虚拟主播等内容新形态兴起，正在改写着媒体生态。新传播环境下，简单的推广、推送已经无法达到良好宣传效果。因此，县级融媒体中心要顺应互联网传播的数据化、移动化、社交化趋势，充分集合大数据、云计算、虚拟现实等技术，提高信息质量，提高用户黏性。在产品研发和市场营销中，利用大数据技术挖掘用户喜好、优化内容制作、调整栏目设置、评估传播效果、创新营销策略；利用微信、微博等社交媒体扩大媒体的覆盖面，与用户建立紧密联系；利用移动平台拓展可视空间，提高受众的参与度；利用云计算提高基础架构的灵活性、可扩展性和开放性；借助人工智能相关技术，实现从内容生产到分发的智能化构建。

二是凸显数据价值。挖掘媒体数据的内在价值，建立用户数据管理系统。数据已经成为核心资源，新媒体平台搭建完成后，县级媒体将会获得远超传统媒体时代的数据量。因此，技术部门要注重用户行为的收集和保存，梳理和打通底层数据，依托自身平台优势，获取一手数据。同时，根据用户的场景使用行为进行精确分析，利用地理位置、气候、年龄、职业等信息，实现功能与用户场景的对接，更好地满足用户的使用需求。例如，海门市融媒体中心通过后台数据分析，采取多种方式做好内容和产品推荐。通过置前、置顶推荐，将最贴近群众需求的资讯和服务项目放到醒目位置；通过主动推送，将有关全局性中心工作、重大活动、重要成果的报道，以及贴近百姓的新闻、新上线的服务功能等第一时间推送给手机用户；通过各类群组推荐，利用中心积累的"车友群""助农购物群""志愿服务群"等有针对性地推荐相关资讯和服务。

三是探索技术合作。"技术合作"不等于"技术外包"，必须坚持以我为主、他为我用。上海报业集团通过与多家优秀的技术公司合作，"让"出"澎湃新闻"客户端的大部分开发与维护工作，把节省的人力、物力集中用于新闻内容产品的生产与运营，生产效率得到提高。在媒体行业转型升级、深度融合的今天，各级各类媒体拥有的新媒体平台数量越来越多，可以通过技术合作的形式，让渡部分内容创作以外的工作给专业机构，节省人力、物力，使媒体专注内容生产与经营，发挥所长，实现高质量发展。

（四）建强媒体服务，赋能基层治理

县级融媒体中心是宣传思想工作的神经末梢，在引导群众的基础上，更需要结合县域特点，把舆论引导与社会服务理念相结合，推动社会治理向专业化、信息化、智能化方向发展，提高基层治理现代化水平。

首先，挖掘媒体优势，深度融入基层治理。县级融媒体中心在建设过程中，不应好高骛远，一味追求"大而全"，而应在考虑县域特点和自身条件的前提下，不断延伸公共服务功能，拓展服务的平台与窗口。要在坚持以高质量信息内容构筑品牌公信力的同时，发挥好自身在信息生产、联系群众、技术运用等方面的优势，以优质的服务强化群众对平台的信任与依赖。同时，在地方政府的支持下，与其他职能部门开展深层次协同合作，深度参与当地党委和政府的数字政府建设。通过各项垂直应用的深入渗透和各类便民惠民服务的有效聚合，积极回应群众关切，盘活县域社会资源，不断增强群众的亲近感和认同感，构建起本地"一站式"综合服务的第一入口。

其次，发挥评估作用，驱动媒体服务升级。要充分发挥各类评估结果的辐射力、影响力，在做好引导性解读、阐释的基础上，让参评专家做综合分析、专项指导，让优秀单位做经验分享、业务交流。使各单位真正认识到县级融媒体中心参与基层治理的重要意义及"媒体+服务"的深刻内涵，认识到在高质量建设中自身面临的问题、发展机遇、挑战等。要在有什么服务的基础上，深入考察服务的效果如何，真正让县级融媒体中心履行好创新基层治理的职责与使命。

再次，打造智慧平台赋能社会服务工程。人工智能与媒体的融合将极大拓展信息传播和信息交互的能力边界，进一步提升传播效果，对促进技术创新，提升新型主流媒体的竞争力产生积极的影响。通过创新一体化政务服务模式，逐步建设一个区域服务型的"大媒体"。积极探索县域智慧化建设，推动线上线下的高效融合，打造基层百姓"连得上、离不开"的全媒体智慧社会信息服务窗口。同时，把新型传播平台打造与智慧城市、智慧社区及新时代文明实

践中心等建设融合起来，构建以主旋律导向宣传为核心，涵盖党的建设、公共民生、文化惠民等领域的融媒服务矩阵。

（五）提高自身"造血"能力，探索营收模式

县级融媒体中心虽然有来自政府的资金支持，但从长远来看，完全依赖"输血"难以支撑其高质量发展。要想提质增效，需提高自身"造血"能力。持续激活县级媒体的现代商业机能，以商业运营推动竞争力的增强，实现可持续发展。综观县级融媒体中心建设，经营状况较好的融媒体中心大多依赖三个板块：媒体广告、活动策划、直播带货。虽然跳脱了原本依赖广告收入的单一路径，形成了"广告+活动+商务"的模式，但并未发挥县级融媒体中心自身的优势，也未打造具有地方特色优势的盈利项目。如何将经营活动与自身业务特色相结合，在服务群众的同时实现盈利，需要县级融媒体中心继续探索。

首先，依托资源优势拓展业务。拓展业务是指县级融媒体中心借助自身人才、设备等资源优势，开发广告以外的经营业务。县级融媒体中心通过业务拓展盘活既有资源，实现市场与媒体的双赢，同时打破新闻业务与经营业务分割的壁垒，让融媒体中心的员工都有机会参与到经营中来，并从中获取一定报酬。业务拓展不仅能够增加融媒体中心的收入、调动一线人员的积极性，还能够切实提高媒体资源利用率、扩展中心的经营业务范围，推动融媒体中心向县级综合智慧平台的建设目标靠近。

其次，开发跨界业务。县级融媒体中心跨界业务的开展立足于其自身的传播力、引导力、影响力、公信力，与非传媒行业领域的品牌进行深度合作，形成"媒体+行业"的经营模式，实现1+1>2的叠加效果。与拓展业务不同，跨界业务的开展以经营部门为主，采编业务人员虽不直接参与，但需对项目产品的内容、质量进行严格把关，具体业务委托专业公司执行。

最后，立足本土文化打造品牌效应。无论是拓展业务还是开发跨界业务，都离不开中心品牌的打造。县级融媒体中心天然具有贴近民众生活、本土文化色彩浓郁的特点，有利于积累区域口碑，并以此带动本土文化与产业的发展。一方面，应当深耕本土新闻信息领域，形成信息交互与公共服务的枢纽平台，维护良好的群众基础与品牌效应；另一方面，应借助品牌效应与传播优势策划文化产业活动，积极开展与本土企业、个人的互动，形成地方性乃至区域性的

文化产业品牌活动，带动地方经济的发展。例如，沭阳县融媒体中心依托本地花木之乡的特色，走"全媒体+宣传/培训/直播/服务"的"媒体+"融合之路，推动沭阳花木年销售额超 200 亿元。建成花木矩阵直播基地 6 个，举办直播拍卖 600 余场，场均销售额超 50 万元。让沭阳花木产业的好风景变成了富民的"好钱景"。

结 语

随着信息技术的不断进步、传媒事业的不断发展，媒体融合进入新的发展阶段。从初步探索，到体系构建，再到高质量发展，主流媒体抓住媒体融合的历史机遇，通过深化改革，一步步实现新作为、发挥新作用。社会转型变革进入新阶段，媒体在社会服务领域所承担的角色越来越重要。作为国家治理体系和治理能力现代化的重要组成部分，主流媒体不仅提供优质信息内容，还以此为基础，将影响力辐射到政务、服务、商务等领域，成为移动互联网时代党和政府联系群众、服务群众、凝聚群众的重要渠道。主流媒体在调和多元主体的社会关系、凝结社会信任、减少政府治理成本、维护公共和谐社会生活、更好满足人民对于美好生活的需要方面，发挥着不可替代的作用。

县级融媒体中心作为新时代基层舆论引导与社会治理阵地，是中国全媒体传播体系建设的重要组成部分与主流舆论阵地下沉基层的"最后一公里"。县级融媒体中心需要在现代传播体系建设的浪潮中，发挥基层新型主流媒体的功效，解决好机制、人员、"造血"、技术等方面的问题，探索新的有效的深融路径，引导群众、服务群众，发挥好基层的信息枢纽、治理工具的作用，为中国式现代化贡献县级媒体力量。

B.11

科技赋能，精准互动：
2023年江苏智能新闻实践探析

冯麒薇　申　琦　戴志宇*

摘　要： 随着媒体融合的深入推进和智能技术的飞速发展，2023年，江苏智能新闻实践在国家和江苏省政策的双重支持下，呈现前所未有的活跃态势。本报告聚焦2023年江苏智能新闻实践，分析了省内新闻机构在智能新闻实践方面的进展，涵盖了智能新闻在素材检索、内容生成、新闻推荐、受众反馈等全流程的应用及成果。结合国家和江苏智能新闻相关政策，采用问卷调查、深度访谈的研究方法，发现当前江苏省智能新闻实践在新闻生产的各个流程中呈现海量化、智能化、显性化、人性化的特征。本报告通过分析智能新闻面临的机遇和挑战，进而为行业的可持续发展提供策略建议。

关键词： 新闻生产　智能新闻　新闻真实　AIGC

在数字化浪潮的推动下，新闻行业正经历一场前所未有的变革。作为这场变革的重要力量，智能新闻以其独特的优势，正逐渐成为新闻生产与传播的新热点。

智能新闻，也可称为机器人新闻（Robot Journalism）、自动化新闻（Automated Journalism）或算法新闻（Algorithmic Journalism），作为一种新闻生产形式，它利用计算机和基于算法的人工智能软件自动生成并推送新闻。智

---

* 冯麒薇，南京大学新闻传播学院硕士研究生，主要研究方向为智能传播、人机交互；申琦，博士，复旦大学老龄研究院教授、博士生导师，主要研究方向为人机传播、计算传播、网络隐私与信息安全；戴志宇，新华日报社高级工程师，主要研究方向为媒体行业人工智能及大数据应用。江苏省人工智能学会和江苏新华日报大数据有限公司为本报告提供资料和调研数据支持，特此致谢。

能新闻不仅改变了传统的新闻生产方式，还为新闻行业带来了新的活力和可能性。

2023年，江苏省在智能新闻实践方面沿着高质量创新发展的路径不断前行。省内新闻机构积极探索智能新闻的应用，在新闻生产的各个环节取得显著成果，推动新闻生产整体效率的大幅提升。同时，江苏省也通过引入智能技术，使新闻内容更加精准化、个性化，用户体验更加流畅、便捷。总体而言，2023年江苏省在新闻生产的全流程积极探索智能化路径，呈现素材检索海量化、内容生成智能化、新闻推荐显性化、新闻反馈人性化等显著特点。

一　江苏智能新闻发展概况

智能新闻借助生成式人工智能（GenAI）、大数据、云计算等先进技术，实现新闻内容生产、分发、接收的智能化，旨在提高新闻传播的效率和精准度，满足用户个性化的信息需求。随着技术的飞速进步，智能新闻在国内得到广泛关注，实现快速发展，成为新闻业创新的重要方向。

需要明辨的是，人工智能（AI）和生成式人工智能之间存在几个关键区别。首先，从定义上来看，生成式人工智能是一种特殊类型的人工智能，它能够通过接收数据和规则的"喂养"来生成类似于人类创造的新样本，例如自动作曲、自动写诗、自动绘画等。其次，从工作方式上来看，人工智能主要用于执行特定任务，如回答问题、分类、识别图像等；而生成式人工智能则通过机器学习算法从大量数据中提取信息，进而生成新的内容，如文本（ChatGPT、Gemini、文心一言等生成的内容）、图像（Playground等生成的内容）、影音（Sora等生成的内容）等。最后，人工智能在执行任务时通常需要人工干预，而生成式人工智能在内容生成方面更加自主和灵活。近年来，生成式人工智能得到广泛应用，尤其是在大型数据集和深度学习算法的帮助下，已经可以在一定程度上完成高效的自动化内容生成。

面向智能技术带来的机遇，中国政府对智能新闻的发展给予了高度重视，并出台了一系列政策，继2017年的《新一代人工智能发展规划》后，又陆续出台《关于加快推进媒体深度融合发展的意见》《数字中国建设整体布局规划》《关于加快构建现代公共文化服务体系的意见》等政策，明确提出支持新闻业应用现代科技手段、推动媒体深度融合，为智能新闻的发展提供了有力支撑。

调研情况显示，在江苏，认为智能新闻在应对突发事件和实时报道方面有助益的受访者约占 84.21%（见图 1），这一比例反映了现有智能新闻实践水平在业内取得了令人较为满意的成绩。纵览近年来国内新闻实践的情况，智能新闻因其快捷、准确和低成本等优势，已经在金融、体育、突发事件等报道领域展现出显著的影响力。

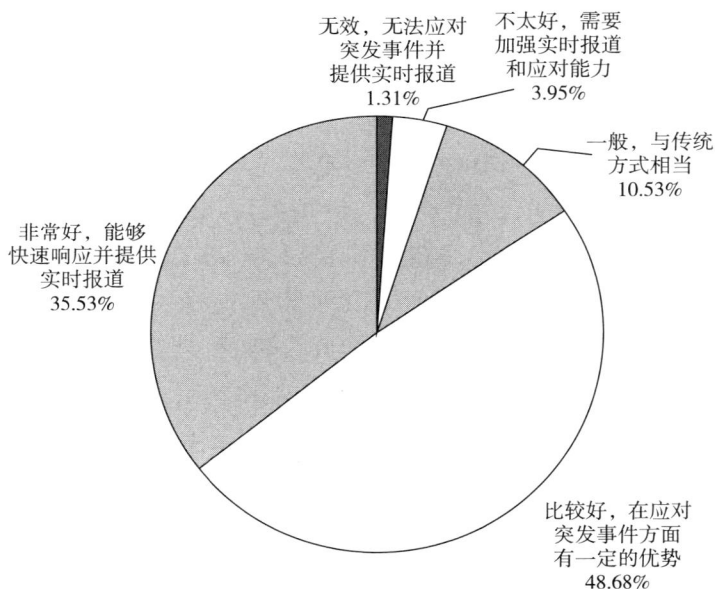

图 1　受访者对智能新闻在应对突发事件和实时报道方面能力的看法

《每日经济新闻》开辟了"每经 AI 快讯"栏目，通过自然语言处理技术生成金融新闻报道，该栏目的内容不仅能够准确、及时报道金融市场动态，还能通过数据分析为投资者提供投资建议和市场趋势预测。在体育领域实时报道中，智能新闻在迅速、精准的动作捕捉以及通俗化的内容重现上展示出优势。2022 年北京冬奥会期间，《科技日报》曾借助"3D+AI"技术实时详解谷爱凌自由式滑雪动作，为观众提供形象化、通俗化的观赛讲解。在突发事件报道中，智能新闻则能够迅速整合核心信息，提高新闻生产效率，增强新闻的时效性和准确性。智能新闻在突发新闻事件的报道中展现出强大的能力，智能检索技术为记者提供了更丰富的素材，自动编辑技术加快了新闻制作的速度，有助于深入挖掘事件背后的故事，做出更有深度的报道。智能新闻技术的应用不仅能增强报道的时效性，也能拓展报道的深度和广度，为公众提供更加全面、准确的新闻信息。

江苏省作为国内新闻业创新的前沿阵地，中共江苏省委宣传部、江苏省新闻出版局、江苏省广播电视局、江苏省文化和旅游厅、江苏省科技厅等部门也积极响应国家政策，立足江苏省的具体情况，出台了包括《江苏省广播电视媒体深度融合发展三年行动计划》《江苏省"十四五"数字经济发展规划》在内的一系列政策文件，为江苏省智能新闻的实践与发展提供政策支持。调研结果显示，目前江苏省内积极采纳并融合智能技术于其内容生产或分发流程之中的新闻机构占56.58%（见图2）。在这一过程中，诸如语音识别、视觉识别、自然语言处理、机器学习以及虚拟现实等智能技术的应用相对广泛。其中，"新盾"智能化内容风控平台与"新影"智能媒资一体化平台尤为突出："新盾"智能化内容风控平台依托《新华日报》的语义知识库，运用人工智能技术实现多媒体形态的智能检校，对内服务集团媒体，对外支持企事业单位，助力智慧监管升级；而"新影"智能媒资一体化平台则通过人工智能技术深入挖掘数据价值，实现内容资源的全面整合与高效利用。这些智能技术平台的运用，不仅提高了新闻制作效率，丰富了内容形式，还满足了用户的个性化需求，实现了新闻生产的智能化与个性化双重赋能。江苏省在智能新闻领域的积极探索，为新闻业的创新发展注入了新动力。

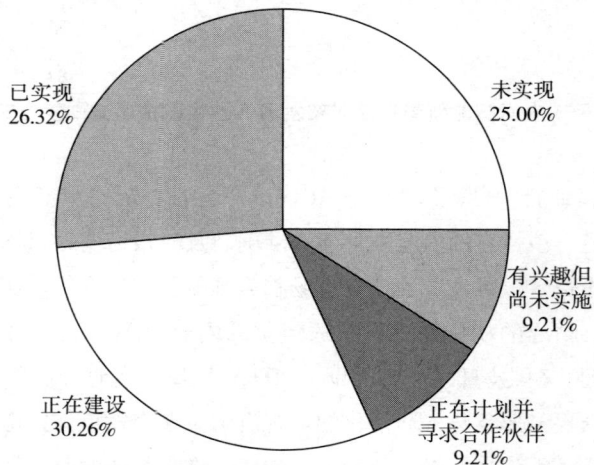

**图2 受访者所在的媒体机构引入人工智能相关技术
并用于内容生产或分发领域的情况**

除政策支持，江苏省的有关主管部门在推动智能新闻发展方面亦采取了一系列具体措施。在资金支持上，设立了用于支持新闻机构引进前沿技术和设备的专项资金；在人才队伍建设上，积极鼓励新闻机构与高校、科研机构等开展深入的合作与交流活动，2020年江苏省广播电视局与南京大学签署《战略合作框架协议》，双方建立高层次人才联系机制，推动专业人才的交流，发挥好科研优势和专业队伍优势，不断壮大主流媒体的"朋友圈"。这些政策措施的实施为近年来江苏省智能新闻的发展提供了有力保障和支撑。

调研数据显示，江苏省内各级媒体机构受访者多数对智能媒体未来的发展趋势持乐观态度（见图3）。业界聚焦多个核心议题，诸如"个性化与定制化内容的崛起""算法推荐在内容分发中的主导地位""虚拟现实与增强现实技术的广泛应用""内容生产流程的自动化与智能化""信息安全与隐私保护"等，展望未来三年智能媒体的发展。可以预见，未来智能媒体的发展将推动新闻行业不断创新与变革，全行业需共同努力为用户带来更加优质、高效、个性化的新闻服务。

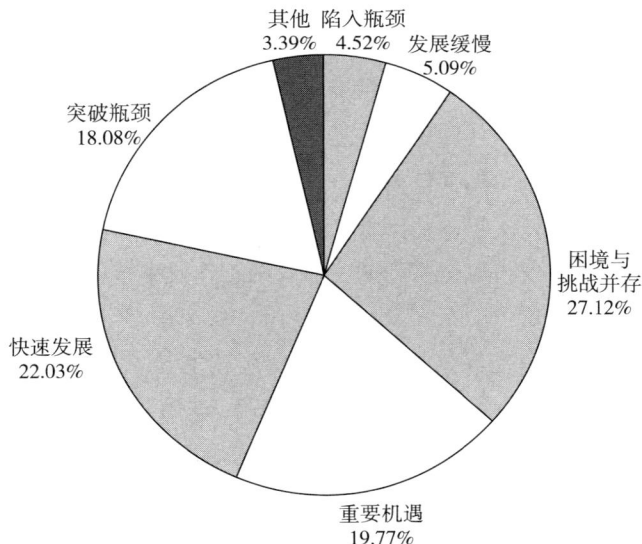

图3　受访者对智能媒体未来的发展趋势的看法

综上，随着大数据、生成式人工智能等新技术的进一步发展与普及，江苏智能新闻将朝着更高效率、更智能化、更多元化的方向发展。同时，随着政府对智能新闻发展的支持力度加大，新闻业与人工智能等产业也将持续深度融合，为江苏省乃至全国的智能新闻发展贡献更多力量。

二 江苏智能新闻实践新特征

（一）海量化的素材检索

不可否认，过去由人工采集的数据和新闻素材具有原始性和独特价值，但以这种方式采集的数据和素材往往受限于采集者的视野和资源，在新闻工作者的主观性和经验的限制下，可能缺乏全局性和多样性，素材采集难以覆盖所有的新闻事实。同时，人工采集数据的方式还可能受到时间、地点和人力资源等因素的限制，导致无法及时获取最新的新闻素材。过去使用的自动化新闻采集方法虽然提高了新闻素材采集的效率，但只能根据关键词和模板进行简单的抓取和整理，缺乏对新闻事件的深度分析和理解，难以提供精准、个性化和富有洞察力的新闻素材。因此，这些方法往往无法提供高质量、有价值的新闻素材，也无法满足新闻工作者对内容精准化、个性化的需求。

相比之下，智能技术作为一种先进的技术手段，能够实现更加海量且高质量的素材检索。通过大数据存储系统、高效的搜索引擎以及先进的数据挖掘算法等技术手段，智能技术可以从庞大的数据库中快速、准确获取所需的新闻素材。这些技术手段不仅可以提高新闻工作者的工作效率，还可以帮助他们获取更加全面、准确和有价值的新闻素材。

在江苏省内，多家新闻机构已经成功应用智能技术进行新闻素材的采集和检索。江苏卫视通过建立大规模的媒资库，存储了历年的新闻稿件、图片、视频等素材，引入先进的搜索引擎和数据挖掘算法，实现素材检索的高效性和精准性。南京日报社则采用了文本挖掘技术，对其历年积累的新闻稿件进行深度分析，从而快速筛选出与当前新闻事件相关的素材，为新闻选题的策划提供了有力的数据支持。2023年，南京广电"牛咔视频"搭建了大数据智能分析平台，通过"一端汇聚"的方式，实现了对活动及用户数据、微信群数据、第三方自媒体数据以及App新闻和用户数据的全面采集与分析。该平台不仅提供数据分析报告、大屏可视化展示以及多维度计算等增值服务，还实现了数据与业务的深度结合与应用，为媒体决策和业务发展提供了有力支撑。这一成果案例不仅展示了智能技术在新闻素材采集和检索方面的优势，也为其他新闻机构提供了有益的借鉴和参考。盐阜大众报报业集团也上线了智慧媒资系统，将图片、视频、文字等各类素材统一归档使用。随着技术的不断进步和应用的不断深化，江苏省可以规划搭建共享平台，整合众多新闻单位的媒资数据，从而提高媒资的使用频率和编辑的效率。这一共享平台的建设不仅凸显了数据共享在新闻行业中的重要性，也展现了智能技术在新闻素材管理方面的潜力。通过统一规划和共享平台的建设，新闻机构能够更高效地利用媒资数据，提升新闻内容的质量和时效性，进一步推动智能新闻的发展。

可以发现，当前智能新闻的发展已经在一定程度上弥补了人工采集和传统自动化采集方法的不足，为新闻工作者提供了更加准确、高价值的新闻素材支持。共享平台的搭建则进一步拓宽了智能新闻发展的思路，为新闻行业的数字化转型和智能化升级提供了有益的启示。

（二）智能化的内容生成

内容在新闻生产中占据核心地位，它塑造了新闻的核心价值和主要观点，智能化的内容生成正逐渐改变新闻的生产方式和内容形态。当前，新华报业传媒集团、江苏省广播电视总台以及南京广播电视集团等主流媒体，纷纷尝试利用新兴技术，提高新闻生产的效率和准确性，降低人力成本。基于此，内容生成的智能化也成为当前江苏智能新闻实践的新特征之一。

约77.63%的受访者对智能新闻在提高新闻内容质量和拓展深度方面的潜力持积极态度（见图4）。这一数据不仅揭示了新闻从业者对智能新闻技术的信心，也预示着智能新闻在江苏省乃至全国范围内的广阔应用前景。智能化生成新闻内容的核心在于自然语言处理技术和机器学习算法的应用。这些先进技术使结构化的数据得以转化为自然、流畅的语言文本，为读者提供易于理解和接收的信息。同时，机器学习算法能够从海量数据中提取关键信息，经过算法处理后生成简洁明了的新闻报道。这种技术的应用不仅增强了新闻报道的时效性，还使新闻工作者能够从烦琐的数据处理中解脱出来，专注于新闻的深度分析和报道，从而进一步推动新闻行业的创新与变革。

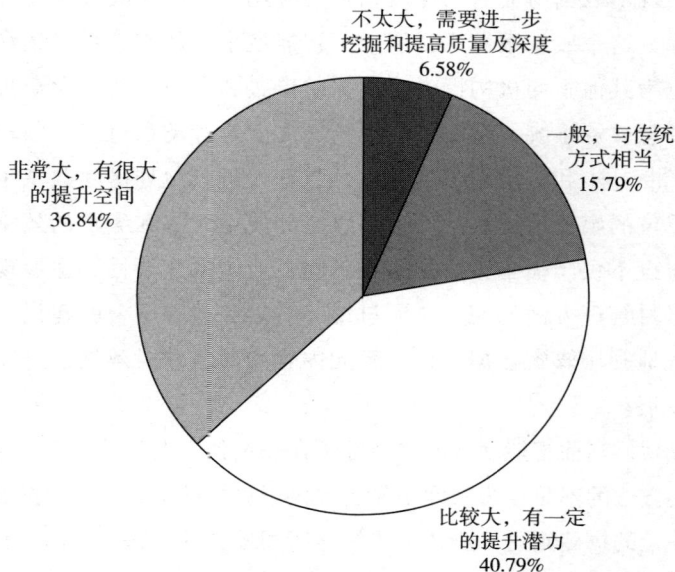

图4 受访者对智能新闻在提高新闻内容质量和拓展深度方面潜力的看法

事实上，南京广播电视集团在智能化的内容生成方面已然取得一些显著成果，"天眼查"公开的信息显示，南京广播电视集团于2023年先后备案登记了多项软件著作权，包括"内容大数据智能策划AI应用平台""创新型AI图片生成系统""音频智能转换系统""AI智媒体创新型生态系统"等。这些系统平台的应用，使新闻报道在创作过程中能够更加高效地处理和分析数据，提取关键信息，生成高质量的内容。

除了传统的图文报道，南京广播电视集团嵌入视频生产的智能技术也取得积极成果。基于人工智能技术的数字人主播矩阵，提供了丰富多模态的可交互显示效果；自主研发AI生成平台，利用AIGC自动创作出高质量的文本、图片内容，可全面应用于"牛咔号"；采用先进的人脸识别算法自主打造视频人脸识别系统，内容更安全、发布更高效；辅助节目生产部门更快更好地传播南京、推介南京，赋能南京城市高质量发展和"创新名城、美丽古都"的建设。

智能新闻相关实践的推进在提高新闻生产的效率之余，还降低了人力成本。传统的新闻生产方式，包括数据采集、处理、分析和写作等环节，需要大量的人力投入。而智能化的内容生成技术能够自动完成这些任务，使新闻工作者能够更加专注于新闻的深度分析和报道。这不仅提高了新闻报道的质量，还使新闻机构能够更加灵活应对突发事件和热点事件，增强新闻报道的时效性。

虽然智能化的内容生成技术取得显著进展，但人在新闻报道中的主体地位绝不应被动摇。智能技术在新闻内容生成中，更多的是为人机协作锦上添花，帮助新闻工作者提高生产效率和准确性。新闻工作者仍需保持对新闻事件的敏感度、判断力和人文关怀，确保新闻报道的质量和深度。智能技术的不断发展、智能新闻实践的不断深入可以为新闻工作者提供丰富的素材和数据支持，但最终的新闻报道仍需要新闻工作者的专业判断。

（三）显性化的新闻推荐

显性化的新闻推荐是江苏智能新闻实践的又一亮点。相较于传统的推荐算法，显性化的新闻推荐更加注重用户的实时反馈和互动体验。传统的推荐方法虽然能在一定程度上为用户提供新闻推荐服务，但精准度有待进一步提高。相比之下，以人工智能大模型为代表的先进的算法推荐技术，借助强化学习和用户反馈机制，在推荐初期就能准确把握用户的偏好和需求，从而为用户提供更为精准的推荐服务。[1]

在推荐精度方面，显性化的新闻推荐通过不断与用户进行交互，优化内置算法，逐步提高了用户画像的精确度和推荐内容的准确性。随着用户与推荐系统的互动次数增多，系统对用户的了解逐渐加深，所推荐的新闻内容也更能贴合用户的兴趣和需求。这种"算法+用户"的协同运作模式，不仅实现了人与机器的有机结合，还使新闻推荐更加贴近用户的真实需求和期望，从而为用户带来更加优质的阅读体验。

南京报业传媒集团的"紫金山新闻"客户端就是一个展示了媒体如何借助先进技术实现显性化新闻推荐的案例，其内置的智能语音助手和大数据分析技术，为用户带来了前所未有的个性化新闻阅读体验。用户只需通过简单的语

---

[1] 陈昌凤、袁雨晴：《智能新闻业：生成式人工智能成为基础设施》，《内蒙古社会科学》2024 年第 1 期。

音指令，即可实现新闻搜索、语音读报等功能，彻底解放双手，让新闻获取变得更加轻松高效。这一创新不仅提升了用户的阅读效率，也加深了用户与新闻客户端之间的互动和联系。

同时，"紫金山新闻"客户端还充分运用大数据分析技术，深入挖掘用户行为，优化内容推荐。通过对用户阅读习惯、兴趣偏好等数据的分析，客户端能够为用户精准推送符合其需求的新闻内容。这种"算法+用户"的协同推荐模式，不仅提高了新闻的分发效率，也极大地增强了用户黏性，提升了用户满意度。

（四）人性化的新闻反馈

新闻反馈作为新闻传播的核心环节，历来在新闻行业中扮演着重要的角色。它不仅是新闻工作者与广大受众之间沟通的桥梁，更是新闻工作者优化报道内容、提升新闻质量的重要依据。然而，在传统的新闻反馈机制中，由于受时间和人力成本的限制，新闻工作者往往难以全面、及时、深入了解受众的真实需求和反馈。随着智能新闻时代的到来，新闻反馈环节也呈现更加人性化的趋势。

在智能新闻的背景下，新闻反馈机制正经历着深刻变革。新闻反馈不再是一种单向的、被动的过程，而是一种双向的、互动的体验。这种变革得益于先进的大数据、人工智能等技术的广泛应用。新闻工作者通过运用这些技术手段，能够实时收集、分析受众的反馈和意见，从而更加精准地把握内容创作的方向，优化新闻报道的角度和重点。调研结果显示，85.53%的受访者认为智能新闻服务在加强与受众互动和反馈方面有较强的能力（见图5）。这一数据佐证了业界对智能新闻在提升新闻反馈体验方面成效的认可。智能化的新闻反馈机制不仅极大地提升了新闻内容的精准度和吸引力，使新闻工作者能够更加深入地了解受众的需求和偏好，从而为受众提供更加符合其兴趣和需求的新闻内容，也让受众可以通过智能新闻提供的互动平台，积极参与新闻讨论和反馈，为新闻内容的改进和优化提供宝贵的建议。

以《南京日报》的智能评论分析系统为例，该系统通过运用自然语言处理技术和机器学习算法，对在线评论进行深度挖掘和分析，能够自动识别评论

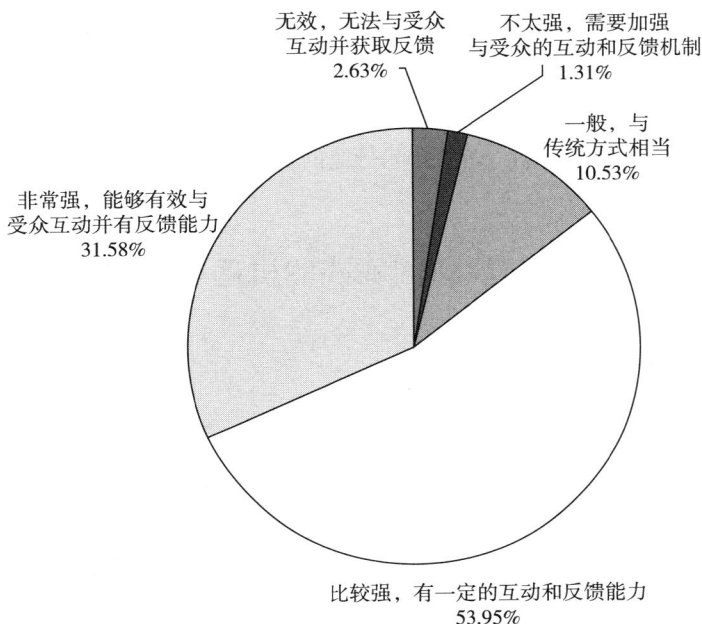

无效，无法与受众
互动并获取反馈
2.63%

不太强，需要加强
与受众的互动和反馈机制
1.31%

一般，与
传统方式相当
10.53%

非常强，能够有效与
受众互动并有反馈能力
31.58%

比较强，有一定的互动和反馈能力
53.95%

图5　受访者对智能新闻在加强与受众互动和反馈方面能力的看法

中的关键词、情感倾向等信息，为新闻工作者提供了关于受众需求和兴趣偏好的重要参考。新闻工作者根据这些反馈，更加精准地把握受众的真实需求，调整报道的角度和重点，甚至预测潜在的热点和趋势。这种基于大数据分析的智能化反馈机制，不仅提高了新闻报道的针对性和实效性，也增强了受众的参与感。

苏州新闻网的智能调查问卷系统则采取了更加主动、定期化的方式获取受众反馈。该系统通过智能化设计和发放问卷，能够全面收集受众的意见和建议。问卷数据经过分析处理后，为新闻工作者提供了关于受众需求、兴趣偏好等方面的宝贵信息。新闻工作者可以根据这些反馈，有针对性地进行内容创作和选题策划，确保新闻报道更加贴近受众实际，满足他们的阅读需求。这种主动寻求受众反馈的方式，不仅体现了新闻工作者对受众需求的重视和尊重，也拉近了新闻工作者与受众之间的距离。

综上，2023年，江苏省在智能新闻实践过程中摸索出的新闻反馈机制正展现出其独特的价值。它不再是简单地回应受众，而是与受众深度互动、精准对接。通过运用先进的大数据、人工智能等技术手段，新闻工作者能够更加深入地了解受众的真实需求和感受，从而提供更加精准、个性化的新闻服务。这种智能化的新闻反馈机制，不仅促进了新闻生产的良性循环，还拉近了新闻工作者与受众之间的距离，推动了新闻行业的健康发展。

三　智能新闻实践的机遇与挑战

（一）技术普及与人才培养

随着智能技术的不断发展和普及，新闻行业对智能新闻人才的需求也日益提升。新闻机构、科技企业、政府机构等都对具备新闻传播学、人工智能、大数据等多学科、多领域知识的复合型人才有着迫切的需求。随着 AI 技术发展，既懂新闻传播规律，又掌握数据分析、机器学习等技术的复合型人才成为各媒体单位的最优先的选择。传统媒体人在适应新技术的过程中，普遍面临技术门槛高、学习成本高的问题。毫无疑问，江苏省作为经济发达、科技创新活跃的地区，对智能新闻人才的需求只会更加迫切。

近年来，智能新闻人才培养得到快速发展，政府和高校纷纷加大了对智能新闻教育的投入力度。目前，我国一些知名高校如北京大学、中国传媒大学等开设了智能媒体或智能新闻相关专业，培养了一批掌握新闻传播学、人工智能、大数据等多学科知识的复合型人才。南京大学、南京林业大学先后与江苏广播电视总台、南京广播电视集团共建智能媒体实习基地，为学生提供实践机会；苏州大学与斯坦福大学合作开展智能新闻人才培养项目，引入国际先进的教学理念和技术资源，培养具有国际视野的高水平人才。

在校媒合作之余，南京广播电视集团还进一步加强对员工特别是年轻员工人文素养、数据素养与批判性思维的培养，开设了一系列 5G、大数据、人工智能等新技术与媒体融合的培训课程，扩展员工的视野和知识面。此外，江苏省也积极举办智能新闻大赛和论坛等活动，2023 年，江苏常州举办了第三届"智能+"时代背景下智能媒体类人才高质量培养创新论坛，探索产教融合背景下融媒体人才培养模式，推动智能新闻技术的创新和应用。

需要看到的是，江苏省在智能新闻人才培养方面还存在一定的发展空间。目前，部分高校和企业对智能新闻的认识和投入仍然相对有限，技术开发与人才培养没有形成高效率、高质量的"产—教—用"闭环。同时，智能新闻技术的研发和应用也面临一定的挑战，如数据资源的获取与利用、技术的创新与突破等，需要进一步加强与国内外先进地区的合作与交流以实现新的突破。

未来，江苏省需要进一步加强智能新闻人才的培养工作。高校应完善课程设置，加强师资队伍建设，提高人才培养质量；新闻机构和科技企业应加强与高校的合作，共同推进人才培养和技术研发；政府应在延续、落实当前鼓励政策的基础上，根据江苏的实际情况及时调整、更新政策内容，为智能新闻人才的培养和发展提供有力支持。同时，还应加强与国际先进地区的合作与交流，积极引进国际先进的教学理念和技术资源，推动智能新闻人才培养向更高水平发展。只有这样，我们才能培养出更多适应智能新闻时代需求的优秀人才，为新闻行业的创新发展注入新的活力。

（二）内容生产的数与质

智能新闻生产成为新闻传播领域的新热点，新闻内容生产的智能化也已经成为江苏智能新闻实践的显性特征之一。智能技术以其高效、便捷的特点，为新闻行业带来了前所未有的变革。然而，在智能新闻生产的热潮中，也不得不面对如何在追求新闻内容数量的同时，保证新闻内容的质量的现实问题。

不可否认，智能新闻生产依托大数据、自然语言处理、机器学习算法等技术，实现了新闻的快速生成和发布。然而，这种生产方式也带来了一些问题。首先，智能新闻提供的内容简单，缺乏深入的挖掘和分析，难以形成独特的观点和视角，因此在输出有深度的新闻报道方面仍有待加强。其次，智能新闻生产的内容可能存在准确性和真实性的隐患。由于算法和数据本身可能存在的误差和偏见，智能新闻生产的内容很容易受到影响。若缺乏严格的审核和筛选机制，新闻内容的不准确和不真实问题就可能随之产生。

调研结果也进一步印证了这一点。尽管受访者对智能技术持有较为积极的态度，但也明确提及，当前智能新闻在"智能技术与传统新闻流程的融合度""技术应用的范围和深度""数据源的准确性和可靠性""内容创作的创新性和多样性""用户反馈和互动机制"等方面,都存在进一步改进的空间(见图6)。因此,江苏省在推动智能新闻发展的同时,也应关注并解决这些问题,以实现新闻行业的持续健康发展。

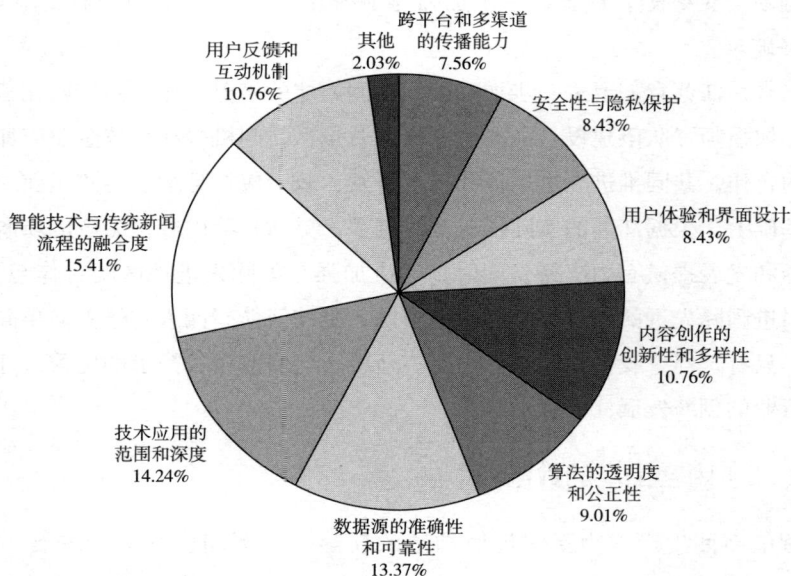

图6　受访者认为智能媒体有待改进的方向

新闻行业在追求新闻内容数量的同时,也要兼顾新闻内容的质量。具体来说,江苏省可以从技术完善、人机协同、优化标准等方面入手。

首先,加强人工智能技术的研发和应用。传统新闻生产和智能新闻生产之间需要共享技术,不断优化现有算法和模型,提高智能新闻生产的准确率和效率。同时,媒体也可以在保证意识形态安全的基础之上,积极引入更多的数据源和信息源,丰富新闻内容的多样性并拓展其深度。

其次,强化人工审核和筛选机制。虽然智能新闻生产能够大大提高新闻的生产效率,但人工审核和筛选仍然是保证新闻内容质量的重要手段。虽然自动化筛选可以提高效率,但为确保内容的安全性和合规性,人工筛选仍然是必要的。通过人工审核和筛选,可以及时发现和纠正智能新闻生产中的错误和不实内容,保证新闻内容的真实性和准确性。

最后，引入多元化内容评估标准。除了传统的新闻内容评估标准，如时效性、真实性、准确性等，还可以引入更多的评估维度，如用户反馈、社交媒体互动等，来全面评估新闻内容的质量和价值。这样，智能新闻生产系统不仅关注新闻的数量，还能根据用户需求和反馈来优化内容的质量和形式。

2023年，江苏省在平衡智能新闻生产数量与质量方面做出积极的努力。新华报业传媒集团推出5G超高清融媒体演播开放服务平台与智能媒资管理平台，该平台不仅整合了超高清视频处理、大数据、人工智能和云计算等先进技术，更实现了媒资元素的超高清化、视频制作的智能化、直播报道的虚拟化，以及生产流程的一体化。这大大提高了新闻内容的生产效率，丰富了新闻内容生产的多样性，确保了新闻数量的稳步增长。同时，通过智能检索、人脸识别、语音识别等多项AI技术的集成应用，使新闻内容的质量得到有效保障。

未来，新闻行业通过加强人工智能技术的研发和应用、强化人工审核和筛选机制以及引入多元化内容评估标准等措施，不仅推动江苏省新闻行业的高质量发展，丰富江苏省智能新闻的实践经验，也将为全国提供有益的借鉴和参考。

（三）用户体验与参与

随着智能新闻平台的日益普及，用户的体验和参与度成为衡量其成功与否的重要标尺。然而，就当前的调研和访谈情况来看，尽管"个性化新闻推荐为用户带来了更为贴心的阅读体验"已成为业内共识，但在用户体验和具体的参与水平方面，众多媒体机构仍在努力探索"智能技术+个性化新闻推荐"的发展路径。

实现高质量的个性化推荐并非易事，它背后需要强大的算力支撑和精准的算法配合。这无疑增加了媒体机构的运营成本，但这也是提高用户满意度和黏性的必经之路。如何在追求个性化推荐的同时，平衡好用户体验、参与度和运营成本之间的关系，成为智能新闻平台未来发展需要深入思考和解决的问题。

从技术本身来看，当前智能推荐算法的底层逻辑主要涉及用户数据挖掘和推荐策略类型两个方面。用户数据挖掘是推荐算法的基础。这需要收集用户的行为数据，如搜索历史、点击记录、购买记录、评分记录等。然后，将这些数据转换成可以计算的特征向量，这些特征向量可以包括用户的兴趣偏好、行为习惯等。再使用机器学习算法对这些特征向量进行降维处理，以便更好描述用户的兴趣和行为。推荐策略类型主要基于人工智能技术和推荐算法构建推荐模型，进而建立智能推荐引擎。推荐引擎包含客户建模、推荐对象、推荐算法三个重要模块。推荐生成过程中，会根据相似用户的历史行为，计算用户对未来事物的喜好概率，生成推荐列表。这个过程可以使用多种算法实现，包括协同过滤、基于内容的推荐、深度学习等。用户数据挖掘、推荐策略类型和其他因素共同决定了推荐系统的准确性和个性化程度，从而影响用户体验和参与度。

只有理解了智能推荐算法的底层逻辑，才能更加透彻地理解其带来的问题。首先，"信息茧房"效应导致用户视野受限。智能推荐算法基于用户的历史行为和兴趣偏好进行内容推荐，这可能导致用户只接触与自己喜好相似的信息，从而限制了用户的视野和接触多样化内容的机会。这种效应可能使用户错过一些重要或具有不同观点的信息，影响其对世界的全面理解。

其次，新用户加入可能影响推荐精准度。对于新用户，系统往往缺乏足够的数据对其进行准确推荐，这可能导致用户在新平台上得不到满意的推荐结果，从而影响使用体验。

最后，隐私泄露风险也是用户和业内人士共同关注的焦点。为了提供个性化的推荐内容，智能推荐算沄需要收集用户的个人信息和浏览历史。如果这些数据处理不当，用户的隐私可能会被泄露，给用户的权益带来损害，进而加剧用户在接触、使用智能新闻产品时的顾虑。

总体而言，在科技浪潮的推动下，江苏省的智能新闻实践展现出科技赋能和精准互动两大鲜明特征。崭新的人工智能技术为新型新闻生产流程的打造提供了智能化方向，具有传统模式无可比拟的显著优势，在制作手段、传播效果与用户体验方面表现突出，智能新闻技术与传统新闻生产流程的融合非常有必要。但两者融合还有一定的困难、面临很多挑战。

当前，智能新闻不仅在内容生成、传播方式和用户体验上实现了革命性的进步，还在促进政府与公众、媒体与受众之间的互动和参与方面发挥了重要作用。

未来，江苏智能新闻实践还应当继续依托科技高地的优势，持续深化科技赋能和精准互动两大特征，推动新闻行业向更高层次、更广领域发展。江苏省各级新闻机构应当持续拥抱创新，为全国智能新闻发展贡献更多的"江苏经验"和"江苏智慧"。

B.12
中国式现代化背景下江苏省数字文化产业高质量发展路径

郭新茹[*]

摘　要： 数字文化产业在转方式、调结构、扩内需、促消费、增就业等方面具有重要作用，是中国式现代化背景下推动经济高质量发展的新动能。江苏省数字文化产业发展拥有文化产业规模强大、制造业基础好、文化底蕴深厚三大优势，取得了新兴业态加速涌现、园区建设扎实推进、市场主体蓬勃成长、产品供给质优丰富、多元活动享誉全国、海外市场日益拓宽等显著成就。然而，也存在龙头数字文化企业竞争力不强、数字文化品牌建设力度不足、数字文化产业人才留育成效较弱、区域数字文化产业发展不平衡等问题。因此，江苏省要加快新型基础设施建设，积极培育新业态、新模式、新场景，壮大数字文化企业集群，推进文化消费提质升级，拓宽数字文化海外市场、健全多层次的要素保障体系，不断提升江苏数字文化产业的显示度、竞争力。

关键词： 数字文化产业　新兴业态　文化消费

作为经济强省、文化大省、创新大省，江苏深刻把握高质量发展这一时代命题，积极践行新发展理念，不断改革创新、奋力争先，经济发展质量稳步提升，人民生活持续改善。截至 2023 年，江苏省人均 GDP 达 15.0 万元，位居全国省域第一，已达到中上等发达国家水平；其中，全省数字经济规模超 5 万亿元，数字经济核心产业增加值占 GDP 比重达 11.4%，数字经济已然成为推

---

* 郭新茹，博士，南京师范大学文化产业与创意传播基地教授、博士生导师，南京大学长三角文化产业研究院特聘研究员，主要研究方向为文化产业与媒体经济。

动江苏经济高质量发展的新动能。① 数字文化产业作为数字经济的重要组成部分，以轻资产、高增长、广融合、快迭代的特性，在调整产业结构、扩大和优化文化产品服务供给、改造与提升传统业态等方面发挥了重要作用，是推动经济高质量发展的重要引擎。在中国式现代化背景下，江苏省作为经济文化强省，其数字文化产业的高质量发展不仅关乎本省产业升级和经济转型，更是对全国乃至全球文化产业发展趋势的引领和示范。"十三五"以来，江苏省紧抓 5G 技术、大数据中心、人工智能等新基建领域，聚焦文化产业高端方向、高端领域、高端环节，全力推动数字文化产业发展，整体呈现新兴业态加速涌现、市场主体蓬勃成长、文化消费跃迁升级、品牌效应持续释放的良好态势。面对数字文化产业与其他产业在更广范围、更深层级、更高水平融合发展的新趋势，江苏迫切需要加速构筑数字文化产业竞争新优势，突破产业发展局限，推动江苏数字文化产业高质量发展。

一　江苏省数字文化产业发展优势

江苏自古以来就是中国政治、经济、文化最为发达的地区之一，文化资源丰富，发展数字文化产业具有先发优势。近年来，江苏省文化产业整体呈现持续稳定发展的良好态势，总量规模不断扩大，文化产业增加值由 2013 年的 2833 亿元增长到 2021 年的 5907 亿元，连续多年稳居全国第二。② "十四五"期间，文化产业已成为江苏国民经济的支柱产业，正在向主导产业加速迈进。

（一）文化产业规模强大，为数字文化产业发展培植沃土

2021 年，江苏省拥有规模以上文化及相关产业法人单位 9735 家，数量居全国第二；其中规模以上文化服务企业 4527 家，从业人员超 52 万人，均居全国首位。③ 2022 年上半年，江苏净增 1488 家文化企业。2022 年江苏规模以上文化及相关产业法人单位营收超 1.2 万亿元，其中以互联网游戏、动漫游戏为

---

① 《2023 年江苏省国民经济和社会发展统计公报》，https：//tj. jiangsu. gov. cn/art/2024/3/5/art_85275_11164695. html。

② 《17 年间，江苏文化产业增加值从 258.5 亿元增至 5907 亿元——"跨江枕河"再加"数"，文化产业逐梦新》，http：//www. jiangsu. gov. cn/art/2023/3/15/art_60095_10831027. html。

③ 《江苏统计年鉴 2023》，http：//tj. jiangsu. gov. cn/2023/indexc. htm。

代表的文化新业态行业的营收超过四分之一。① "十三五"以来,江苏大力推进文化科技深度融合,加快培育新型文化业态,截至 2020 年 3 月,江苏省共组织实施了 395 项省级文化科技项目,安排省拨科技经费 8 亿多元,带动社会投入达 64 亿元;布局建设了南京、苏州、无锡、常州 4 家国家文化和科技融合示范基地和 32 家省级文化科技产业园,入驻企业超 5000 家;累计评价省级文化科技企业 195 家,认定文化类高新技术企业 582 家,培育了一批"瞪羚"企业;累计认定备案 100 家省级以上文化类众创空间和科技企业孵化器,孵化面积超 130 万平方米,服务文化领域创业团队和初创企业超 3000 个。② 文化与科技融合所形成的数字文化产业,正在成为推动江苏文化产业高质量发展的核心动能。"十四五"时期,江苏省应把握文化产业快速发展的规模优势与技术优势,加快推动传统文化产业数字化转型,加速培育文化产业新业态、新模式、新场景,助力江苏文化产业发展从量的积累走向质的飞跃。

(二)制造业基础好,筑牢数字文化产业发展根基

文化装备制造业既是文化和科技融合的切入点,又是数字文化产业发展的支撑产业,能够为新产品、新业态、新模式的创新开发提供坚实基础。江苏省是制造业大省,具有良好的制造业基础,具备发展数字文化装备制造的先发优势。制造业整体实力强劲。2023 年,江苏省制造业增加值达 4.66 万亿元,占地区生产总值比重达 36.3%,居全国第一;③ 此外,江苏省文化制造业增加值稳居全国前列,"压舱石"作用凸显,特别是在全国文化制造业增速放缓、低于文化零售和文化服务业增速的情况下,江苏文化制造业发展势头依然强劲。2022 年全省规模以上文化制造业实现营业收入 6468.2 亿元,占文化产业增加值比重高达 50.2%,高于全国平均水平 25.7 个百分点。④ 集群规模效应凸显。

---

① 《17 年间,江苏文化产业增加值从 258.5 亿元增至 5907 亿元——"跨江枕河"再加"数",文化产业逐梦新》,http://www.jiangsu.gov.cn/art/2023/3/15/art_60095_10831027.html。
② 《重磅!江苏首推"文化业态创新十条",大力助推文化科技融合》,http://news.jstv.com/a/20200307/1583547207951.shtml。
③ 《江苏 2023 年"成绩单"出炉:GDP 增长 5.8%,新增上市公司数量全国第一》,http://www.stcn.com/article/detail/1100681.html。
④ 《2022 年江苏规上文化企业营业收入超 1.2 万亿元》,http://www.js.gov.cn/art/2023/2/13/art_88350_10763032.html。

江苏省拥有全国规模最大的制造业集群，在工业和信息化部公布的全国 25 个先进制造业集群中，江苏有南京市软件和信息服务、无锡市物联网、常州市新型碳材料等 6 个制造业集群入选，① 数量居全国第一；此外，苏南各市依托优势产业，带动产业链上下游共同发展，形成了以江苏国家贸易版权基地、无锡国家数字电影产业园、扬州 486 非遗集聚区等为代表的出版发行类、影视文化类、工艺美术类文化产业集群，为推动数字文化产业高质量发展奠定了坚实基础。制造业企业快速成长。截至 2022 年，江苏省国家制造业单项冠军和专精特新"小巨人"企业分别达 186 家、709 家，② 92 家企业入围 2022 中国制造业民营企业 500 强，③ 数量居全国第二。截至 2021 年，全省共拥有规模以上文化制造业企业 3150 家（见表 1），苏州稻兴科技 8K 超高清视频智能制造基地、无锡闪耀现实 VR 设备制造等一批文化智能制造企业正在加速成长。"十四五"时期，以数据驱动、人机协同、共创分享为特征的数字文化装备制造将迎来新一轮发展机遇。在此背景下，江苏省需准确把握制造业基础雄厚这一优势，聚焦前沿领域，加大文化制造业研发投入，提高文化装备制造的创新能力并丰富其发展内涵，推动江苏从制造大省向智造强省转变，使江苏作为文化大省与制造业大省的优势得到充分聚合，为数字文化产业高质量发展奠定坚实基础。

表 1 2021 年江苏省各市规模以上文化制造业企业基本情况

地区	企业单位数（个）	年末从业人员（人）	营业收入（万元）	营业利润（万元）
南京市	192	32650	6017981	266077
无锡市	395	59141	9198074	320559
徐州市	57	7923	837568	35610
常州市	297	52045	6033813	383060

---

① 《全国第一！江苏 6 个先进制造业集群入选"国家队"》，https：//www. 163. com/dy/article/G62KRE6205345B2A. html。

② 《政观江苏丨发力专精特新赛道，江苏跑起来》，https：//baijiahao. baidu. com/s？id=1767095997228750091&wfr=spider&for=pc。

③ 《92 家苏企入围中国民营企业 500 强》，https：//jsnews. jschina. com. cn/jsyw/202209/t20220909_3072491. shtml。

续表

地区	企业单位数 （个）	年末从业人员 （人）	营业收入 （万元）	营业利润 （万元）
苏州市	543	162476	22373762	1068012
南通市	351	53892	5208069	521911
连云港市	68	8857	532009	-18979
淮安市	153	17984	1548224	86391
盐城市	176	31628	3500116	292351
扬州市	243	28207	2143423	85393
镇江市	125	17213	2386000	110358
泰州市	272	28970	2160743	177913
宿迁市	278	31407	2557782	164772
全省	3150	532393	64497564	3493428

资料来源：江苏省统计局、国家统计局江苏调查总队编《江苏统计年鉴2023》。

（三）文化底蕴深厚，为数字文化产业发展提供源头活水

江苏省风物清嘉、人文荟萃，文化资源丰富。截至2020年，全省共拥有13座国家历史文化名城和39座名镇，数量居全国之首；拥有世界文化遗产3处，全国重点文物保护单位251处，省级文物保护单位951处，可移动文物数量281万余件（见表2），历史遗珍丰富。在地域文化的空间分布上，江苏文化总体呈现"南秀北雄、吴楚分明"的态势，以吴、江淮、楚汉等为代表的多样文化在这里和合共生。作为"六朝古都""十朝都会"的南京，以金陵文化、明文化闻名全国，悠久的历史使南京拥有明孝陵、中山陵、秦淮夫子庙等一批璀璨的文化遗产，金陵灯彩、云锦织造、金陵金箔等非物质文化遗产也大放异彩；以苏州、无锡、常州为代表的吴文化清新隽雅，孕育出吴门画派、苏州评弹、"百戏之祖"昆曲等艺术精品以及惠山泥人、宜兴紫砂器、苏州刺绣等传统技艺，拙政园、寒山寺等园林古寺也全国闻名；以扬州为代表的江淮文化精致秀美，借长江和大运河两条水脉实现了沿岸文化的相互交融；以徐州为代表的楚汉文化刚强雄浑，是两汉文化的先声和中华文明的圭臬。在"吴韵汉风"的滋润下，江苏省文化名人灿若繁星，刘勰、冯梦龙、曹雪芹、"吴中

四杰"、"扬州八怪"等一批历史文人闻名遐迩,成就了《文心雕龙》《红楼梦》《世说新语》等众多鸿篇巨制。古韵新貌相交融,江苏省各城市凭借独特的文化资源禀赋和文化品牌,影响力持续增强,四座城市加入全球创意城市网络,其中,南京、苏州分别被评为"世界文学之都""手工艺与民间艺术之都",扬州、淮安入选"世界美食之都"(见表3)。多元多样的文化资源,绘就了江苏省鲜活的文化图景,并在中国特色社会主义文化建设过程中,孕育出"苏南模式"、"四千四万"精神、"敢为人先,只争朝夕"的人文精神,不断建构和赋新江苏地域文化生态系统,是江苏省数字文化产业高质量发展的源头活水。

表2 江苏省各市文化资源梳理

地区	类别	文化资源
南京市	文物遗迹	明孝陵、中山陵、钟山建筑遗址、明故宫遗址、龙江船厂遗址、大报恩寺遗址、南唐二陵、南京城墙、甘熙宅第等
	非遗技艺	秦淮灯会、龙舞、竹马、南京白局、金银细工制作技艺、南京金箔锻制技艺等
	文化名人	祖冲之、曹雪芹、陶弘景、叶兆言等
	特色景区	秦淮河、紫金山、牛首山、颐和路等
无锡市	文物遗迹	阖闾城遗址、南禅寺、清名桥、无锡古运河、崇安寺、蒋子阁、鼋头渚、蠡园等
	非遗技艺	惠山泥人、宜兴紫砂器、无锡留青竹刻、无锡精微绣、锡剧、梁祝传说、吴歌、宜兴均陶制作技艺等
	文化名人	倪瓒、徐悲鸿、刘半农、刘天华、钱钟书等
	特色景区	三国水浒影视城、中视股份影视基地、无锡灵山胜境风景区、太湖、锡惠名胜区等
徐州市	文物遗迹	楚王陵、马陵山、水月禅寺、狮子山楚王陵、户部山古建筑群等
	非遗技艺	徐州剪纸、徐州梆子、江苏柳琴戏、徐州琴书、徐州香包等
	文化名人	彭祖、项羽、刘邦、张道陵、刘裕、李煜等
常州市	文物遗迹	圩墩新石器遗址、春秋淹城遗址、天宁寺、红梅阁、文笔塔、诸葛八阵图村落等
	非遗技艺	金坛封缸酒酿制技艺、芝麻糖制作技艺、素火腿制作技艺、萝卜干腌制技艺等
	文化名人	季札、萧道成、萧统等
	特色景区	常州中华恐龙园、天目湖、春秋淹城乐园等

续表

地区	类别	文化资源
苏州市	文物遗迹	网师园、拙政园、狮子林、留园、寒山寺等
	非遗技艺	昆曲、古琴、宋锦、缂丝、苏州香山帮、苏绣、玉雕、二胡、江南丝竹、锡剧、漆湖刻纸、金湖剪纸等
	文化名人	唐伯虎、冯梦龙、范仲淹、顾炎武等
	特色景区	苏州博物馆、苏州大学、周庄古镇、金鸡湖景区、吴中太湖旅游区等
南通市	文物遗迹	水绘园、定慧禅寺等
	非遗技艺	海安花鼓、通剧、南通侗子会等
连云港市	文物遗迹	阿育王塔等
	非遗技艺	淮海戏、淮海锣鼓、苏北琴书等
	文化名人	鲍令晖、吴承恩、李汝珍、张筠等
淮安市	文物遗迹	承天寺、淮安市板闸遗址、三元宫、淮安钞关遗址、盱眙淮河石堤、古运河遗址等
	文化名人	韩信、吴承恩、关天培等
	特色景区	淮安西游乐园等
盐城市	文物遗迹	陆公祠、东台泰山寺、息心寺、护国永宁禅寺、范公堤遗址、宋公纪功碑等
	非遗技艺	淮剧、建湖十八团杂技、东台发绣、大丰瓷刻、海盐晒制技艺等
	特色景区	海盐历史文化景区、大丰麋鹿国家级自然保护区等
扬州市	文物遗迹	何园、扬州城遗址、普哈丁墓、莲花桥和白塔、吴氏宅邸、小盘谷、大明寺、朱自清故居等
	非遗技艺	扬州剪纸、扬州玉雕、扬州漆器、扬州灯彩、扬州弹词、古琴艺术、辛庄十番音乐、木偶戏等
	文化名人	鉴真、秦观、郑板桥、金农、黄慎等
	特色景区	中国大运河博物馆、瘦西湖、扬州双博馆、马可波罗花世界乐园、扬州八怪纪念馆、东关街、茱萸湾风景区等
镇江市	文物遗迹	伯先路近代建筑群、西津古渡等
	非遗技艺	丹玉香醋酿造技艺、苏派装裱、镇江扬剧(金派)、古琴艺术、缸酒传统酿造技艺等
泰州市	文物遗迹	高港口岸雕花楼、黄桥战斗旧址、古运盐河遗址等
	文化名人	丁文江、吴贻芳、丁西林、梅兰芳等
宿迁市	文物遗迹	草湾文化遗址等
	非遗技艺	苏北琴书、苏北大鼓、洋河酒酿造技艺、泗州戏、洪泽湖渔鼓等
	文化名人	项羽、项伯、孙明瑾等

注：文物遗迹为位于江苏省境内的人类历史发展过程中遗留下来的具有历史、艺术、科学价值的物质文化遗产；非遗技艺为江苏省境内被社区、群体或个人视为其文化传承重要组成部分的各种实践、表演、表现形式、知识和技能，以及与之相关的工具、物品、工艺品和文化空间；特色景区为江苏境内具有独特自然景观、历史文化背景、民俗风情或特定主题的旅游目的地。

表 3　江苏省各市特色定位

城区	定位
南京市	世界文学之都
无锡市	中国物联网之都
徐州市	中国工程机械之都
常州市	先进制造业之都
苏州市	手工艺与民间艺术之都
南通市	江海之都
连云港市	海港之都
淮安市	世界美食之都
盐城市	东方湿地之都
扬州市	世界美食之都
镇江市	中国醋都
泰州市	幸福之都
宿迁市	中国白酒之都

二　江苏省数字文化产业发展成就

近年来，江苏深入贯彻落实习近平总书记重要讲话精神，以融合发展"抢滩头"、以错位发展"强特色"、以集聚发展"筑优势"、以文化产业园区"固基建、强服务、优结构"，深入实施"壮企强企"工程、"千企升级"行动计划，全方位优化总部经济发展布局，数字文化产业呈现蓬勃发展态势。

（一）新兴业态加速涌现，现代化产业体系日益完善

围绕南京建成文化科技创新中心和世界文学之都、苏州建成国际时尚设计之都、无锡建成全国数字影都、常州建成主题乐园之都、镇江建成全国数字内容创意基地的发展定位，全力推动文化创意与科技创新的多元融合，不断提升产业链现代化水平和创新链效能，加速健全现代文化产业体系。其中，南京大力发展网络文学产业，培育并扶持南京分布文化发展有限公司、南京大众书网图书文化有限公司等骨干文化企业做强做优做大。常州聚焦扶持动漫游戏发展，构建起包含动漫游戏研发、设计制作及 IP 衍生品开发等在内的全产业链

体系。无锡着力发展以科技拍摄和数字制作为主导的现代电影工业，承接制作了《流浪地球》《红海行动》《飞驰人生》等高票房影视作品。文化科技融合催生的新业态、新产品和新模式，正成为江苏文化产业供给侧结构性改革和数字文化产业高质量发展的重要引擎，为推动更高质量的产业链整合升级，加快构建结构合理、优势突出、科技含量高、富有创意、竞争力强的现代文化产业体系注入了强劲动力。

（二）园区建设扎实推进，集聚效应日益凸显

"十三五"以来，江苏省文化产业园区"固基建、强服务、优结构"，文化产业园区的数字化转型加速，涌现出南京新城科技园、苏州元和塘文化产业园、无锡国家数字电影产业园、常州创意产业园等一批业态鲜明、链条完整、服务健全、效益显著的数字文化产业园区。科技赋能文化资源的创造性转化，使老面孔焕发新生，催生新业态与新模式。以南京秦淮特色文化产业园、苏州元和塘文化产业园等为代表的传统文化园区秉承"文化+""互联网+"融合发展理念，通过腾笼换鸟、质态优化，加速推动产业园区数字化转型。以南京新城科技园、无锡国家数字电影产业园、苏州工业园区等为代表的文化产业园区依托数字技术，强化平台经济发展理念，正在推动园区向开放式、分工明确、协作配套的社会化大生产方向转型，在版权开发、创意设计、交互体验等新兴业态拓展方面取得成效。文化引领、技术先进、服务健全、企业集聚的江苏数字文化产业园区正在加速成长，正成为高端要素集聚的新高地、创业创新的加速器、城市空间优化的新载体。

（三）市场主体蓬勃成长，产业发展势头强劲

近年来，江苏省深入实施"壮企强企"工程、"千企升级"行动计划，全方位优化总部经济发展布局，以加大资金投入、鼓励科研创新、优化营商环境等方式培育数字文化企业，呈现新兴企业蓬勃发展、龙头企业做优做强、总部经济效应凸显的发展态势。《文化新业态：与数字化共舞——2023中国文化数字化创新指数（CDI）研究报告》显示，北京、广东、上海、浙江、江苏等5个省（区、市）在技术创新活力、服务创新潜力、产业创新效益等三个方面均表现优异，文化数字化创新指数总得分较高（见表4）。龙头或骨干文化企

业做强做优做大。在光明日报社和经济日报社联合发布的"2024·全国文化企业30强"（见表5）和"2024·全国成长性文化企业30强"（见表6）中，江苏共有4家。江苏凤凰出版传媒集团有限公司和江苏省广电有线信息网络股份有限公司等国有文化企业创新推出"新国货"电商、"视界观"App、"荔枝视频"等数字文化产品，在数字媒体、数字教育等领域形成强势引领。以南京分布文化发展有限公司、江苏原力数字科技股份有限公司、江苏稻草熊影业有限公司、苏州大禹数字文化科技集团有限公司、友谊时光科技股份有限公司等为代表的一批创新型民营数字文化企业成长态势良好，在2023年公布的第五届江苏民营文化企业30强中，数字文化类企业占比达60%（见表7）。江苏省数字文化企业蓬勃成长，发展动力强劲，是江苏文化产业高质量发展的新势能。

表4 2023年中国各省（区、市）文化数字化创新指数

省（区、市）	文化数字化 创新指数得分	技术创新 活力得分	服务创新 潜力得分	产业创新 效益得分
北　京	87.82	89.41	81.5	90.51
广　东	86.16	87.79	89.04	82.24
上　海	80.54	82.33	75.69	81.96
浙　江	79.73	81.42	76.27	80.26
江　苏	76.47	79.27	74.88	74.41
福　建	76.41	79.79	72.28	75.49
海　南	75.98	81.89	71.52	72.41
四　川	75.53	77.18	72.87	75.56
湖　北	75.41	79.38	73.28	72.38
重　庆	75.25	75.84	70.3	78.13
山　东	75.19	79.13	72.85	72.37
湖　南	74.91	74.42	71.27	78.36
陕　西	74.15	76.66	70.72	73.74
西　藏	73.43	77.31	71.49	70.38
吉　林	73.22	75.82	72.65	70.64
辽　宁	73.14	75.45	70.7	72.25
江　西	73.04	72.26	71.44	75.06
天　津	72.95	76.36	69.91	71.21
内蒙古	72.78	74.35	70.84	72.36
广　西	72.53	72.87	73.15	71.71

续表

省（区、市）	文化数字化 创新指数得分	技术创新 活力得分	服务创新 潜力得分	产业创新 效益得分
河　南	72.41	74.49	72.83	69.74
新　疆	72.27	75.4	71.39	69.31
安　徽	72.23	73.02	72.63	71.04
山　西	71.82	74.53	69.08	70.67
黑龙江	71.73	74.1	70.1	70.19
贵　州	71.27	72.92	70.08	70.23
云　南	71.15	74.12	71.32	67.64
河　北	70.84	73.15	71.46	67.74
甘　肃	69.95	70.14	70.75	69.16
青　海	69.61	73.79	69.36	65.02
宁　夏	68.55	70.99	68.58	65.74

资料来源：《文化新业态：与数字化共舞——2023 中国文化数字化创新指数（CDI）研究报告》。

表 5　2024 年全国文化企业 30 强名单

企业名称	总部所在地
中国出版集团有限公司	北京
中国电影股份有限公司	北京
保利文化集团股份有限公司	北京
中国教育出版传媒集团有限公司	北京
中国国际电视总公司	北京
北京快手科技有限公司	北京
北京爱奇艺科技有限公司	北京
北京微梦创科网络技术有限公司	北京
北京蓝色光标数据科技股份有限公司	北京
完美世界股份有限公司	北京
河北出版传媒集团有限责任公司	石家庄
上海电影（集团）有限公司	上海
东方明珠新媒体股份有限公司	上海
江苏凤凰出版传媒集团有限公司	南京
江苏省广电有线信息网络股份有限公司	南京
华数数字电视传媒集团有限公司	杭州
宋城演艺发展股份有限公司	杭州

续表

企业名称	总部所在地
浙江出版联合集团有限公司	杭州
浙江华策影视股份有限公司	杭州
安徽新华发行(集团)控股有限公司	合肥
江西省出版传媒集团有限公司	南昌
山东出版传媒股份有限公司	济南
中原出版传媒投资控股集团有限公司	郑州
长江出版传媒股份有限公司	武汉
芒果超媒股份有限公司	长沙
湖南出版投资控股集团有限公司	长沙
广东南方新媒体股份有限公司	广州
广东省出版集团有限公司	广州
华强方特文化科技集团股份有限公司	深圳
四川新华出版发行集团有限公司	成都

注：排名不分先后。

资料来源："2024·全国文化企业30强"名单。

表 6　2024 年全国成长性文化企业 30 强名单

企业名称	总部所在地
华夏电影发行有限责任公司	北京
中国数字文化集团有限公司	北京
央广传媒集团有限公司	北京
咪咕文化科技有限公司	北京
北京点众科技股份有限公司	北京
郭帆(北京)影业有限公司	北京
锋尚文化集团股份有限公司	北京
天津恒达文博科技股份有限公司	天津
长城新媒体集团有限公司	石家庄
内蒙古新华发行集团股份有限公司	呼和浩特
大连博涛文化科技股份有限公司	大连
上海玄霆娱乐信息科技有限公司	上海
上海宽娱数码科技有限公司	上海
上海黄豆网络科技有限公司	上海
上海喜马拉雅科技有限公司	上海
江苏原力数字科技股份有限公司	南京

续表

企业名称	总部所在地
江苏新华报业传媒集团有限公司	南京
杭州玄机科技股份有限公司	杭州
浙江大丰实业股份有限公司	宁波
宝宝巴士股份有限公司	福州
福建广电网络集团股份有限公司	福州
开封清明上河园股份有限公司	开封
武汉理工数字传播工程有限公司	武汉
湖北长江云新媒体集团有限公司	武汉
魅力文旅发展有限公司	张家界
广东南方都市报经营有限公司	广州
重庆华龙网集团股份有限公司	重庆
力方数字科技集团有限公司	成都
丽江东巴谷生态文化旅游股份有限公司	丽江
陕西华夏文旅发展有限公司	西安

注：排名不分先后。

资料来源："2024·全国成长性文化企业30强"名单。

表7 2023年第五届江苏民营文化企业30强名单

企业名称	企业名称
南京长江都市建筑设计股份有限公司	视觉（中国）文化发展股份有限公司
南京创维平面显示科技有限公司	好孩子儿童用品有限公司
江苏稻草熊影业有限公司	江苏华佳丝绸股份有限公司
南京欣网通信科技股份有限公司	苏州太湖雪丝绸股份有限公司
南京金陵金箔集团股份有限公司	友谊时光科技股份有限公司
江苏高淳陶瓷股份有限公司	启迪设计集团股份有限公司
南京网眼信息技术有限公司	苏州金螳螂文化发展股份有限公司
南京炫佳网络科技有限公司	苏州大禹数字文化科技集团有限公司
闻泰科技（无锡）有限公司	启东乾朔电子有限公司
邦道科技有限公司	江苏通典文化传媒集团有限公司
墨境天合无锡数字图像科技有限公司	希诺股份有限公司
无锡市方成彩印包装有限公司	江苏共创人造草坪股份有限公司
圣世互娱影视科技江苏股份有限公司	盐城画你爱萌网络科技有限公司
江苏卓易信息科技股份有限公司	江苏博汇纸业有限公司
灵通展览系统股份有限公司	泰州远大投资集团有限公司

注：排名不分先后。

资料来源：新华报业网，http://jres2023.xhby.net/index/202309/t20230902_8071210.shtml。

（四）产品供给质优丰富，文化消费升势强劲

江苏省坚持实施消费振兴计划，文化供给质量不断提高，文化活动和文化消费载体丰富多元，文化消费新业态、新场景频现，数字文化消费提质扩容加速。数字文化精品迭出。《雨花英烈》《我有九个妈妈》等一批艺术品位高、制作精良的优秀网络视听作品脱颖而出；依托文化资源，应用创新科技生产了一批如《梦回金陵城》《游园惊梦》等爆款数字文化产品。数字文化消费活动丰富多彩。2020年以来，江苏推出包括"水韵江苏·有你会更美"等的文旅消费推广活动，应用AR、VR等互动科技开展非遗技艺体验、风情街区游赏、星光溢彩夜秀、潮集扫街购物、华灯美景游览等10类近300场互动体验活动。涌现出南京"夜之金陵"、苏州"姑苏八点半"、常州"龙城夜未央"、扬州"二分明月"等一批夜间文化消费品牌。数字文化消费空间遍布全省。以云端展示、网络直播等方式扩大线上文化消费空间，搭建各类数字化线下消费场景，创新推出数字化消费空间，如南京历史城区保护建设集团与腾讯打造的"欢乐茶馆·南京小西湖"；无锡拈花湾与完美世界共同打造数字化景区。丰富多元的数字文艺精品、文化消费活动和消费空间提升了江苏数字文化产品和服务供给质量，加速释放了全省数字文化消费潜力，有效推进了国内国际双循环新发展格局构建。

（五）多元活动享誉全国，品牌效应持续释放

近年来，江苏省按照数字化、国际化、高质量、引领性的发展目标，打造了扬子江网络文学周、中国（常州）国际动漫艺术周、无锡电影之夜等特色品牌活动，构建了以江苏（南京）版权贸易博览会、江苏大运河文化旅游博览会、中国（南京）文化和科技融合成果展览交易会、中国（南京）国际软件产品和信息服务交易博览会、中国苏州文化创意设计产业交易博览会等为代表的品牌会展矩阵，系列品牌活动及会展有效提升了江苏省数字文化产业的国际影响力。中国（南京）文化和科技融合成果展览交易会直观展示国内大数据、云计算等前沿科技的文化应用，自2018年以来累计服务各类市场主体3000余家，达成交易300亿元，是全国文化科技融合专业展会的代表。多样化、特色化、专业化的品牌活动，为进一步扩大

江苏数字文化产业的知名度、加快文化强省建设和创新型省份建设提供了强大助力。

（六）海外市场日益拓宽，文化"出海"成效显著

近年来，江苏充分发挥多重国家战略叠加优势，积极融入国际文化市场，以"精彩江苏"文化交流品牌为抓手，着力培育具有国际影响力的数字文化企业和产品，不断向全球文化价值链高端攀升，数字文化产业国际化趋势日益加强。数字文化"出海"精品不断涌现。江苏加大对数字文化出口项目的扶持力度，多个项目入选国家文化出口重点项目（见表8），其中，苏州好玩友网络科技有限公司制作的手游《浮生为卿歌》发行到韩国后，长期位居 App Store 韩国区游戏畅销榜前20；由江苏原力数字科技股份有限公司出品的电影《妈妈咪鸭》成为首部全球同步发行的中国动画电影，并创下国产动画电影在海外的最高销售纪录。外向型数字文化企业和文化出口基地蓬勃发展。全省入选2021~2022年度国家文化出口重点企业的35家企业中，① 近八成为数字文化企业（见表9）。其中，南京网觉软件有限公司作为中国最大的游戏发行商之一，已助力150多款精品游戏落地近百个国家和地区。数字文化"出海"平台日益完善。一方面，江苏着力创建文化交流和贸易平台，不断提升"紫金奖"文化创意设计大赛、南京创意设计周、苏州文博会等本土文博会展的国内外影响力。另一方面，借助伦敦设计周、米兰三年展、戛纳国际电影节等国际展会平台，江苏积极拓展各类文化市场，数字文化产业专业化、国际化水平不断提高。

表8　2021~2022年度国家文化出口重点项目江苏省入围名单

项目名称	企业名称
爱洛克海外游戏发行中心建设项目	苏州爱洛克信息技术有限公司
《浮生为卿歌》手游	苏州好玩友网络科技有限公司
中英合拍纪录片《抗击新冠肺炎：生死前线》海外制播项目	江苏广电国际传播有限公司

① 根据商务部服贸司《关于公示2021—2022年度国家文化出口重点企业和重点项目名单的通知》整理。

续表

项目名称	企业名称
综艺节目《非诚勿扰》海外发行项目	江苏广电国际传播有限公司
捷成华视网聚全力海外影视融媒体传播项目	捷成华视网聚（常州）文化传媒有限公司
乐器出口设备和模具自动化升级改造项目	江苏奇美乐器有限公司
面向"一带一路"中国主题图书外文版 出版与推广项目	江苏求真译林出版有限公司
宜兴文化出口促进平台	宜兴市陶瓷进出口有限公司
面向港澳台地区教育类图书实物出口 暨版权输出项目	江苏凤凰教育出版社有限公司
激光内雕技术在文化产品出口的应用	连云港九旺国际贸易有限公司
杂技剧《寓言》	杂南通市杂技团演艺有限公司

表9　2021～2022年度国家文化出口重点企业江苏省入围名单

所在地	企业名称	
南京	江苏凤凰教育出版社有限公司 江苏凤凰少年儿童出版社有限公司 江苏译林出版社有限公司 南京艾迪亚动漫艺术有限公司 南京网觉软件有限公司	江苏凤凰科学技术出版社有限公司 江苏广电国际传播有限公司 江苏求真译林出版有限公司 南京艾迪亚数字影画有限公司 江苏原力数字科技股份有限公司
苏州	苏州爱洛克信息技术有限公司 友谊时光科技股份有限公司 苏州仙峰网络科技股份有限公司 苏州蜗牛数字科技股份有限公司 苏州创意云网络科技有限公司	苏州欧瑞动漫有限公司 苏州乐志软件科技有限公司 苏州叠纸网络科技股份有限公司 苏州奥拉动漫科技有限公司 江苏辰宇文化艺术品有限公司
泰州	泰州市美画艺术品有限公司 泰兴斯坦特乐器有限公司 江苏天鹅乐器有限公司	江苏凤灵乐器文化产业有限公司 泰兴市琴海乐器有限公司
无锡	无锡旭阳动画制作有限公司 无锡倍视文化发展有限公司	无锡九久动画制作有限公司
常州	吟飞科技（江苏）有限公司 捷成华视网聚（常州）文化传媒有限公司	江苏时光信息科技有限公司
徐州	徐州市贾拉克文化艺术品有限公司	
镇江	镇江傲游网络科技有限公司	
淮安	乐工坊文化产业（江苏）有限公司	
连云港	连云港四瓶工艺制品有限公司	

三　江苏省数字文化产业发展存在的问题

江苏省数字文化产业发展还存在一些问题，主要表现在龙头数字文化企业竞争力不强、数字文化品牌建设力度不足、数字文化产业人才留育成效较弱、区域数字文化产业发展不平衡等方面。

（一）龙头数字文化企业竞争力不强

江苏已经涌现出江苏省广电有限信息网络股份有限公司、江苏原力数字科技股份有限公司等数字龙头企业，但与兄弟省份相比，整体竞争力不强，主要表现在龙头数字文化企业数量较少、规模较小。据作者不完全统计，截至2021年底，北京上市数字文化企业有61家、浙江有27家、上海有22家，而江苏仅有13家，资本市场的江苏数字文化板块实力有待提升（见表10）。此外，2023年，北京的字节跳动有限公司营收接近8000亿元，广东的腾讯总营收超6000亿元，而入选"全国文化企业30强"的江苏凤凰出版传媒集团全年营收仅为136亿元。数字文化企业品牌知名度不高。上榜2020中国文化和旅游企业品牌价值Top50的22家数字文化企业中，北京有7家，而江苏仅有凤凰出版传媒集团1家。在中国互联网协会评选的2023年互联网百强企业中，北京、上海、广东分别入选33家、17家、15家，而江苏省仅有7家入选。不难看出，与兄弟省市相比，江苏数字文化产业在龙头企业、营收能力以及品牌影响力等方面仍存在较大差距，缺乏一批在国内"叫得响"、在国际"立得住"的大型数字文化企业集团。

表 10　江苏省上市数字文化企业综合数据

单位：亿元

所在城市	企业名称	营业收入	主营业务
南京	焦点科技股份有限公司	10.70	互联网络技术开发及应用、计算机软硬件开发及相关产品销售
	幸福蓝海影视文化集团股份有限公司	5.55	内容生产、版权经营、发行覆盖、终端建设

续表

所在城市	企业名称	营业收入	主营业务
南京	江苏稻草熊影业有限公司	—	电视剧投资、制作、发行,开发影视 IP
	江苏省广电有线信息网络股份有限公司	54.61	广电网络的建设运营、广播电视节目传输、数据宽带业务、数字电视增值业务的开发与经营
	江苏凤凰出版传媒股份有限公司	88.35	图书出版物及音像制品的出版、发行及文化用品销售
	国旅文化投资集团股份有限公司	6.12	旅游信息咨询服务、旅游电子商务、VR 体育赛事直播等
苏州	吴通控股集团股份有限公司	32.67	互联网数据产品研发、互联网信息服务、企业形象策划、数字营销服务
	山石网科通信技术股份有限公司	6.03	边界安全、云安全、数据安全、内网安全等网络安全服务
	江苏云涌电子科技股份有限公司	1.47	工业信息安全产品的研发、生产和销售
常州	视觉(中国)文化发展股份有限公司	5.24	广播电视传输技术、互联网络传播、互联网络游戏及娱乐技术等的推广与应用
无锡	中南文化集团股份有限公司	3.20	电视剧、电影项目投资、策划、制作、发行、营销及其衍生品开发,艺人培养和艺人经纪,游戏制作、发行;文化产业的股权投资等
	无锡线上线下通讯信息技术股份有限公司	9.77	数据化营销
	江苏卓易信息科技股份有限公司	1.68	固件开发及云服务

（二）数字文化品牌建设力度不足

一是现象级的数字文化产品不多。江苏尽管拥有"美篇""连尚读书"等知名数字软件产品,但与抖音、晋江文学等同类产品相比,其下载量和用户活跃度均较低。七麦数据显示,应用商店下载量排名前 20 的文化类软件 90%以上来自北上广深等城市;南京本土知名社交分享类软件"美篇"月均下载量为 9445 次,而同期同类型的头部企业深圳的"剪映"月均下载量为 97942 次。

二是市场运作能力不足。江苏省文化资源丰富，但由于缺乏对消费者需求的精准把控，文化资源被闲置或低水平开发的现象频现，丰富的文化资源优势并未转化成产业优势。如《李香君》《大唐行·姑苏城外》等文化作品除简单的文创开发外，并没有实现从文化精品向文化产品的转变，文化资源优势和内容创作优势的叠加效应还未得到有效发挥；此外，大多企业处于数字文化产业链的中低端，且多以技术外包为主，知名影视IP《哪吒》《江南百景图》《乔家的儿女》均取材于江苏文化且在江苏制作，但创新营销、衍生品开发等高附加值环节大都流失到省外。三是文化品牌的营销宣传力度较弱。江苏尚未构建起立体、系列的数字文化宣传矩阵，也未能通过塑造系列营销"爆点"来引导受众关注并参与传播江苏文化。相较之下，河南以"融媒体统筹、新媒体首发、全媒体跟进"的运作模式，推动《唐宫夜宴》《端午奇妙夜》等精品文化力作不断"出圈"；陕西与抖音、快手等平台合作，成功塑造了"大唐不夜城""大唐芙蓉园"等知名文化IP。因此，江苏亟须赋予传统文化新的时代内涵和多样化的现代性表达。

（三）数字文化产业人才留育成效较弱

江苏高校众多，每万人中在校大学生和研究生数量、入选"双一流"建设的高校和学科数量均在全国名列前茅。然而，本土高校人才存量尚未得到有效盘活，人才的存量优势并没有转化为生产力。以省会城市南京为例，恒大研究院与智联招聘的统计数据显示，南京市应届生流入占比仅为3%，低于上海（5.8%）、广州（5.4%）、成都（4.6%）、杭州（3.6%）等兄弟城市。究其原因：一方面，南京龙头数字文化企业数量较少，且大多是国有文化企业，而上海、杭州等城市，民营数字文化企业数量较多，体制机制相对灵活，所能提供的优质岗位充足，大部分高校毕业生流向上海、杭州等地；另一方面，杭州、成都等城市正由"产—城—人"融合的发展模式向"城—人—产"互动的良性循环模式转变，该模式强调优化城市宜居环境，以满足青年人群对生活的需求，进而吸引青年创意阶层集聚，助力城市发展实现"弯道超车"，而南京存在人才收入与留宁成本不匹配，生活成本与薪资水平性价比较低的问题，导致年轻人"难留"现象突出。此外，江苏数字文化领域的留才、育才力度不大。上海为招引数字文化人才，相继实施"雏鹰归巢计划""上海人才高峰工程"等人才工程，并以"云直播"方式开展全市公共数字文化人才培训活动；浙江则出台"全球引才'521'计划""杭州青年设计师发现计划"等引才举措。相较之下，江苏尚未出台针对数字文化产业的人才招引政策和培育计划，且由于政策效能发挥存在滞后性，人才流失问题在短期内难以彻底解决。由此可见，江苏亟须深化"环境引才—产业聚才—服务留才—事业成才"的人才集聚模式，强化数字文化领域的人才队伍支撑。

（四）区域数字文化产业发展不平衡

由于城市能级、资源禀赋、经济发展水平等差异，省内数字文化产业区域发展不平衡不充分问题仍然突出。从企业发展状况来看，2023 年度江苏省重点文化科技企业共 42 家，其中南京 10 家，苏州 7 家，而整个苏北地区只有 5 家。在上市企业数量方面，全省 13 家上市数字文化企业集中分布在苏南地区。在园区建设方面，江苏先后建成的 5 个国家级文化与科技融合示范基地、5 个国家级数字出版基地（园区）、4 个国家级动漫产业发展基地和 2 个国家广告产业园，多位于苏南地区；在 2020 年江苏省认定的 28 家省级文化产业示范园区中，苏南地区占据 16 家，超过苏中、苏北地区总和。因此，江苏亟须构建数字文化产业发展城市协作体，推动形成多点、立体、互补的数字文化产业分工协作体系。

四　江苏省数字文化产业高质量发展路径

促进江苏省数字文化产业高质量发展，需要进一步拓展路径，包括加快新型基础设施建设，培育新业态、新模式、新场景，壮大数字文化企业集群，推进文化消费提质升级，拓宽数字文化海外市场，健全多层次保障体系等。

（一）加快新型基础设施建设，筑牢产业发展基础

成立文化"新基建"工作小组，统筹协调文化"新基建"所需的相关要素资源和服务，加大文化"新基建"项目的引进和培育力度，为打造全域化、全链路的数字文化产业发展生态提供支撑。鼓励龙头或骨干文化企业通过研发投入、创建创新实验室、搭建资源合作平台等方式建设数字化的生产线，为文

化产品和服务的迭代升级提供支持。实施"百园提质计划",争创一批新的国家文化和科技融合示范基地,提升南京、常州以及苏州高新区等示范基地发展能级。加快"智慧广电"工程建设,建好中国广播电视网络集团有限公司"广电5G应用平台(南京试点)"。

(二)积极培育新业态、新模式、新场景,激发产业发展活力

发挥江苏省在文化制造业以及基础软件领域的比较优势,强化工业互联网、物联网、工业云和智能服务平台在传统文化制造业领域的应用,建设文化智造业的"数字工厂""数字车间",提高文化制造高端控制软件及核心数字化装备的研发能力,推动文化制造业数字升级。强化数字技术对南京夫子庙、苏州刺绣、扬州漆器、无锡古运河等江苏特色文化资源的改造和提升;加快发展动漫游戏、数字影视、在线教育等新业态,丰富网络型文化产品与服务供给。积极培育"直播电商+会展""直播电商+文旅"等业态,搭建一批直播电商示范基地,创新建设"云直播"、"云演出"、智慧书店等数字化的应用场景,加速催生新业态、新模式、新场景。

(三)壮大数字文化企业集群,引导产业集约化发展

开展传统文化企业"上云用数"行动。引导高新技术企业、重点科研院校和文化企业联合创新,合作建设要素流通和技术服务平台,为传统文化企业提供低成本、轻量化、模块化的数字化改造服务。加强对数字文化企业的分类管理,开展数字文化企业认定和梯度培育工作。支持文化产业园区(基地)重点布局文化产业云、网、端等基础设施,提高文化园区的数字化建设水平。创新"飞地经济""伙伴园区"等合作模式,建立"飞入地"与"飞出地"文化产业园区领导联席制度,探索异地研发孵化、驻地招才引智,加速推进"飞出地"园区的"腾笼换鸟"、"飞入地"园区的"筑巢引凤"。

(四)推进文化消费提质升级,畅通文化产业内部循环

优服务。推广南京文旅消费智能综合服务平台、苏州文旅消费大数据平台等成功经验,推动各地文旅消费服务数字化、平台化,开展活动在线订、场馆在线约、演出在线看、服务在线评的"一站式"服务;加大数字文化消费补

贴力度，发放文化消费惠民卡、文化消费电子优惠券，研究制定系列新消费促进方案。拓空间。依托古镇古街、文化艺术中心、湿地公园、购物中心等载体，做足"潮""炫""萌""美"文章，积极引导商旅文聚合发展、智能化发展；创新搭建数字体验空间，构建数字阅读、数字零售等数字消费新空间。办活动。聚焦群众多样化文化消费需求，举办数字文化消费季、"夜生活节"等特色活动，创新开展非遗数字展销、设计大赛、文旅集市等系列展会赛事，营造高品质的数字文旅消费环境。

（五）拓宽数字文化海外市场，助力文化产业外部循环

加快建立江苏省数字文化出口重点企业数据库，培育一批具有较强国际竞争力的"瞪羚"企业、"独角兽"企业、"隐形冠军"企业，扶持部分龙头文化企业成为全球数字文化产业链的系统整合者、产业组织者和文化投资者。发挥江苏自贸试验区制度创新优势，鼓励企业开拓电子商务、众筹众包、资本输出等新型交易模式，并通过参股换股、海外并购、联合经营等多元模式与国际品牌企业合作，引导更多企业参与全球价值链分工。建立健全集海外推介、信息共享、项目对接、内容宣传、版权服务、翻译服务等功能为一体的数字文化贸易促进中心。构建文化贸易跨境电商云端服务平台，为江苏对外文化贸易提供保税加工、跨境支付、关检税汇、仓储物流、国际金融等全流程在线服务。

（六）健全多层次的保障体系，营造产业发展良好环境

构建江苏省数字文化产业高质量发展政策体系，落实数字文化产业发展重大政策、重大任务、重大问题和重点工作安排，指导、协调和督促相关部门做好规划任务的部署实施。健全数字文化产业投融资体系，加大数字文化产业领域的税收优惠与财政扶持力度，并在项目审批、资质受理上贯彻"简政放权"，缩短办理周期。加大版权保护力度，运用区块链、大数据等技术提升版权保护水平，为确权、侵权监测、维权治理等提供有效的技术保障。聚焦数字文化产业发展"卡脖子"技术瓶颈，布局建设关键领域的专业性研究所和实验室，为数字文化产业提供核心科技支撑。优化江苏省文化产业人才结构，着力招揽国内外数字文化领域复合型人才，构建多专业、多层级、多类别的数字文化人才培养体系，让优秀的数字文化产业人才"引得来、留得住、用得好"。

案例篇 ▷

B.13
守正创新，深融发展：新华报业传媒集团
以融合转型推动事业发展的创新路径

双传学*

摘　要：　2023 年是习近平总书记做出"加快传统媒体和新兴媒体融合发展"重要指示 10 周年。新华报业传媒集团深刻领会习近平总书记关于媒体融合发展重要论述的丰富内涵，继承《新华日报》的优良办报传统，深刻把握"主战场"新使命、"四全媒体"新特征、"一体发展"新要求、"技术运用"新手段、"供给侧结构性改革"新路径、"四力提升"新期待、"上下'一盘棋'"新职责，以内容优势增创发展优势、以平台优化壮大主流阵地、以深度融合强化一体效能、以智慧创意提升服务能级、以品牌活动彰显媒体价值、以跨界融合链接社会资源、以精神引领激发内生动能，积极发挥历史主动精神，推进媒体深度融合，推动新华报业传媒集团事业高质量发展再上新的台阶。

---

* 双传学，博士，教授，新华日报社党委书记、社长，新华报业传媒集团董事长，主要研究方向为马克思主义中国化、马克思主义新闻观。

关键词： 媒体融合　新华报业传媒集团　经营管理

互联网加速发展和新兴媒体快速崛起，给传统主流媒体带来前所未有的压力，既有舆论引导的压力，更有经营发展的压力，其冲击之大关乎传统主流媒体的生死存亡。面对重要的历史节点，党中央和习近平总书记以宏观的视野、果敢的行动，坚定把握历史机遇，从战略和全局的高度提出推进媒体融合发展，不仅为媒体更好服务中心大局提供了根本遵循，也为媒体推动自身事业发展指明了前进方向。2023年是习近平总书记做出"加快传统媒体和新兴媒体融合发展"重要指示10周年，媒体深度融合是主流媒体实现未来可持续发展的关键途径，应当坚定不移地推进和落实。

习近平总书记强调："人在哪儿，宣传思想工作的重点就在哪儿，网络空间已经成为人们生产生活的新空间，那就也应该成为我们党凝聚共识的新空间。"① 毫无疑问，现在的互联网特别是移动互联已经成为信息传播主渠道。根据中国互联网络信息中心（CNNIC）发布的第53次《中国互联网络发展状况统计报告》，截至2023年12月，中国网民规模已达10.92亿，网络特别是移动互联网已成为大家阅读新闻的主要渠道。习近平总书记进一步强调，要"让主流媒体借助移动传播，牢牢占据舆论引导、思想引领、文化传承、服务人民的传播制高点"②。深化媒体融合进程，关键在于将主要力量全面投入主要的传播平台和阵地中，以互联网思维重新配置资源，加强网络平台特别是移动平台的建设，从而在新兴的传播领域中占据有利位置，有效应对挑战、主动化解风险，承担起举旗帜、聚民心、育新人、兴文化、展形象的使命任务，进一步做大做强主流舆论。只有这样，主流媒体才能在舆论引导中发挥更大的作用，增强其影响力和竞争力。从媒体发展的战略视角来看，主流媒体也必须奔赴"主战场"、占领"主战场"，赢得自身的发展空间。

---

① 《习近平：加快推动媒体融合发展 构建全媒体传播格局》，https：//www.gov.cn/xinwen/2019-03/15/content_5374027.htm。
② 《习近平：推动媒体融合向纵深发展 巩固全党全国人民共同思想基础》，http：//jhsjk.people.cn/article/30590946。

一 新华报业传媒集团推进事业发展的路径探索

1938 年 1 月 11 日，《新华日报》诞生，是中国共产党第一份全国性政治机关报，由周恩来同志亲自创办并直接领导。毛泽东同志曾先后三次为《新华日报》题写报头。《新华日报》自创立以来，始终在党的领导下开展办报实践，具有鲜明的政治性、斗争性、人民性、团结性和时代性，始终站在时代最前端观察形势、把握大局、引导舆论，致力于推进民族独立解放，推动党和人民事业的进步发展。《新华日报》的红色基因和光荣传统，激励着一代代新华人自信自强、砥砺奋进。历史上，《新华日报》还有一个非常显著的特点：经营发展工作做得好。新华日报社按照周恩来同志提出的"编得好、印得清、出得早、销得多"的指导方针，在完成好政治任务的同时，赢得可观广告收益，在自给自足外还有盈余。

进入新时代，新华报业传媒集团（以下简称"集团"）上下认真学习贯彻习近平总书记关于新闻舆论工作和媒体融合发展的重要论述，传承发展《新华日报》优良传统，秉持"守正、创新、融合、跨界、共享"的工作理念，先后以"精品生产年"（2017）、"服务提升年"（2018）、"队伍加强年"（2019）、"基础夯实年"（2020）、"发展稳进年"（2021）、"崇德敬业年"（2022）、"提质增效年"（2023）、"二次创业年"（2024）的年度主题引领各项工作"干在实处、走在前列"，努力实现两个效益俱佳的发展、实事求是不掺水分的发展、健康可持续的发展、全体员工得实惠的发展。新闻宣传量质齐升，2018~2023 年，共有 40 件作品获中国新闻奖，其中一等奖 10 件；营业收入持续上扬，6 年来利润不断增长，年均增幅在 30%以上，2023 年获利润7.26 亿元。

2023 年 6 月，集团首次被"全国文化企业 30 强"提名。2020 年，新华日报社获"全国文明单位"殊荣，是全国唯一以整体单位获评的省级媒体；旗下《扬子晚报》媒体荣获"全国未成年人思想道德建设工作先进单位"。2023年 7 月，集团作为全国唯一省级党报代表，受邀以"努力打造新时代新型主流媒体的'新华方面军'"为题在 2023 中国新媒体大会做主题发言，"新华现象"再获业界认可与赞誉。经营发展工作是传媒总体工作的一部分，经营发展与新闻宣传、事业发展是一个有机的、系统的整体，彼此紧密结合、相辅相成。集团在经营发展上的基本思路是：将所有媒体作为一家文化创意公司运行，工作中高点定位、拼字当头、抢抓机遇，加大内容输出、活动策划、品牌营销、创意合作的力度，不断丰富媒体运营的内涵，提升媒体发展的质效。

（一）以内容优势增创发展优势

内容是媒体事业的基础，也是它的灵魂所在。如果没有持续不断的高质量内容，媒体事业的发展将会陷入停滞，毫无生机可言。集团始终坚持把优质内容供给作为事业发展的驱动力量，以内容优势赢得发展优势。工作中牢记政治家办报要求，树牢"精品立报、思想兴媒"发展导向。无论媒体形式如何演变，优质内容始终是"硬核"竞争力。必须通过改革内容供给，重塑供需关系，以卓越的内容质量推动事业的持续发展。

1. 重大报道出新出彩

集团坚持"凡重大报道必创新"的原则，庆祝改革开放 40 周年、新中国成立 70 周年、中国共产党成立 100 周年、党的二十大以及每年全国两会的报道均受到中宣部肯定。"总编辑与市委书记面对面""厅局长访谈""县域发展调研行""长三角一体化""走向我们的小康生活"等新闻行动不仅有力诠释了新闻"时度效"的宣传要义，也有效服务了各地各条战线。2023 年，集团聚焦江苏"四个走在前""四个新"，推出《"拼"出中国式现代化江苏新图景》《"苏"式高质量发展"新三十六计"》《长江潮 看今朝》《解码"小巨人"——专精特新看中国（江苏站）》《何以示范·强县解码——江苏县域发展调研行融媒体行动》《了不起的小店》《共富争先·微故事》《十年双面绣 一带繁花一路歌》等大批融媒体特色报道。

2. 理论舆论同频共振

集团开设的"辛苏""苏言"等专栏文章被广泛用作党员干部的学习参考；"新华时论""观潮""紫金 e 评"等评论矩阵，让思想含量的"头部产品"自带传播流量；"九个有没有"系列评论和辛仲平文章《今看东方盛世还》《劲乘春风绘新卷》等获中宣部阅评表扬。

3. 周刊矩阵相映成势

集团拥有"经济橙""思想红""文艺紫""科技蓝""人文青""智库

绿"六大周刊。《思想周刊》自 2017 年 1 月创刊以来，以传播党的理论创新成果、反映前沿思想学术动态为主要内容，宣传阐释党的创新理论成果，传播专家学者的真知灼见。由于创刊时间早、版面数量多、文章质量高、传播效果好，《思想周刊》的有关版面先后入选 2017 年全国"砥砺奋进的五年"大型成就展、2018 年伟大的变革——庆祝改革开放 40 周年大型展览、2022 年全国"奋进新时代"主题成就展，成为有一定影响的党报思想理论宣传高地。

4. 融媒产品精品迭出

"习近平点赞的古代人物""听·见小康""习语·苏声：8500 万人的回响""诵读新时代 奋进新征程——我在强国当主播""Z 世代看亚运 Jiang's Vlog"系列双语短视频等融媒产品赢得粉丝的热烈追捧。

（二）以平台优化壮大主流阵地

任何事业发展都离不开平台。媒体的深度融合与转型发展依赖于优秀的平台和渠道。只有打造具有鲜明个性、优质属性和准确定位的平台，才能扩大主流影响力，充分享受传播带来的红利，做大做强媒体的经营发展工作。集团建强用好传统纸媒阵地，特别是提升党报作为主报的首位度。在积极提升办报质量的基础上，旗帜鲜明、理直气壮抓发行，《新华日报》发行实现"三级跳"，发行数量突破 40 万份左右的瓶颈，跨越 50 万份的大关，达 53.5 万份，跃居全国省级党报第三位。《扬子晚报》发行量保持在 40 多万份，《乡村干部报》发行量近 80 万份，纸媒阵地逆势上扬。

1. 以互联网思维打造移动平台

"交汇点新闻"客户端深度迭代，成为江苏主流移动媒体第一品牌，"交汇号"强势吸引用户入驻，成为江苏最大的政务新媒体资讯发布平台；《扬子晚报》做强以"紫牛新闻"为龙头的全媒体矩阵，"紫牛新闻"客户端影响力辐射整个长三角地区；中国江苏网实施"网端一体、党政网群、强国平台"矩阵运作，"新江苏"客户端新闻推送速度位居全国第一梯队。三个客户端错位发展、各美其美。"学习强国"江苏学习平台影响不断扩大，下载量和日活量等关键指标位居全国前列；"新华财经""新华健康""少年志""江苏法治"等垂直类客户端深耕相关行业；"扬子晚报"新浪微博、"北京西路瞭望"

"江苏1号"等微信公众号发力相关领域；"苏声汇——江苏党媒数智政务云平台"、全国首个少先队员劳动教育实践网上平台——"红领巾劳动吧"等创新应用开通，都收获大量粉丝。

2020年，"少年志"项目单位被评为第五届全国未成年人思想道德建设工作先进单位。"少年志·青少年强国学习空间站"全媒体新闻专题荣获第32届中国新闻奖新闻专题二等奖。"少年志"融媒平台是在江苏省委宣传部、江苏省文明办、江苏省教育厅等指导下，以思政为抓手，专注青少年学习成长的教育融媒平台，既是一个由App、微信公众号、主流媒体客户端学习号、纸媒周刊组成的融媒体传播矩阵，又是一个开展活动与服务的线上线下集成平台。作为江苏首个服务青少年学习成长的融媒产品，"少年志"App以"新闻+实践+学习"为特色，已实现超370万次的下载量，"打造'少年志'学习成长平台"更是被列入《江苏省"十四五"文化发展规划》。与此同时，"少年志"平台依托江苏新华云教育科技有限公司外引内联，迅速拓展成集教育融合、内容生产和经营拓展于一体的跨界发展平台，实现了社会效益、经济效益的统一。

2. 以基层思维打造分社平台

集团在全省13个设区市成立地方分社，以此作为用户下沉的关键一招，扩展了记者站机构的传统功能，从报、网、端、微全媒体宣传，到广泛参与、全方位融入地方经济社会发展，生新闻报道之"根"，开服务发展之"花"，结"两个效益"之"果"，实现了社会效益与经济效益的双提升。2018～2023年，各地分社、分（子）公司全年实际经营到账分别为0.92亿元、1.41亿元、1.85亿元、2.34亿元、2.44亿元、2.79亿元，增长了2倍多。地方分社发展关键靠搞好服务，比如分社全案代理世界工业与能源互联网博览会、中国—以色列创新合作周等活动，产生了良好反响和广泛影响。

3. 价值思维打造"入圈"平台

集团牵头建立江苏党建联盟，举办"新华红"系列思享会，与各地各行业党建资源嫁接，推出一系列令人称道的新产品。创建"马克思主义·青年说"，让"马旋风"席卷高校、机关、企业和社区，获中宣部《新闻阅评》充分肯定，并获中国新闻奖。"马克思主义·青年说"系列活动自2017年5月启动以来，致力于传播马克思主义和习近平新时代中国特色社会主义思想，持续创新、策划举办"创作暨演讲大赛""'我读马列经典'大型微朗读活动""'请回答，新时代的强国青年'大型知识闯关竞赛"等青年人喜闻乐见的活动，带动青年人沉浸式学习，并走进高校、机关单位、企事业单位、基层社区举办62场线下活动，覆盖全省145所高校，线上活动参与累计达1.2亿人次，成为江苏省创新理论宣传的响亮品牌。集团拍摄制作的"马克思主义·青年说"系列视频《"E起学习"思政微课堂》《青说"十四五"》《强国青年开讲啦!》《"青"听二十大 今天我来讲》等视听类节目均被"学习强国"学习平台首页专栏推荐，浏览量突破4.8亿次。实践显示，平台的覆盖范围越广泛，融合媒体的新领域就越宽广；平台的价值越高，主流思想就越能赢得人心和聚集人气；平台的影响力越大，媒体的经营发展就越高效和优质。

（三）以深度融合强化一体效能

注重把握媒体融合发展大势，全程、全息、全员、全效是"金标准"。集团坚定不移地将融合作为首要任务，加强自我革新，通过技术赋能、机制重构和流程再造，激发出更多的化学反应，提升整体效能。

1.着力追踪技术前沿

集团的"中央信息厨房"获"王选新闻科学技术奖"一等奖后，再度投入近亿元打造模块化、智能化的全媒体指挥中心，形成内容生产策、采、编、发、传、控、馈的完整管控闭环，再次获得"王选新闻科学技术奖"一等奖。

2019年，为全面提升网络化、数字化、智能化水平，集团投资近亿元打造全媒体指挥中心。项目立足于全域性、全集团、全功能，通过一体规划，搭建了以移动中台、数据中台、智能中台为主体的"融合中台"，打造了融媒生产、智媒拓展、指挥管理三大业务平台。全媒体指挥中心贯彻移动优先，实现了全面移动化；贯通采编出版和新媒体生产系统，实现了全流程追踪溯源，同时集成人事、财务、广告等系统，是国内首家支持全媒体、全流程、全要素统一管理的指挥中心系统；支持模块独立升级和替换，并实现"混合云"统一管理和"公有云""私有云"结合，提升了系统迭代的经济性和网络信息安全性。

5G超高清暨智能媒资管理平台入选中国报业媒体融合"用得好"案例库名录和第三届中国报业深度融合发展创新案例，在中国报业深度融合发展创新案例三届评选中集团已有 4 个案例入选。抢抓 5G 风口，打造省内首个 5G 融媒体实验室，积极运用语音播报、AI 播报、机器人写作、人工智能，让技术开启传播升级新窗口。完成网络安全态势感知平台部署，实现由边界防护、被动防御向全域联动、主动防御转变。集团与华为开展鸿蒙系统的有关合作，并宣布 2024 "数智新华行动方案"，正式启动首批 18 个数智项目。

2. 着力重塑融合机制

集团将传统采访部门升级为全媒体部门，一支队伍负责 N 个平台。改革考核机制，以劳动指数、创新指数为考核重点，同时加入阅读量、点赞数等传播指数，激励编辑、记者练就 "十八般武艺"，实现一体生产覆盖 N 级传播。建立 "指挥长+值班长+参谋部+飞虎队" 全新运行机制，实现一次策划催生 N 多产出。设立年度奖金为 400 万元的创业创新奖，规模为 5000 万元的新媒体发展专项资金。加大专业工作室扶持力度，"E 起学习" "少年志" 等 12 个融媒体创新工作室不断做大做强做优。

3. 着力协同高效运作

以此长彼长、相得益彰的原则，整合提升旗下 14 份报纸、8 份刊物、13 个新闻网站、10 个移动客户端以及 140 多个微媒体账号，构建起党报求 "深"、客户端求 "快"、网站求 "全"、全媒体求 "融" 的现代传播体系。"四全媒体" 建设的成效体现在：集团已获得 3 件中国新闻奖媒体融合类一等奖。做好融的 "四则运算"，要在时空与主体上识变、应变、求变，以集成式融合达到 "你就是我、我就是你" 的新境界。

（四）以智慧创意提升服务能级

服务创造价值，创意提升能级，按照 "主动服务、深度服务、精准服务、创新服务" 的要求，靠 "脑" 打拼、用 "心" 干活，不断提升服务的技术含金量，增强客户和用户的价值感，提高用户的满意度。

1. 强化智库参谋服务

紧跟 "智库传媒化" 与 "传媒智库化" 时代大潮，集团创建江苏首家主流媒体高端智库——新华传媒智库，与国务院发展研究中心国研智库、江苏省政府研究室共同成立国研智库江苏协同创新中心，联合省内各大知名智库成立江苏新智库联盟、长江文化研究和传播基地、中国式现代化县域实践协同创新研究和传播基地，为江苏高质量发展提供媒体视点、媒体智慧和媒体力量；举办新华传媒智库年会，开展"智库专家媒体记者地方（行业）行"，组织"服务型政府建设"研究，制定《政务服务效能评估规范》，推出《"智"说长江文化》《中国式现代化县域实践讲堂》等一批优质全媒体智库产品，以"车"聚"智"、以"报"传"智"，发挥了党报思想库、智囊团作用。

2. 强化舆情研判服务

围绕社会舆论和网络舆情，集团构建了舆情大数据分析系统、5G 专报平台、江苏网络舆情数据库、"江苏舆情观察"微信公众号、"江苏政风热线"今日头条号等 10 多个服务平台和传播矩阵，组织开展了新华舆情高级研修班等系列活动，持续推动反映社情民意的"直报点"工作，围绕意识形态和产业经济等重点领域加强分析研判，及时推出了《江苏网络舆情》和相关专题报告。这些相关专题报告以专业、深刻、准确的特质受到广泛关注，仅 2023年就有 30 多篇舆情专报获省领导批示。

3. 强化内参报道服务

当好省委、省政府的"眼睛"，为决策部门做"观察家"。100 多期《新华日报内参》得到省委、省政府主要领导批示。省委办公厅专门在集团建立"思享会"制度，组织一线记者定期为决策提供第一手鲜活素材。

4. 强化创意策划服务

在经营业务中开辟新模式，用创意策划服务地方政府，主动帮助政府部门策划经济社会发展的系列会议、会展。2023 年，集团在南通为地方党委部门策划了崇川区"青骑兵"理论宣讲品牌研讨会和区纺织产业链党建论坛两场活动；在常州打造的"骑着恐龙去上班"、"新能源 新城市 新生活"、青春乐都等城市 IP，得到市委领导肯定。由于把握了创意源头，地方党委、政府将全流程业务都交给集团，实现了产业链延展，取得良好经济收益。以"四个服务"不断拓展服务边界，提升服务能级，集团因此获得越来越多地区的城市形象宣传片制作机会。

（五）以品牌活动彰显媒体价值

把品牌活动作为放大媒体价值的重要抓手，通过系列活动增强主流媒体影响，既在网上"创网红"，也在地上"当地标"，把线上引流和线下导入相结合，进一步促进融合、擦亮品牌、助推发展。

1. 品牌活动丛生

精心策划、组织和承办江苏品牌赋能计划、新生代企业家嘉年华、扬子江工商峰会、乡村振兴论坛、江苏财经年会等一系列重大品牌活动。过去五年，每年举办活动150~170场，显著提升了品牌价值。即便在2020年疫情最为严峻的时期，也成功举办了近百场活动。

2. 文化 IP 林立

长三角健康峰会暨中医药博览会连续举办四届，邀请"人民英雄"国家荣誉称号获得者、中国工程院院士参会，带来医药界"顶级流量"，成为中医药文化新名片；新华高峰会每届都有诺贝尔奖获得者加持，成为江苏富有影响的经济发展论坛；连续举办四届的"跨年诗会"旨在塑造文化大省的知名 IP，著名作家莫言参与的"3 小时诗会"吸引综合阅读数 3000 多万次；"城门挂春联 南京开门红"活动旨在传播中华优秀传统文化，成为吸引海内外华人参与的金色名片；大运河城市文旅消费论坛、"千问千寻大运河"文化保护传承行动，用媒体资源激活沉睡的历史文化。品牌活动是传统纸媒实现主业深耕的一个重要突破口。品牌价值是无形的更是无限的，以活动扩影响，以品牌聚资源，其增值效益将伴随传播流量节节攀升，不断推动价值变现、价值辐射。

（六）以跨界融合链接社会资源

随着政府触媒、企业触媒、万众触媒，媒体与社会之间的"楚河汉界"日益模糊，媒体融合不仅要实现内部的整合，更要拓展到外部的融合，从小规模的整合迈向更大规模的融合，从单循环模式转向双循环模式，使集团成为数字时代服务社会和大众的基础设施平台。

1. 推进"传媒+企业"

集团先后与江苏交通控股有限公司、南京钢铁集团有限公司等重要企业签订了战略合作协议。其中，与江苏交通控股有限公司的合作尤为突出，双方携手合作共建江苏交通文化传媒公司，这一合作模式在全国范围内开创了"传媒+交通"融合的先河，成为全国首个"传媒+交通"的融合范本，实现了共同发展和互惠互利；与金鹰集团有限公司共同打造"新华金鹰户外 LED 大屏品牌品质联播网"，创新推出裸眼 3D 项目，带来持续稳定的盈利。

2. 推进"传媒+投资"

集团将投资板块作为其新的主营业务之一。通过成立资产管理公司和资金结算中心，涉足理财、股权投资、基金和保理等多元化金融业务，实现投资收益的持续增长。这不仅优化了集团的收入和利润结构，而且与传媒主业形成了互补和互促的盈利模式。集团自 2014 年逐步涉及信托理财等投资业务，并取得初步效果，为进一步做好集团投资工作，集团引入专业投资人才，成立新华资产管理股份有限公司，用来专门负责相关工作，并拓展市场化业务。2016 年来，资管公司及其专业子公司先后取得私募股权、私募证券、商业保理、融资租赁等金融资格，其中，私募股权是中基协观察会员、保险资管协会 A 类会员，先后获得合众人寿、中融人寿、国联人寿、吉祥人寿、国富人寿、紫金财险等专业投资机构的合作准入，存续规模近 200 亿元，位列江苏私募股权前 10；私募证券是中基协正式会员，获得苏银理财、鑫沅基金、东海基金、山东信托、国元信托、南京证券等持牌金融机构的合作准入，存续规模近 50 亿元，位列江苏私募证券前 5；商业保理 2022 年荣获深圳证券交易所"优秀发行人"称号。

3. 推进"传媒+政务"

集成和运维全省各级政务发布微媒体和党务政务网站，共建"江苏政务服务"平台，由集团运维的党务政务网群规模达 160 家，让政务服务的品牌效应和链式影响力不断放大延伸。

4. 推进"传媒+红色文化"

新华文投在《新华日报》报史馆运营上下功夫，以各类"实践基地"为载体探索与多部门合作共赢新模式，做好《文化产业周刊》新开拓。江苏新华日报传媒有限公司全面运维南京江北红色广场，江苏新华美溧传媒有限公司运作"红色李巷"，红色 IP 运营成效显著。

其中，"红色李巷"被称为"苏南小延安"，项目以推动红色乡村率先振兴，建设在全国有影响力的红色教育基地为目标，发挥传媒作用，链接多方资源，用心、用情、用力讲好"红色李巷"故事。先后获得江苏省爱国主义教育基地、教育部首批"大思政课"实践教学基地、江苏省第一批红色旅游融合发展示范项目等荣誉。

5. 推进"传媒+公益"

精心打造公益课堂"交汇点公开课"和"水滴公益"等项目，在青少年助学、公益募捐等方面长期开展活动，彰显了集团的人文情怀，进一步提升了美誉度。打破边界、整合资源、延伸共生链，不仅会带来发展效益，也将增强对不同细分群体的渗透力、吸附力，有助于建设以主流价值为引领、全社会共建共享的"媒介共同体"。

（七）以精神引领激发内生动能

精神立则事业兴，人的精气神是最重要的生产力，想干、苦干、实干是最好的生态。近年来，"拼"字成为集团最鲜明的精神标识。

1. 让每个人成为"行家里手"

集团近 5 年引进 500 多名新人，通过业务大练兵、岗位大比武、名师结对带徒、研究型专家型记者培养、实验场工程创新等方式，引导编辑、记者强化互联网思维和融合传播思维，培养更多业务精、管理强、经营优的复合型人才。同时，鼓励所有的员工修成自己的专长，成为写稿小能手、创意小能手、活动小能手、技术小能手、经营小能手等。

2. 让每个人实现"人生出彩"

以发展眼光珍视人才，以干事实绩评判人才，以公正公心选拔人才，让想干事、干成事的人有舞台。集团选人用人工作在江苏组织部门"一报告两评议"中的好评大幅提升，纪检工作两次被评为省属国有企业第一等次。

3. 让每个人共享改革发展成果

坚持员工的未来就是集团的未来，员工的满意就是对集团最大认可的理念，不断提升全体员工的获得感、幸福感。自 2018 年起，集团每年拿出数千万元大幅提升员工的收入，社保、医疗保障水平并优化工会福利。2023 年，集团设立企业年金制度，每年支出 2000 多万元为已经成为单位主体人员的聘用员工购买企业年金。同时，集团持续提升伙食补助，提高体检标准，改善餐饮质量，丰富文体生活，降低员工停车费，兴办假期"小课桌"，想员工所需、谋员工所愿、解员工所难，"严管"鞭策进步，"厚爱"彰显关怀，激发全集团员工爱岗敬业、拼搏进取的持久动力，让优秀成为一种习惯，让责任成为一种动力，推动集团发展行稳致远。

二　新华报业传媒集团推进事业发展的辩证经验

媒体的事业发展和经营工作有其独特要求和内在规律，集团在加大实践探索力度的同时，也加强了传媒发展的理论研究，推动《传媒观察》杂志焕新升级为核心期刊，并专门成立了江苏传媒发展研究院。总结而言，在推进媒体深融、加快事业发展的实践中，集团把握和处理好了以下六对辩证关系。

（一）政治属性与传播属性

新闻媒体具有政治和传播的双重属性。政治属性是新闻舆论工作的本质属性，传播属性是新闻舆论工作的关键属性。把握好这对关系，不仅有助于媒体履行服务大局的根本职责，也推动着媒体经营拓展和事业发展。既坚持正确的政治方向，坚持党媒姓党，又尊重新闻规律，创新新闻传播，是推进媒体融合发展的必然选择。把牢党媒姓党这个"定盘星"。无论媒体融合发展走到哪一步，党管媒体的原则不能变。坚持马克思主义指导地位，增强"四个意识"、坚定"四个自信"、做到"两个维护"，自觉在思想上、政治上、行动上同以习近平同志为核心的党中央保持高度一致。坚持党性原则，把党管宣传、党管意识形态、党管媒体贯彻始终。用好创新传播这个"放大器"。全面把握媒体融合发展趋势和规律，突出问题导向，发扬敢为人先、敢啃"硬骨头"的精神，强化理念观念、内容技术、体制机制、管理方式创新，以深化改革推进深度融合，进一步激发媒体活力，释放新闻生产力。推进内容生产供给侧结构性改革，扩大优质内容产能，创新内容表现形式，提升内容传播效果。以政治属性统领传播属性，以传播属性实现政治属性，共同画好最大"同心圆"，是守正创新题中之义。

（二）社会效益与经济效益

媒体的主要职责是服务中心大局，推动社会进步。因此，追求社会效益是媒体定位的内在要求。但在现有的管理体制中，媒体必须把追求经济效益作为重要目标，因为全国目前大部分媒体单位呈现自收自支的状态。但社会效益和经济效益之间始终存在一定矛盾，现实中极易发生看重经济效益而损害社会效益的情况。现在，传统媒体经营比较困难，加之媒体具有突出的意识形态和精神文化属性，把握和处理好社会效益与经济效益的关系，对当下推进媒体经营发展尤为重要。

媒体应当牢记社会效益的重要性，以服务大局、服务社会为准则，在社会效益与经济效益发生矛盾时，将社会效益置于首位，绝不能触犯"高压线"。发挥好二者之间的相互促进作用，善于看到社会效益与经济效益的辩证关系，全力以赴放大社会效益。处理好重要节点，精挑细选广告合作，确保不出问题，且与宣传重点相契合，这样才能形成两个效益俱佳的好局面。

（三）传统媒体与新兴媒体

随着时代的变迁，传统媒体和新兴媒体之间已变成了相互补充的关系，没有谁优先于谁，只有相互依存，互相促进。一方面，这种联结使传统媒体的发展更加稳健、更具有持久性、更能够满足社会的需求。无论是在内容生产传播，还是在经营拓展和事业发展中，这都得到充分的印证。《新华日报》的媒体经营中，报纸没有因为新媒体的发展而萎缩，而是与"交汇点新闻"相得益彰、携手共进。另一方面，新媒体经营一定是未来发展的主流。为了推动社会的发展，不仅应保持对传统媒体的支持，还应积极推广新兴媒体，努力实现两者的有机结合，充分利用传统媒体的可靠性、专业性、移动性以及交流性等特点。

强化内容和经营要素的整合，统筹整合各种媒介资源、生产要素，不断强化一体化发展。通过重塑内容、运行、管理等流程，打破既定的模式，实现传统媒体、新兴媒体的共存共荣，加快实现策划、创意、实施、宣传、发布等环节高效协同，持续提高协调配合的能力。加大对内容运行、管理运行的投入，探索出一套完善的、可持续的、具备创新性的全媒体运行模式，实现传输、创意、管理等多方面的综合运用，实现信息快速、准确、可靠传递。随着融合发展的不断深入，媒体需要拥有多种不同维度，而以往的低层次的创造模式难以满足这种新的需求，因此必须建立一套完善的监督和管控系统。媒体融合条件下的经营，一定是复合式、立体式经营，只有全方位发挥各类媒体作用，才是真正的"互联网思维"。

（四）深耕主业和多元拓展

这对关系有着两层含义：一层是从媒体定位上看，媒体的主业是新闻宣传，新闻宣传之外的都是副业；另一层是从媒体经营上看，媒体经营的主业本质是通过广告宣传等方式获取经济效益，这是现阶段大多数媒体的盈利方式，而媒体进行的多种多样的拓展业务，大多数只是经营副业。无论从哪个层面看，主业是必须做好的，放弃和放松主业，既不现实，也不明智。但只抓主业、死守一隅，也不是长久之策。

坚定不移做强新闻内容生产和广告宣传主业，把内容生产当作媒体发展的"根"和"魂"，以优质内容输出为事业发展奠定坚实基础，同时在传统经营主业上持续深耕，不断稳固和拓展经营主业，守住媒体发展的"基本盘"。

媒体是文化单位，媒体公司是文化公司，媒体的强项是文化创意，要在文化的创造性转化和创新性发展上多下功夫，既为推动文化大发展、大繁荣服务，又在文化运作经营中壮大自身实力，加强文化传承和传播。

从社会学角度看，媒体的本质是链接关系；从融合的需要看，媒体资源需积聚更多社会资源，以便更好发展自身。特别是深入推进跨界合作，形成一批既与媒体紧密相连、充分发挥媒体优势，但又不局限于媒体本身的多元产业，找到一条适应未来发展道路。

（五）"要我宣传"和"我要宣传"

宣传服务是媒体的"饭碗"。近年来，随着自媒体、商业媒体和企业媒体的兴起，宣传服务工作面临更大的挑战。互联网赋予"人人都有麦克风"的权利，使得宣传服务工作不再局限于主流媒体。这种背景下，如何处理"要我宣传"和"我要宣传"的关系，是一个重要而现实的问题。

树立强烈的服务意识，从服务用户的角度做好工作，不能只把自己当作党委、政府的喉舌，只抓新闻内容生产，而是要不断提升服务意识，扩展服务内容，宣传报道要写到点子上，推出的产品要做到"人无我有、人有我精"。

大力拓展媒体服务的边界，过去媒体服务主要聚焦于宣传报道，现在服务对象更倾向于借助媒体创意开展多样化项目，必须根据客户的需求及时调整服务项目，提高服务水准。

在服务中缔结战略伙伴关系，一单合同、一时合作，只能产生一时的效益，高水平的服务是与客户形成共生关系。因此，尽可能推出一些与客户共同成长、相互赋能的长线服务项目。例如，新质生产力作为当前热点话题，受到集团密切关注，集团应从新质生产力企业创业之初就为各类媒体提供服务，共同推动成长，赢得媒体合作。

（六）增长速度和发展质量

推进媒体发展是一件时不我待、只争朝夕的事情，一方面要有拖不起、慢不得的紧迫感；另一方面又必须面对急不得、快不了的实际情况，要有步步为营、稳打稳扎的细心和耐心。关键是要处理好"稳"和"进"的关系。稳，是要稳定、稳固，要安全、安心；进，则是要有进展、进步，有成绩、成效。

善于统筹发展和安全。安全是一切工作的基础，是一切成绩打头的"1"；发展则是做增量，是"1"后面的"0"。没有安全，一切都是零。对传媒发展而言，内容安全、舆情安全最重要，但同样必须高度重视消防安全、经营安全、廉政安全等。只有安全上万无一失，才能确保发展上持久放心。

明确稳和进的发力方向。在新闻宣传上，导向把关要稳，传播效果要进；报道规模求稳，精品佳作求进；纸媒原创优势求稳，新媒体特色产品求进。在经营拓展上，发展存量侧重稳，发展增量侧重进；传媒主业要求稳，跨界多元要求进；纸媒经营要求稳，新媒体经营要求进；集团总部经营要求稳，拓展地方资源要求进。在发展模式上，传统业务侧重稳，新兴业务侧重进；成熟模式侧重稳，探索领域侧重进。

始终追求质量第一。近年来，集团坚持稳中有进、进中有稳，以稳求进、以进固稳，妥善处理好增长速度和发展质量的关系，以量的合理增长保障质的有效提升，以质的有效提升最终带动量的更好增长。

三 总结与展望

从经营发展来看，2018年（新华日报创刊80周年）以来，集团所取得的成绩可以用"再造一个集团"来概括，即2023年集团实际利润总额达33.75

亿元，是 2018 年初集团净资产（32.11 亿元）的 1.05 倍，可以说从资产总额维度再造了一个"集团"。2023 年，集团以其历史性主动精神，在困境面前坚定不移地迎难而上，解决了一系列历史遗留问题：在机遇面前主动出击，不犹豫、不观望，抓住了重大主题精品生产机遇，抓住了媒体深融变革机遇，抓住了金融投资发展机遇；在风险面前积极应对，不畏缩、不躲闪，妥善处置和化解了多起险情，顶着压力，坚决推行企业年金制、提高员工的福利待遇。

站在集团事业发展新的历史起点上，更应该发挥历史主动精神，推动高质量发展再上新的台阶。为了弘扬历史主动精神，必须全面、深刻领悟其五大内涵：一是科学审视历史，以科学的态度审视历史规律，从集团多年的成功实践中汲取经验，同时认清存在的短板和不足，遵循传媒行业的基本要求和基本发展规律；二是尊重人民主体性，集团及其下属单位需积极激发员工的积极性、主动性和创造力，汇聚员工的智慧和努力，共同构筑强大的团队协作力量；三是发扬主动创新精神，不能满足于现有的成就，而应保持创业者的热情和决心，以"从零开始"和"二次创业"的心态，勇敢地开启新的征程；四是立足全局视野，深入分析媒体行业的发展趋势，进行科学预测和决策，为集团的长远发展制定明智的规划；五是坚定担当精神，面对未来，要勇于接受挑战、坚定信念、全力以赴，不获全胜不收兵，全面完成各项奋斗指标。

Abstract

Report on Development of China's Media Industry (*Blue Book of Media*) has been published for 20 consecutive years, providing a wealth of industry information and authoritative data support for the media industry academia, and is an important reference for insight into the development of China's media industry. *Report on Development of China's Media Industry—Jiangsu Province (2024)* is produced by Jiangsu Media Development Research Institute, based on the *Blue Book of Media* for many years, this report conducts systematic and in-depth annual analysis of the media industry in Jiangsu Province. At this time node worth summarizing, it is undoubtedly of special significance to evaluate the status of Jiangsu media industry in the country and even the world in 2023, and sort out its development status, characteristics and advantages, as well as the opportunities and challenges it faces.

In order to ensure the authority and depth, this report brings together professional forces from many fields in Jiangsu Province, works closely with colleges and universities, industry associations, leading enterprises and relevant management departments, and makes full use of research methods such as macro perspective observation, policy and regulatory analysis, data analysis, case studies, comparative studies, in-depth interviews, and questionnaires. Comprehensively consider the policy support, technological innovation, market performance and other factors in the development of Jiangsu media industry.

In 2023, Jiangsu media industry has played an important role in promoting social mainstream ideological values and moral culture to nourish people's hearts and moisten society, and contributed to Jiangsu's strength in building a socialist cultural power. Under the background of media integration, Jiangsu journalism industry shows a positive development trend and multi-faceted innovation practice. Media at all levels forge ahead in promoting deep media integration and expanding their own news business, and achieve steady growth. Jiangsu's broadcasting and network audio-visual industry has made positive progress in content creation, technological innovation, intelligent service, industrial upgrading, cultural inheritance, international communication and other aspects, and has achieved major breakthroughs in stimulating industrial vitality, improving program quality, promoting media integration and development, and deepening comprehensive reform. Jiangsu publishing industry emerging formats, the construction of the park, the growth of market players, rich product supply, activities enjoy a national reputation, in themed publishing, national reading promotion, quality publishing and other aspects have made remarkable achievements. Jiangsu's advertising industry maintains a strong momentum of development, with steady growth of advertising turnover, accelerated pace of digital transformation, remarkable results in the construction of advertising industry parks, and the overall competitiveness of the regional advertising industry has been improved. The level of Jiangsu animation, game and short play industry is in the forefront of the industry, and the quantity and quality of related creations go hand in hand. By focusing on the development of new technologies and new scenes, and it has stepped out of the development road with Jiangsu characteristics.

On the whole, Jiangsu media industry occupies an important position in the national and even global media industry with its regional advantages, historical accumulation and the pioneer position of digital transformation. The active policy support of the Jiangsu Provincial government and the rich cultural and educational resources in Jiangsu have provided a solid foundation for the development of the media industry. Jiangsu's media industry has made remarkable achievements in 2023, showing a strong momentum of development in terms of scale, structure and innovation ability, especially the development of digital transformation in the forefront of the country. Technology leads the application of new technologies, especially the application of new technologies such as big data and artificial intelligence, promotes revolutionary progress in content generation, dissemination methods and user experience. In the future, Jiangsu also needs to surpass itself in the aspects of marketization, internationalization and technological innovation to achieve structural optimization and improvement.

Keywords: Media Industry; Mainstream Public Opinion; Media Convergence; Digital Culture; Intelligent Technology; Intelligent Innovation; High-quality Development; Jiangsu Province

Contents

I   General Report

B . 1   Report on Jiangsu Media Industry Development in 2023

Zhao Yunfang , Yan Yunxia and Jiang Lulu / 001

Abstract: Jiangsu media industry occupies an important position in the national and even global media industry with its regional advantages, historical accumulation and the first position of digital transformation. The positive policy support of Jiangsu provincial government, coupled with rich cultural and educational resources, has provided a solid foundation for the development of the media industry. In 2023, Jiangsu media industry has made remarkable achievements in many sub-sectors such as journalism industry, broadcasting and network audio-visual industry, digital culture and publishing industry, short play and games animation industry, advertising industry, etc. Jiangsu media industry has shown strong development momentum in scale, structure and innovation ability, especially in digital transformation. Big data and artificial intelligence, and promotes revolutionary progress in content generation, dissemination and user experience. At the same time, Jiangsu media industry has made new breakthroughs in industrial integration and brand building, which has enhanced the international competitiveness of the brand. In the future, the sustainable development of Jiangsu's media industry will focus on the strategy of open innovation and high-quality development. By cultivating media brands with international influence, Jiangsu media industry will strengthen integration with the international market, enhance global competitiveness, and contribute to building Jiangsu into a cultural power. At the same time, Jiangsu also needs to surpass itself in marketization, internationalization and technological innovation to achieve structural optimization and upgrading.

Keywords: Media Industry; Media Convergence; Wisdom Innovation; Intelligent Application

Ⅱ Topical Reports

B . 2 Report on Jiangsu Journalism Industry Development in 2023

Lu Jiahui, *Chen Huijuan and Ding Hegen* / 014

Abstract: Based on the significant events, representative cases, and industry data of the Jiangsu journalism industry in 2023, this report systematically combs through the annual changes in the development of the Jiangsu journalism industry, and analyzes the practical characteristics of the Jiangsu journalism industry in 2023 from four dimensions: news production, technology adoption, format changes, and business development. At the level of news production, the Jiangsu journalism industry exhibits the overall characteristics of being precise in themes, integrated in forms, pragmatic in governance, and deep in collaboration. At the level of technology adoption, it demonstrates the basic trends of intelligent business operations, independent development, and humanized services. At the level of format changes, the Jiangsu journalism industry presents the features of openness and interactivity. A conducive environment has been formed by a variety of actors including professional media, government media, independent media, and platform media, each contributing to a collectively beneficial situation. At the level of business development, professional media at all levels in Jiangsu have expanded the scope of content production, fully tapped user needs, actively integrated in the local administrative system and social life, assumed certain public service functions, and made many forward-looking explorations.

Keywords: Journalism Industry; Mainstream Media; Media Convergence; Jiangsu Province

B.3 Report on the Development of Jiangsu Broadcasting
and Network Audio-visual Industry in 2023

Liu Yongchang, *Jin Xiao* / 039

Abstract: In 2023, Jiangsu broadcasting and network audio-visual industry brought together media elites and saw an increase in the proportion of high-quality programs. The industry as a whole reflects four major development highlights: Firstly, the TV dramas are of high quality and profitable; secondly, the documentaries uphold fundamental principles and break new ground; thirdly, the network audio-visual works promote creative vitality through integration; finally, the Jiangsu's smart radio and TV technology facilitates and benefits the people. Based on the observation of Jiangsu's broadcasting and network audio-visual industry in 2023, this report outlines and reviews the reform and development process of Jiangsu's broadcasting system in 2023 and refines its key achievements and highlight performances. Combined with the new situation of national radio and television development, grounded on the construction philosophy of " nclusiveness" it also analyses the development path of "grand audiovisual" production and dissemination from four perspectives: the synergy of the mainstream media, the spatial and temporal symbiosis of audiovisual texts, the exchange and communication of multicultural content, and the internal and external integration of the communication structure, etc. Moreover, it emphasizes the need for broadcasting organizations at all levels in Jiangsu Province to inherit the fine tradition and rich experience of the national radio and television industry while working together with all participating entities for mutual progress.

Keywords: Broadcasting Industry; Network Audiovisual Industry; Grand Audiovisual; Jiangsu Province

B.4 Report on Jiangsu Publishing Industry Development in 2023

Zhang Zhiqiang, *Chen Lei* / 069

Abstract: This report focuses on the past, present, and future of the publishing industry in Jiangsu. While tracing back through history, it comprehensively reviews the development and achievements of Jiangsu's publishing industry since the start of "the 14th Five-Year Plan", using data from previous years. By employing both horizontal and vertical comparison methods, the report examines the situation of the publishing industry in Jiangsu in relation to other developed provinces and cities such as Beijing, Shanghai, and Guangdong. It also assesses the internal development patterns of the publishing industry within Jiangsu Province, identifying deficiencies and challenges in areas such as the application of new technologies, content innovation, and copyright protection. The study indicates that, moving forward, Jiangsu's publishing industry needs to intensify efforts in themed publishing, comprehensive reading, integrated publishing, high-quality publishing, and the construction of top-tier scientific journals, in order to drive high-quality development in Jiangsu's publishing sector.

Keywords: Publishing Industry; Integrated Publishing; High-quality Development; Jiangsu Province

B.5 Report on Jiangsu Advertising Industry Development in 2023

Jiang Zhaojun, Wu Zhibin, Xu Jingyi and Zhou Tingting / 099

Abstract: With the help of artificial intelligence, big data, cloud computing, AR, VR and other new technologies, Jiangsu has comprehensively built a digital advertising industry system, and the advertising industry leads the country. Virtualization, interactivity, and personalization of product forms are reconstructing advertising production mode, driving the high-quality development of the advertising industry. This is specifically manifested in three aspects: first, the scale of the advertising industry has grown steadily and digital transformation has accelerated; Second, public service advertisements lead the social trend, and the brand influence continues to increase; Third, the intelligent supervision of advertising is constantly improving, and the supervision of advertising integrity is improving in quality and efficiency.

Keywords: Advertising Industry; Digital Transformation; Public Service Advertisements; Advertising Smart Supervision; Jiangsu Province

B . 6 Report on Jiangsu Animation Industry Development in 2023

Xue Feng, *Shi Meihua* / 119

Abstract: In 2023, the animation industry in Jiangsu Province saw steady progress, animation output remaining consistent with 2022 and a noticeable increase in the number of filed projects. Under the guidance of value orientation and quality creation, the industry is focusing on building brand influence while emphasizing the exploration of local resources, achieving new breakthroughs in animation production and operation models. The Jiangsu Provincial Radio and Television Bureau aims to create a conducive environment for animation creation, further highlighting the value of "high-quality original IPs." From the overall situation of the animation industry in 2023, the animation industry in Jiangsu province will continue to promote high-quality development in 2024.

Keywords: Animation Industry; Cross-border Intergration; IP-based Product; Jiangsu Province

B . 7 Report on Jiangsu Game Industry Development in 2023

Wang Xianbo / 144

Abstract: In 2023, the development momentum of the digital economy represented by games industry is strong, although affected by national regulatory policies, some enterprises has been transformed and adjusted, but the overall development trend of the industry continues to be good. As a strong province of economy, culture, sports and education, Jiangsu's status and influence in the development of the game industry in the country do not match the existing economic and social status, and there is a question of "Many but not strong, comprehensive but not precise". In the face of a new round of development opportunities and challenges in the game industry, Jiangsu game industry also needs to carry out integration with the existing advantageous industries, deepen its own industrial brand, expand its development around new technologies and new scenarios, and walk out of the development road of the game industry with Jiangsu characteristics.

Keywords: Game Industry; Policy Guidance; Application Scenario; Brand Activity

B.8　Report on Jiangsu Short Play Industry Development
　　in 2023

Wei Jia, *Tan Qinjie* / 162

Abstract：2023 is still a year of rapid development for Jiangsu short play. Driven by top-level design, long and short video platforms are gaining momentum, and the quantity and quality of Jiangsu short play are advancing simultaneously, showcasing a diverse range of creative themes. Through statistical analysis of data, it was found that although there is still a certain gap between Jiangsu short play and the leading provinces in the short play industry in terms of creative content, promotion and marketing, professional talents, and going global, the good momentum of annual growth indicates that Jiangsu short play have great potential. This report summarizes the development models and characteristics of Jiangsu short play industry, clarifies existing problems, and points out the future breakthrough direction of Jiangsu short play industry development in promoting industry standardization construction, high-quality creation to support high-quality development, creating a new model of cultural tourism, and promoting short play to sail overseas.

Keywords：Short Play Industry；Content Production；Cultural Consumption

Ⅲ　Thematic Reports

B.9　Ten Years' Development of Media Integration in Jiangsu：
　　Evolutionary History and Innovative Practices

Ding Hegen, *Zuo Wenrong and Yue Qizhen* / 176

Abstract：This report provides a panoramic scan of the development of media integration in Jiangsu over the past decade, covering policy guidance, architectural optimization, process reengineering, platform construction, function expansion, and content innovation. It acknowledges that the media industry in Jiangsu has rapidly integrated into the trend of media convergence in the past ten years. While the internal integration processes of various media outlets may vary, a converged communication matrix encompassing newspapers, television, internet, and mobile platforms has essentially taken shape. Progress has also been made in advancing institutional reforms, product innovation, and business expansion. However, the question of traditional media and self-built new media still coexisting persists, and the internal mechanisms for deep integration still need further improvement. The construction of new mainstream media and the enhancement of their influence will also require time to achieve.

Keywords: Media Integration; News Production; Government Affairs Service; Communication Effect

B.10   Integration of Information Hub and New Quality:
Path Exploration of County-level Converged Media
Center in the Jiangsu Region   *Gao Shanbing* / 206

Abstract: The county-level converged media center in Jiangsu province has always maintained a sense of integration throughout high-quality development. Through platform optimization, solid foundation, technology driven and service improvement, country-level converged media center has effectively enhanced its dissemination, guidance, influence, and credibility. At the same time, it also faces practical difficulties such as institutional constraints, talent shortages, and insufficient internal drive. As the "last mile" close to the masses, the county-level converged media center can make contributions to the construction of Chinese path to modernization by driving the new quality integration, strengthening the team building, strengthening the scientific and technological support, empowering grassroots governance and enhancing its own innovation capacity, and deep convergence in serving the overall situation.

Keywords: Media Converge; Public Opinion Guidance; Media Governance; Media Operation

B.11　Technology Enabling, Precise Interaction: Report on
Jiangsu's Intelligent News Practice in 2023

Feng Qiwei, Shen Qi and Dai Zhiyu / 225

Abstract: As media integration deepens and intelligent technology advances rapidly, Jiangsu's intelligent news practices in 2023 have emerged with an unprecedented dynamism, bolstered by the dual support of national and provincial policies. This report examines the intelligent news initiatives in Jiangsu Province during 2023, analyzing the progress made by news organizations in implementing intelligent news practices. It encompasses the application and outcomes of intelligent news throughout various stages including material retrieval, content generation, news recommendation, and audience feedback. By integrating relevant state and provincial policies on intelligent news, this study employs diverse data collection methods such as surveys and in-depth interviews to reveal that current intelligent news practices in Jiangsu Province exhibit characteristics of quantification, intelligence, visibility, and humanization across all phases of news production. By analyzing the opportunities and challeges facing intelligent news, this report offers strategic recommendations for the sustainable development of the industry.

Keywords: News Production; Intelligent News; News Truth; AIGC

B.12　A Study on the High-quality Development Path of Digital
Culture Industry in Jiangsu Province Under the Background
of Chinese Modernization

Guo Xinru / 242

Abstract: The digital culture industry plays an important role in transforming the mode, adjusting the structure, expanding domestic demand, promoting consumption, increasing employment, etc. It is a new driving force for high-quality development in the context of Chinese modernization. The development of digital cultural industry in Jiangsu Province has three major advantages: strong cultural industry scale, good manufacturing foundation, and profound cultural heritage. It has achieved remarkable results in accelerating the emergence of emerging formats, solid promotion of park construction, vigorous growth of market entities, high-quality and rich product supply, renowned for diversified activities nationwide, and increasingly expanding overseas markets. However, there are also problems such as weak competitiveness of market entities, insufficient efforts in building digital cultural brands, weak effectiveness in retaining digital creative talents, and uneven development of regional digital cultural industries. Therefore, Jiangsu Province needs to accelerate the development of new infrastructure, accelerate the growth of digital culture enterprise clusters, actively cultivate new business, models and scenarios, grow digital culture enterprise clusters, stimulate the vitality of digital culture consumption, expand the overseas market of digital culture, improve the multi-level factor guarantee system, and continuously improve the display and competitiveness of Jiangsu's digital culture industry.

Keywords: Digital Cultural Industry; Emerging Formats; Cultural Comsumption

Ⅳ Case Studies

B . 13 Keeping Integrity, Innovating and Deepening Development: Xinhua Daily Media Group's Innovative Path of Promoting Career Development Through Integration and Transformation

Shuang Chuanxue / 264

Abstract: 2023 marks the 10th anniversary of the important instruction to "accelerate the integrated development of traditional and emerging media". Xinhua Daily Media Group has profoundly understood the rich connotation of the important discourse on media integration development, inherited the fine tradition of running *Xinhua Daily*, profoundly grasped the new mission of the "main battlefield", the new characteristics of the "Four All Media", the new requirements of "integrated development", the new means of "technology application", the new path of "supply-side structural reform", the new expectations of "enhancing the 'Four Capacities'", and the new responsibility of "acting as one across the board". It has created development advantages with content superiority, expanded the mainstream position with platform optimization, strengthened integrated efficiency with in-depth integration, enhanced service capabilities with intelligent creativity, demonstrated media value with brand activities, linked social resources with cross-border integration, and stimulated internal dynamic energy with spiritual guidance. Actively exerting the proactive spirit of history, it has promoted in-depth media integration and pushed the group's cause to a new level of high-quality development.

Keywords: Media Integration; Xinhua Daily Media Group; Management

权威报告·连续出版·独家资源

皮书数据库
ANNUAL REPORT(YEARBOOK)
DATABASE

分析解读当下中国发展变迁的高端智库平台

所获荣誉

- 2022年，入选技术赋能"新闻+"推荐案例
- 2020年，入选全国新闻出版深度融合发展创新案例
- 2019年，入选国家新闻出版署数字出版精品遴选推荐计划
- 2016年，入选"十三五"国家重点电子出版物出版规划骨干工程
- 2013年，荣获"中国出版政府奖·网络出版物奖"提名奖

皮书数据库　　　"社科数托邦"
　　　　　　　　微信公众号

成为用户

　　登录网址www.pishu.com.cn访问皮书数据库网站或下载皮书数据库APP，通过手机号码验证或邮箱验证即可成为皮书数据库用户。

用户福利

- 已注册用户购书后可免费获赠100元皮书数据库充值卡。刮开充值卡涂层获取充值密码，登录并进入"会员中心"—"在线充值"—"充值卡充值"，充值成功即可购买和查看数据库内容。
- 用户福利最终解释权归社会科学文献出版社所有。

数据库服务热线：010-59367265
数据库服务QQ：2475522410
数据库服务邮箱：database@ssap.cn
图书销售热线：010-59367070/7028
图书服务QQ：1265056568
图书服务邮箱：duzhe@ssap.cn

社会科学文献出版社　皮书系列
SOCIAL SCIENCES ACADEMIC PRESS (CHINA)
卡号：395268913764
密码：

S 基本子库
UB DATABASE

中国社会发展数据库（下设12个专题子库）

紧扣人口、政治、外交、法律、教育、医疗卫生、资源环境等12个社会发展领域的前沿和热点，全面整合专业著作、智库报告、学术资讯、调研数据等类型资源，帮助用户追踪中国社会发展动态、研究社会发展战略与政策、了解社会热点问题、分析社会发展趋势。

中国经济发展数据库（下设12专题子库）

内容涵盖宏观经济、产业经济、工业经济、农业经济、财政金融、房地产经济、城市经济、商业贸易等12个重点经济领域，为把握经济运行态势、洞察经济发展规律、研判经济发展趋势、进行经济调控决策提供参考和依据。

中国行业发展数据库（下设17个专题子库）

以中国国民经济行业分类为依据，覆盖金融业、旅游业、交通运输业、能源矿产业、制造业等100多个行业，跟踪分析国民经济相关行业市场运行状况和政策导向，汇集行业发展前沿资讯，为投资、从业及各种经济决策提供理论支撑和实践指导。

中国区域发展数据库（下设4个专题子库）

对中国特定区域内的经济、社会、文化等领域现状与发展情况进行深度分析和预测，涉及省级行政区、城市群、城市、农村等不同维度，研究层级至县及县以下行政区，为学者研究地方经济社会宏观态势、经验模式、发展案例提供支撑，为地方政府决策提供参考。

中国文化传媒数据库（下设18个专题子库）

内容覆盖文化产业、新闻传播、电影娱乐、文学艺术、群众文化、图书情报等18个重点研究领域，聚焦文化传媒领域发展前沿、热点话题、行业实践，服务用户的教学科研、文化投资、企业规划等需要。

世界经济与国际关系数据库（下设6个专题子库）

整合世界经济、国际政治、世界文化与科技、全球性问题、国际组织与国际法、区域研究6大领域研究成果，对世界经济形势、国际形势进行连续性深度分析，对年度热点问题进行专题解读，为研判全球发展趋势提供事实和数据支持。

法律声明